中國學術思想 研究輯刊

二 編

林慶彰 主編

第 13 冊

魏晉清談主題之研究

林麗真 著

花木蘭文化出版社

國家圖書館出版品預行編目資料

魏晉清談主題之研究／林麗真 著 — 初版 — 台北縣永和市：
花木蘭文化出版社，2008〔民 97〕
目 4+272 面；19×26 公分
（中國學術思想研究輯刊 二編：第 13 冊）
ISBN：978-986-6528-14-9（精裝）
1. 魏晉南北朝哲學
123   97016627

ISBN - 978-986-6528-14-9

9 789866 528149

中國學術思想研究輯刊
二　編　第十三冊　　　　　　ISBN：978-986-6528-14-9

魏晉清談主題之研究

作　　者	林麗真
主　　編	林慶彰
總 編 輯	杜潔祥
出　　版	花木蘭文化出版社
發 行 所	花木蘭文化出版社
發 行 人	高小娟
聯絡地址	台北縣永和市中正路五九五號七樓之三
	電話：02-2923-1455 ／傳真：02-2923-1452
網　　址	http://www.huamulan.tw 信箱 sut81518@ms59.hinet.net
印　　刷	普羅文化出版廣告事業
封面設計	劉開工作室
初　　版	2008 年 9 月
定　　價	二編 28 冊（精裝）新台幣 46,000 元

魏晉清談主題之研究

林麗真　著

作者簡介

林麗真，1947 年生，台灣大學中文研究所博士。1978 年起，任教台大中文系及中文研究所近三十年，主授「中國思想史」、「魏晉玄學」、「易老莊列哲學」、「自然哲學與自然文學」、「中國宗教與基督教」、「中國哲學問題討論」等課程。所指導之博碩士研究生，不下二、三十位，已畢業者均任教於台灣各大學。著有《荀子》、《王弼老易論語三注分析》、《義理易學鈎玄》等書；主編完成《魏晉玄學研究論著目錄》，並發表魏晉玄學專題研究論文四十餘篇；幾乎年年均獲國科會學術專題研究計畫獎勵。2002 年，為美國史丹佛大學訪問學人。2004 年，獲「胡適紀念講座」講座教授。2005 年夏，至捷克查理士大學講授「老莊哲學」。2006 年，獲臺大「教學傑出教師」獎。《魏晉清談主題研究》一書，係其完成於 1978 年的博士論文。

提　　要

　　本書突破傳統的「清談亡國論」和「清談即談玄說」的看法，從學術發展史的客觀立場，全面性地探入魏晉時期的典籍、史料，乃至類書、輯佚書中，針對「魏晉清談主題」進行廣面性的蒐羅、考索、分析、研究，而後分就經、史、子、集、佛五大面向，舉例詳述魏晉時期的清談主題、內容，並鈎勒出思潮演變的特徵及文化現象。

　　這是申請人完成於 1978 年的博士論文，對晚近三十年來從事魏晉學術思想史之研究者，可說是提供了不少資料來源的線索，也啟迪了不少值得鑽研細究的論題。1992 年唐翼明先生出版《魏晉清談》一書，即於〈緒言〉中說：「林麗真的論文蒐羅的材料相當豐富，書後並附有〈魏晉談士傳略表〉，顯然下過相當的功夫。」誠然！ 在既豐富又繁雜的魏晉史料中，本書乃是早期投注於披砂揀金的耙梳工夫中用力甚偉者。而在陳述清談主題之餘，亦頗能契入論題焦點，鈎勒玄學底蘊，並掌握到學術流變。尤其於實虛、有無、是非、正變、當否、同異、離合、象理、言意、優劣、隱顯、先後、生滅等相對觀念的解析上，即充分展現了哲理思辯的能力。本書雖時隔三十年才出版，其學術價值卻早有定位。

前　言 …………………………………………………… 1

第一章　清談舊評總檢討 ……………………………… 5
　第一節　清談盛況概述 ……………………………… 5
　第二節　清談的歷史評價 …………………………… 11

第二章　清談主題重探之必要 ……………………… 19
　第一節　清談形式的淵源 …………………………… 19
　第二節　清談的本義與別稱 ………………………… 23
　第三節　清談名士的類型 …………………………… 32
　第四節　《隋書・經籍志》的著錄 ………………… 38

第三章　經學上的談題 ……………………………… 45
　第一節　引言——易理的重視 …………………… 45
　第二節　以易爲主的談題 ………………………… 47
　　一、易數術論 …………………………………… 47
　　二、言象意論 …………………………………… 57
　　　（一）言象不盡意論 ………………………… 58
　　　（二）忘言忘象得意論 ……………………… 59
　　　（三）言盡意論 ……………………………… 60
　　　（四）不用舌論 ……………………………… 62
　　　（五）蓍龜論 ………………………………… 62
　　三、易本體論 …………………………………… 63
　　　（一）易大衍論 ……………………………… 64
　　　（二）易太極論 ……………………………… 65
　　　（三）易體論 ………………………………… 67
　　四、易象論 ……………………………………… 67
　　　（一）易無互體論 …………………………… 68
　　　（二）易象妙於見形論 ……………………… 69
　　五、其　他 ……………………………………… 69
　第三節　其他諸經上的談題 ……………………… 73
　　一、禮　論 ……………………………………… 73
　　　（一）喪禮例——後妻子爲前母服論 ……… 73
　　　（二）祭禮例——祫禘異同論 ……………… 76
　　　（三）婚禮例——同姓婚論 ………………… 77
　　　（四）朝禮例——日蝕宜否廢朝論 ………… 77
　　二、書、詩、春秋論 ………………………… 79
　　　（一）尚書例——堯典論 …………………… 79
　　　（二）詩經例——風雅正變之義論 ……… 81

目

次

（三）春秋例——公羊左氏優劣論 ········ 82
三、《論語》、《孝經》論 ················ 83
第四章　史學上的談題 ····················· 87
　第一節　引言——人物論的倡行 ·············· 87
　第二節　以人物爲主的談題 ················· 90
　　一、古今人物論 ······················· 90
　　　（一）品藻當代人倫 ·················· 90
　　　（二）各類人物優劣論 ················ 93
　　　（三）各期人物優劣論 ··············· 101
　　　（四）各地風土人物論 ··············· 102
　　二、聖賢高士論 ······················ 104
　　　（一）聖賢有情無情論 ··············· 104
　　　（二）聖賢隱顯之道論 ··············· 107
　　　（三）聖賢致太平論 ················· 108
　　三、品鑑方法論 ······················ 110
　　　（一）人物志 ····················· 112
　　　（二）明膽論 ····················· 117
　　　（三）才性四本論 ·················· 121
　第三節　以政事爲主的談題 ················ 123
　　一、考課論 ························· 125
　　二、肉刑論 ························· 127
　　三、兵事論 ························· 131
第五章　子學上的談題 ····················· 133
　第一節　引言——老莊學的勃興 ·············· 133
　第二節　以老莊爲主的談題 ················ 139
　　一、自然名教之辨 ···················· 139
　　　（一）孔老有無論 ·················· 140
　　　（二）自然好學論 ·················· 142
　　　（三）崇有論與貴無論 ··············· 145
　　　（四）放達非道諸論 ················· 148
　　二、莊學要旨論 ······················ 150
　　　（一）逍遙論 ····················· 151
　　　（二）齊物論 ····················· 153
　　　（三）漁父論 ····················· 153
　　　（四）旨不至論 ··················· 154
　　三、養生論 ························· 154
　　　（一）養生論 ····················· 155

（二）宅無吉凶攝生論 …………………… 160
四、公謙論 ………………………………… 162
第三節　天文學及其他 …………………… 165
一、天文論 ………………………………… 165
二、其　他 ………………………………… 169
第六章　文學藝術上的談題 ……………… 171
第一節　文學藝術與清談的關係 ………… 171
第二節　與文學藝術有關的談題 ………… 174
一、夢怪論 ………………………………… 174
（一）夢　論 ……………………………… 175
（二）鬼神論 ……………………………… 176
二、樂　論 ………………………………… 177
（一）辨樂論 ……………………………… 179
（二）聲無哀樂論 ………………………… 180
三、趣　論 ………………………………… 185
第七章　佛學上的談題 …………………… 189
第一節　佛學的浸入、流行及其對魏晉談風的影
響 ………………………………………… 189
一、佛學的浸入與流行簡述 ……………… 189
二、佛學對魏晉談風的影響 ……………… 194
第二節　與佛學有關的談題 ……………… 197
一、般若經義論 …………………………… 199
二、沙門不敬王者論 ……………………… 203
三、形神生滅論 …………………………… 207
四、果報有無論 …………………………… 210
五、其　他 ………………………………… 214
（一）沙門袒服論 ………………………… 215
（二）沙門孝道論 ………………………… 215
（三）夷夏是非論 ………………………… 217
第八章　從清談主題看魏晉思潮的特質與演變 … 219
第一節　從清談的爭議重心看魏晉思潮的特質 … 219
第二節　從談題的演變看魏晉思潮的進展 … 221

附錄：魏晉談士傳略表 …………………… 229

圖表：魏晉談士生卒年代先後一覽表 …… 267

參考書目 …………………………………… 269

前　言

　　清談是魏晉時代廣行於士族社會的一種風尚，也是時人研討學術文化及宇宙人生問題的基本方式。但在范寧、顧炎武等人痛斥「清談亡國」的觀念影響下，人們總以爲清談的內容只是一味地祖述《老》、《莊》、崇尚「無爲」之說而已，而所有的談士又都是一些排棄世務、專尚玄理的放曠之徒。於是有人便直稱「清談」爲「玄談」，並且把「清談」的「清」字領會成清虛玄妙、遠離現實之意。其實，這一種領會是不太合乎實情的。因爲在魏晉人的用法中，「清談」實與「清言」、「清論」、「談辯」、「談議」、「共語」、「共談」、「問……辯」、「難……答」等詞互通，蓋指某種具有「討論之主題」、「往返之形式」、甚至「騁辯之趣味」的聚談。故單舉「清談」，就如同單舉「談辯」或「難……答」等詞，並未涉及談論的內容。我們若想知道魏晉清談的眞實面貌，自然是需要從當代的史書資料及學術著作中去實地歸納分析的。

　　近人研究清談的雖然不少，但因受「清談即談玄」的觀念所限，故所認識的清談內容總不出《易》、《老》、《莊》；而其取材的根據，又多從《世說新語・文學》篇的提示而來，因此也只注意到「才性四本論」、「言不盡意論」、「崇有論」、「貴無論」、「孔老有無論」、「養生論」、「聲無哀樂論」等少數幾個談題而已。至於與《易》有關的「易數術論」、「易大衍論」、「易太極論」、「易體論」、「易無互體論」、「易象妙於見形論」；與《禮》有關的「喪禮」、「祭禮」、「婚禮」、「朝禮」等的談論；與《論語》、《孝經》有關的「仁孝先後論」、「忠孝可否兩全論」；與人物品鑑有關的「各期、各類、各地人物優劣論」、「聖賢有情無情論」、「聖賢隱顯之道論」、「明膽論」；與政事有關的「考課論」、「肉刑論」、「兵事論」；與《老》、《莊》有關的「自然好學論」、「放達非道論」、「逍

遙論」、「齊物論」、「漁父論」、「旨不至論」、「宅無吉凶攝生論」、「公謙論」；
與天文有關的「安天論」、「渾天論」；與文藝有關的「夢論」、「神怪論」；與
佛學有關的「般若經義論」、「沙門不敬王者論」、「形神生滅論」、「果報有無
論」等，則幾乎無人專文論及。筆者有鑑於此，故擬就「魏晉清談主題之研
究」為題，廣蒐資料，試作探究。一則以見魏晉清談所討論的主要內容；再
則由清談的爭議重心及各期談題的演變，進探魏晉思潮的特質與進展。

　　由於本題所研究的範圍極為廣泛，魏晉的史料又相當繁富而零碎，要蒐
盡所有的清談史料，本是不太容易的事。故在時間的處理上，本論文研究的
範圍乃以魏晉兩百年為斷，並不包括南朝。所指的談士，亦以生活於此二百
年間者為限，若生於東晉而卒於南朝，則歸屬南朝談士，本文暫不論列。至
於資料的來源，則以《三國志》及裴注、《晉書》、《隋書・經籍志》、《世說新
語》及劉注、《通典》、《弘明集》、《廣弘明集》、《高僧傳》、嚴可均所輯的《全
三國文》及《全晉文》等書為主。但為明白清談的內容底蘊，往往亦參考談
士們的個人專著及有關魏晉思想的史料，如何晏的《論語集解》，王弼的《周
易注》、《周易略例》、《老子注》、《老子微旨例略》、《論語釋疑》，郭象的《莊
子注》，《列子》及張湛注，《阮籍集》，《嵇康集》，韓康伯的《周易繫辭注》，
《抱朴子》，《顏氏家訓》，《文心雕龍》，《肇論》，以及《藝文類聚》、《北堂書
鈔》、《太平御覽》等類書，並《玉函山房輯佚書》中的有關資料，這些都是
研究本題的基本參考書。

　　然而，資料一多，各書所載，詳略有別，用辭不一，故要判斷是否可屬
清談主題之資料，有時也煞費苦心。在本文的寫作上，對於材料的取捨，大
致如下：（1）凡明載兩人之對難內容，或明指其為清談者，則取之。如嵇康
與秦客互難「聲無哀樂」，管輅與諸葛原互論「數術《易》」等皆是。（2）凡
史事記載甚為簡略，或僅一問一答，但參以其他史料，其題亦廣為時人所常
談者，亦取之。如「人物優劣論」、「聖賢高士論」等皆是。（3）凡朝廷召議，
君臣對答或群臣互辯，而有攻談論難之情況者，亦取之。因為這種類似清議
時政的談辯，乃是魏晉清談繼承東漢遺風的一種類型。如「肉刑論」、「考課
論」、「兵事論」、「日蝕當廢朝與否論」等皆是。（4）凡書信問難，往返頻繁，
有若清談論辯不絕者，亦取之。因為此類文字往往是口辯後的記錄，或口辯
之餘又見諸筆談的例子。如王坦之、袁宏與韓伯互辯「公謙」之義，桓玄與
王謐書論「沙門應否敬王者」等皆是。

　　根據上述的取材標準，廣蒐資料，並歸納整理，可知魏晉清談家所關心的問題，實在不是「崇《老》慕《莊》」一辭所可解釋。他們所討論的範圍，乃是廣涉到經學、史學、哲學、文學以及宗教諸多方面，而與魏晉學術界的輝煌燦爛息息相關。但在所談的範圍中，《易》、《老》、《莊》、佛及人物才性則是爭論最劇烈的主題；而爭論的焦點，則集中在實虛、有無、是非、正變、當否、同異、離合、象理、言意、優劣、隱顯、先後、生滅等相對概念的釐析上；爭論的立場，有人尊儒尚實，有人崇《老》貴虛，有人好《莊》慕達，有人信佛言空，有人則採取調和折衷的論調，主張「體無用有」，甚或「三教合一」。故其所論，往往表現在儒、釋、道三家思想的「同、異、離、合」之辨；換言之，清談可說是當時士人為了尋求安身立命之據的一種反映。這是儒學式微、人心無歸之時，知識份子藉著談辯來抒發困惑，議論是非，並尋求人生意義的一種方式。我們從他們所汲汲於爭辯的問題重心，實可看出魏晉思潮所以異於兩漢儒學的特質；而從魏朝、西晉、東晉各期談題的異同所在，自亦不難為南朝隋唐佛學的興起找到思想上的遞邅之迹。故本文共分八章：首二兩章，旨在說明研究本題的必要性；第三、四、五、六、七諸章，概分經、史、子、集、佛五類，例述魏晉清談的主題及其論辯內涵；第八章，則總結全文，並從談題以論魏晉思潮的特質與演變。文末並附「魏晉談士傳略表」。

　　本論文是筆者接續碩士論文《王弼及其易學》及《中國歷代思想家叢書之六——荀子》二書完成之後，所撰寫的第三本涉入「中國思想史研究」領域的學術論著。本論著得以順利完成並獲得博士學位，特要感謝指導教授　戴師靜山先生及　何師佑森先生的教導、栽培、提攜與鼓勵。

第一章　清談舊評總檢討

第一節　清談盛況概述

　　從西元二二〇年曹丕篡漢以後，到西元五八一年楊堅建立隋朝，大概上下三四百年間，是古典的秦漢王朝進展到新型態的隋唐王朝的過渡時代，也是兩漢以來獨尊儒術的學術思想開始發生蛻變的關鍵時代，歷史上稱之爲「魏晉南北朝」。這個時代的政治環境，是分崩離析、動盪不安的一大亂局；但其思想特色，卻表現出個人自我意識的覺醒與思辨的自由。無論在經學、哲學、史學、文學，以及宗教諸方面，都予人以煥然一新的感覺，可謂新潮澎湃、奇義風生，乃是傳統中國歷史上的一次文化大革新。〔註1〕

　　這次的變局，歷時相當長久，它呈顯在當代學術界的一種特殊而普遍的現象，便是清談論辯的風潮。這股風潮從東漢的經說論爭及清議聚談之習流衍而來，到魏明帝太和年間傅嘏、荀粲的談座，再到魏齊王芳正始年間何晏、王弼的談座，便已樹立規模，並且在一時代中引起了廣泛的作用，幾乎整個世族社會，上自帝王、宗室、貴戚、大臣，乃至文人、儒生、藝士、婦孺，大都崇尚談辯。有魏一代，嚮風能言之徒，除傅、荀、何、王之外，較著者有夏侯玄、裴徽、劉卲〔註2〕、荀融、王廣、李豐、劉陶、管輅、鍾毓、鍾會、嵇康、阮籍等；而魏晉之交，又有向秀、阮咸、荀顗、司馬駿、荀勗、裴楷、山濤、衛瓘

〔註1〕沈剛伯〈論文化蛻變兼述我國歷史上的第一次文化大革新〉一文，即視魏晉爲傳統中國歷史上的第一次文化大革新。見《中山學術文化集刊》第一集，1968年，頁501～518。

〔註2〕「劉卲」之「卲」，或作「劭」，或作「邵」。若按其字爲「孔才」，則其名當作「卲」爲宜，故本文一概採用「卲」字。

等；他們或以名理成家，或以玄遠取勝，或以曠達自高，雖所尚略有不同，而宗致並無大異。到了西晉元康之際，繼其流者更多，樂廣以簡約著稱，王衍則口中雌黃，當時雅好《易》、《老》、《莊》的，如王湛、王濟、阮脩、王戎、阮瞻、郭象、裴遐、衛玠、王承、王澄、胡毋輔之、謝鯤等，皆以談才而崢嶸頭角；而敦崇禮教的儒生、文士或南方學者，如裴頠、潘京、戴昌、戴儼、陸機、陸雲、顧榮、紀瞻等，也以機辯而博得時譽。清談之盛，當以此期為最。故至東晉，縱使神州陸沉，然積習難消，餘風猶烈。晉明帝、簡文帝都染上談習，王導、庾亮又重加倡導；於是王敦、阮裕、孫綽、許詢、張憑、王濛、劉惔、阮咸、庾龢、謝萬、孫盛、王述等，乃從而張之；韓伯、桓溫、伏滔、習鑿齒、謝安、殷仲堪、桓玄等亦從而宏之；而僧伽佛徒如支孝龍、康法暢、康僧淵、支道林、釋道安、釋慧遠等也先後打進談座，激起了論辯的另一個高潮。〔註3〕

　　當清談達到如此暢行的地步，好談能言之士自然不只如上所列。我們從魏晉史書及《世說新語》中，可以看見當時的清談盛會聚談人數之多、聚談場面之普遍、聚談時間之長久，以及攻難論辯的激烈景況，幾乎都是令人難以想像的。比如，《世說新語》便有這樣的記載：

　　　　△何晏為吏部尚書，有位望，時談客盈坐，王弼未弱冠往見之。晏聞弼來，乃倒屣迎之，因條向者勝理語弼曰：「此理僕以為極，可得復難不？」弼便作難，一坐人便以為屈。於是，弼自為客主數番，皆一坐所不及。（《世說新語‧文學》第六條）

　　　　△殷中軍（浩）為庾公（亮）長史，下都，王丞相（導）為之集，桓公（溫）、王長史（濛）、王藍田（述）、謝鎮西（尚）並在。丞相自起解帳，帶麈尾，語殷曰：「身今日當與君共談析理。」既共清言，遂達三更。丞相與殷共相往反，其餘諸賢，略無所關。既彼我相盡，丞相乃歎曰：「向來語，乃竟未知理源所歸，至於辭喻不相負，正始之音，正當爾耳。」明旦，桓宣武語人曰：「昨夜聽殷、王清言，甚佳。仁祖亦不寂寞，我亦時復造心，顧看兩王掾，輒翣如生母狗聲。」（《世說新語‧文學》第二十二條）

　　這裡，何晏所招集的談客有「盈坐」之多，王導所招集的人數亦復不少；其「共相往反」、「為客主數番」者，即表明論辯往返的激烈；故其聚談時間，

〔註3〕上述魏晉之重要談士皆於史籍有證，可見本文篇末所附「傳略表」。

往往由晨至昏，或達三更。此種廢寢忘食的論辯情形，不僅何晏、王導等高位人士所主持的談座如此，就是一些非正式的、隨時隨地而發的、兩三個人之間的聚談，也往往如此。今舉數例爲証如下：

△《晉書》卷四十三〈樂廣傳〉載：

裴楷嘗引廣（樂廣）**共談**，自夕申旦，雅相欽挹，歎曰：「我所不如也。」

△《世說新語・雅量》第十一條注引〈晉諸公贊〉載：

（裴遐）……少有通才，從兄頠器賞之，每與**清言**，終日達曙。

△《世說新語・賞譽》第五十七條載：

王丞相（導）招祖約**夜語**，至曉不眠。

△《世說新語・容止》第二十三條載：

庾（亮）風姿神貌，陶（侃）一見便改觀，**談宴竟日**，愛重頓至。

△《世說新語・賞譽》第一〇一條載：

謝太傅（安）爲桓公（溫）司馬，桓詣謝，……因下**共語**至暝。

△《世說新語・文學》第二十條載：

玠（衛玠）見謝（鯤），甚悅之。……遂達旦**微言**。……玠體素羸，恆爲母所禁，爾夕忽極，於此病篤，遂不起。

△《世說新語・文學》第三十一條載：

孫安國（盛）往殷中軍（浩）許**共論**，往反精苦，客主無間。左右進食，冷而復煖者數四。彼我奮擲麈尾，悉脫落滿餐飯中，賓主遂至暮忘食。

據此即見時人酷嗜清談的熱衷程度：他們或言論彌日，至暮忘食；或夜以續書，通宵達旦；或談至病篤，流連忘返。他們對清談的狂愛，簡直像一陣狂風一樣瀰漫了整個士族社會，許多人都在不知不覺中染上這種嗜好，猶如一些貪愛博弈的賭徒一般，迷戀成習。因此魏晉史書描述當時談局的攻難景況，亦每以射覆、弈棋或攻戰擬之。王僧虔〈誡子書〉云：「談故如射，前人得破，後人應解，不解即輸賭矣。」即「談」「射」相比〔註 4〕；支道林以「圍棋爲手談」，即「棋」「談」互擬〔註 5〕；《世說新語》的〈言語〉或〈文學〉篇中，

〔註 4〕見《南齊書》卷三十三〈王僧虔傳〉。
〔註 5〕《世說新語・巧藝》第十條載：「王中郎以圍棋是坐隱，支公（支道林）以圍

亦屢用「可堅城壘」、「偏師待之」、「濟河焚舟」、「雲梯仰攻」、「湯池鐵城」等戰爭辭眼以摹狀談局。〔註6〕其中描繪得最爲淋漓盡致的，可推《三國志·魏書》卷二十九〈管輅傳〉注引〈輅別傳〉中的一段：

> 諸葛原，字景春。……與輅有榮辱之分，因輅饑之，大有高談之客。諸人多聞其善卜、仰觀，不知有大異之才。於是先與輅共論聖人著作之原，又敘五帝三王受命之符。輅解景春微旨，遂開張戰地，示以不固，藏匿孤虛，以待來攻。景春奔北，軍師摧卹，自言吾睹卿旌旗城池已壞也。其欲戰之士，於此鳴鼓角、舉雲梯、弓弩大起，牙旗雨集，然後登城曜戚，開門受敵。上論五帝，如江如漢；下論三王，如翩如翰。其英者，若春華之俱發；其攻者，若秋風之落葉。聽者眩惑，不達其義；言者收聲，莫不心服；雖白起之坑趙卒，項羽之塞濰水，無以尚之。于時客皆欲面縛銜璧，求束手於軍鼓之下，輅猶總干山立（總干山立，猶云持盾正立也。），未便許之。至明日離別之際，然後有腹心始終，一時海內俊士，八九人矣。

從這節引文，一方面可以想見魏晉清談的精彩與刺激；另方面也可以看出它並不是一種漫無目的的胡扯或閒聊，而是具有攻難論辯的性質。

通常魏晉清談都有一個主題，譬如上舉諸葛原與管輅之間的論辯，即以「聖人著作之原」、「五帝三王受命之符」爲題，然後互相攻難。在談座上，首先發難的，可以設問一難，使彼先言，也可自標一理，先陳己見，稱爲「談端」。有了談端，要攻的人，便可就發難者的問題重心，提出己見，也可就其理論或用辭上的不當處，尋隙進攻。如此往返對質一遍，謂之「一番」。若對方不服，即可提出駁斥，進行第二番以下的論難，直到某方服輸或其口已不能再置一辭爲止。因此，精彩的談座，往往要進行許多番，甚至到了廢寢忘食的地步還在拉鋸戰的階段。而碰到這種難分難捨的場面，最需要的便是一位第三者出來排解僵局。譬如魏太和年間，傅嘏與荀粲談到「格而不相得」

棋爲手談。」支公既以圍棋比清談，則清談亦如圍棋之具攻守形勢可知。

〔註6〕《世說新語·言語》第七十九條載：「謝胡兒語庾道季：『諸人莫當就卿談，可堅城壘。』庾曰：『若文度來，我以偏師待之；康伯來，濟河焚舟。』」〈文學篇〉第二十六條載：「劉眞長與殷淵源談，劉理如小屈；殷曰：『惡！卿不欲作將，善雲梯仰攻。』」又〈文學篇〉第三十四條載：「殷中軍……忽言及四本，便若湯池鐵城，無可攻之勢。」案：此三條皆以軍事辭語摹狀談局，足見清談之激烈景況。

時，裴徽便出來，「通彼我之懷，爲二家釋。」〔註7〕同樣，東晉中葉，劉惔
與王濛等人論到「客主不通處」，張憑便於末座加以剖判，使「暢彼我之懷」
〔註8〕。由此可見清談雙方或是出來調解的第三者，他若想在談辯中博取最後
的勝利，使在座諸人盡都屈服，不僅論辯的內容要出色，論辯的技巧也當高
明。這就如同作戰不只需靠軍事的實力，還要懂得戰術的運用。當時，凡以
內容取勝的，稱之「理勝」；凡以技巧或音辭取勝的，稱之「辭勝」。劉邵《人
物志・材理》曰：

> 理勝者，正白黑以廣論，釋微妙而通之；辭勝者，破正理以求異，
>
> 求異則正失矣！

因爲理勝者，必須具備「正白黑以廣論，釋微妙而通之」的邏輯批判、哲學
冥想及博古通今的能力，故其所論涉之課題範圍往往廣及經、史、子、集與
宗教諸多方面。在談辯之時，爲了提防對手尋得理論上的破綻，出語自然也
就漸漸趨向於「玄遠省約」。而辭勝者，因需具有「破正理以求異」的機捷狡
辯力，其出語往往即避重就輕，試圖標新立異，務以危言聳聽或巧言惑人，
於是乃有諷刺、比喻、冷言、危語等文學技巧的靈活運用產生。〔註9〕

　　本來，在談辯初興之際，時人乃是藉著彼此的攻難，討論宇宙人生及學
術文化的根本問題，想從其中尋得答案、解開疑惑，進而建立自己的思想，
所以談辯的宗旨大致是以「求理」爲目的，「理勝」者自較「辭勝」者爲多。
但當清談一旦因緣時會，如火如荼地成爲時髦的風尚以後，談士們尋訪談敵
的動機，也就不復往日之純正，而摻雜了許多妒忌、角勝、逞才的心理。例
如《世說新語・文學》第三十八條載：

> 許掾（詢）年少時，人以比王苟子（脩），許大不平。時諸人士及林
>
> 法師（支遁）並在會稽西寺講，王亦在焉。許意甚忿，便往西寺，

〔註7〕　見《世說新語・文學》第九條，並注引〈粲別傳〉。

〔註8〕　見《晉書》卷七十五〈張憑傳〉，並《世說新語・文學》第五十三條。

〔註9〕　據《世說新語・言語》所載，有談家之慧語，有文士之巧語。其中，警句霏
　　　　霏，片言入微，已顯見諷刺、比喻等文學技巧的靈活運用。如第3、10、25、
　　　　30、43、84、94、98諸條，即見捧中帶貶的諷刺技巧。如第2、5、6、8、9、
　　　　13、15、17、20、22、28、29、35、44、46、47、51、55、57、66、67、68、
　　　　71、74、76、85、86、90、92、95、96諸條，即見古今對比或同類相譬的引
　　　　喻技巧。如19、41、48、51諸條，乃屬理致幽遠之名言。如1、4、11、12
　　　　諸條，則表現自圓其說之機智。此外，亦有引《詩》以答、引《易》以答，
　　　　或借重人言以爲譬喻者。

　　與王論理，共決優劣；苦相挫折，王遂大屈。許復執王理，王執許
　　理，更相覆疏，王復屈。許謂支法師曰：「弟子向語何似？」支從容
　　曰：「君語，佳則佳矣！何至相苦邪？豈是求理中之談哉？」

清談既如許詢之例，只爲角勝而發，其結果自必如支遁所評：「君語，佳則佳矣，豈是求理中之談哉？」乃隱含了技巧熟練而內容空虛的流弊。這是清談暢行了一、二百年後的自然流變。固然，隨著時代的進展，談辯的內容不斷有所更新，但當初較具勝理勝義的論題勢必隨著時間的長久而被談盡，使得末流不得不走向口舌之辯，而不復汲汲於理論的探討。因此，「辭勝」則「理失」，清談便漸漸成爲一種爲談而談的藝術。特別是到了南朝，雖然仰風欲振者仍多，終成強弩之末；加以佛教東漸，持論更爲枝雜；縱有一二談者，也多半拾人牙慧，少有新義。北朝則一向保守，談風不盛。故清談之習雖然流衍到南北朝，但僅觀魏晉二朝，亦可知其崖略矣！

　　至於魏晉清談的起因，近人研究者較多〔註 10〕。綜合多人與私下所見，不外以下數項：

（1）就談辯形式的發生看：魏晉清談乃是集二人以上，針對某一問題，提出攻難論辯的一種聚談。這種「聚談」的形式，固然起源於人類鬥智好辯的心理；但它所以在魏晉時代蔚爲風尚而遍及士大夫階層者，直接的原因，可以說是繼承東漢士人聚論五經異同、清議朝政得失及月旦人物之習而來。同時，東漢班固、張衡、蔡邕、酈炎、陳琳等人相繼寫作「答難」、「應譏」、「對事」之類的文章，也給予清談之攻難技巧以相當程度的啓發。

（2）就學術流變的趨勢看：自漢武帝罷黜百家、獨尊儒術以來，到東漢中、晚葉，儒學已漸由權威走向定型、僵化、衰微、以致流於繁文縟節、拘泥訓詁、支離瑣碎，而喪失其維繫社會文化的效用。所以，《老》《莊》思想的勢力便逐日從潛存中默長，猶如一道伏流漸漸呈現大地，於是求原理、尚簡化的思想風潮便應運而生。東漢末葉雅好《易》、《老》、《莊》的愈來愈多，道教服食求仙的風氣也逐日廣

〔註10〕近人討論魏晉清談之起因者甚多，如：劉大杰《魏晉思想論》（臺北：中華書局出版，1957 年），頁 1-18；王瑤〈玄學與清談〉，收錄於《中古文學史論》（臺北：1975 年，長安出版社），頁 44-56；唐長孺《魏晉南北朝史論叢》（中研院傅斯年圖書館藏本，1955 年），頁 311-350；何啓民《魏晉思想與談風》（中華學術著作獎助委員會出版，1967 年），頁 18-45。

行於士大夫中；宋衷、劉表所主持的荊州學風也以刪除煩重、標張新義爲名；而佛學又於此時輸入中國。故至魏晉，時人便自然而然地對儒釋道的異同發生了極大的興趣，對孔子所罕言的性與天道，以及怪、力、亂、神諸事也產生了好奇心，因此紛紛成爲清談論辯的熱門題材。

（3）就政治黑暗的影響看：自東漢桓、靈二帝起，宦官、外戚、黨錮、黃巾之亂，殺戮連綿，民不聊生，已導致《老》、《莊》思想的復活與佛、道二教的流行。而魏武的貴刑名、魏文的慕通達、曹子建的尚玄虛、魏明帝的尊法術，更使儒家的道德標準日益失掉了主導的作用；加以魏晉南北朝數百年間，爭權奪利，結黨族戮，永無停息；因此，士大夫們不僅苦於思想乍失憑依，更有朝不保夕的恐懼。故有識者，乃藉談辯以找尋安身立命的意義；徬徨者，乃以談辯作爲抒發苦悶心態的出路；勢利者，乃以談辯爲攀龍附鳳的進身階；隨風逐流者，則以談辯作爲邀朋引伴、尋歡取樂的場所。

這些原因中，最常爲人所注意的是第三點，因爲魏晉南北朝談風的發展，幾乎是與時亂相終始。世局的紊亂固然促成談風的倡行；而談風的倡行，也直接或間接地影響了一代的世風與時政；因此，談風乃與世亂幾乎成了一種因果循環，而爲後人所詬病。

第二節　清談的歷史評價

由於清談的發展，與魏晉南北朝的大亂局幾相終始，故歷代學者對魏晉清談的成效總是抱著抨擊或負面的評價。尤其在世局變亂之時，大家一提到清談，幾乎都會異口同聲地說「清談亡國！清談亡國！」其實這個觀念的產生，是有它的歷史背景的。

魏朝，清談初興，談辯的形式和內容都還保存著它的嚴肅性與學理性，故直斥談辯之非者，並未曾見；一般的評論家只是對曹氏父子崇法棄儒的政策，與貴族大夫結黨紛爭、奢侈浮華的作風，頗具微辭而已。〔註11〕但自正始黨禍

〔註11〕魏代的評議家，如劉靖上疏陳述儒訓之本，劉廙闢斥尚名之弊，杜恕倡論務本節用及考課人才之道，王基作〈時要論〉以警風化之凌遲等，大抵皆評議時政而未及清談之是非。具見《三國志·魏書》卷十五、二十一、二十六、二十七本傳。

以來，天下多故，名士少有全者。〔註12〕於是嵇康、阮籍之徒爲求避禍，乃學爲放蕩，把《老》《莊》思想實踐到生活上來，而有所謂「七賢」、「八達」之流。〔註13〕他們大都蔑視名教、放任自然：有的是彈琴詠詩，口談虛無；有的則散髮裸裎，閉室酣飲；有的任心遨遊，無措禮教。沿至西晉，慕風逐流者更多。有的甚且褻瀆淫邪，敗壞風俗。談士當中如胡毋輔之、謝鯤、阮脩、阮瞻、王戎、王澄等亦在其列，故而激起了一些有識之士的譏評，如劉實之著〈崇讓論〉、董養之著〈無化論〉、龔壯之著〈邁德論〉、傅玄之著《傅子》、王沈之著〈釋時論〉、蔡洪之著〈孤奮論〉、裴頠之著〈崇有論〉、〈貴無論〉等，大抵皆以尊崇禮教的觀點力斥放曠之風。其中，傅玄即曾向晉武帝沉痛地表示：

> 虛無放誕之論盈於朝野，使天下無復清議，而亡秦之病復發於今！
> （《晉書》卷四十七〈傅玄傳〉）

其子傅咸也厲害地彈劾王戎，說：

> 戎不仰依堯舜之典謨，而驅動浮華，虧敗風俗，非徒無益，乃有大損。宜免戎官，以敦風俗。（《晉書》卷四十三〈王戎傳〉）

裴頠見時下有一群人口談虛無，不務實政，也著〈崇有〉之論，加以抨擊：

> 賤有則必外形，外形則必遺制。遺制則必忽防，忽防則必忘禮。禮制弗存，則無以爲政矣。……唱而有和，多往弗反。遂薄綜世之務，賤功烈之用，高浮游之業，埤經實之賢。……是以立言藉於虛無，謂之「玄妙」；處官不親所司，謂之「雅遠」；奉身散其廉操，謂之「曠達」。故砥礪之風彌以陵遲，放者因斯，或悖吉凶之禮，而忽容

〔註12〕自魏正始十年（西元二四九）至咸熙元年（西元二六四）十五年間，多者每隔三、四年，少而甚至一年有餘必有屠戮。據馮承基〈論魏晉名士之政治生涯〉一文所考，其翦伐誅戮之要者有：1.正始十年曹爽案。2.嘉平三年王淩案。3.嘉平六年李豐、張緝案。4.正元二年母丘儉、文欽案。5.甘露二年諸葛誕案。6.景元元年高貴鄉公案。7.景元三年嵇康案。8.咸熙元年鍾會案。——經此多次族戮，牽連被誅者甚多，故至魏末，名士少有全者。馮文見《國立編譯館館刊》第二卷第二期，1972年。

〔註13〕《世說新語·任誕》第一條載：「陳留阮籍、譙國嵇康、河內山濤……沛國劉伶、陳留阮咸、河內向秀、琅邪王戎，七人常集於竹林之下，肆意酣暢，故世謂竹林七賢。」《水經·清水注》亦有類似之記載。但經近人如陳寅恪、何啓民之研究，竹林古蹟竟屬烏有；且七賢之人數與交游情況，亦不足盡信。惟當時史書既有此類之記載，則魏晉之交放曠風流應該不在少數；故《晉書》卷四十九〈光逸傳〉亦載：「（光逸）依胡毋輔之，……與謝鯤、阮放、畢卓、羊曼、桓彝、阮孚，散髮裸裎，閉室酣飲，……時人謂之八達。」

止之表。瀆棄長幼之序，混漫貴賤之級。其甚者，至於裸裎，言笑

忘宜，以不惜爲弘。士行又虧矣！（《晉書》卷三十五〈裴頠傳〉）

這些評論，顯然都把「談說玄妙」與「雅遠」、「曠達」的行爲表現混同批評，
可見他們所責難的只是嵇、阮以下的虛誕之論與敗俗之行，並非駁斥整個談
辯潮流的不是。故如裴頠者，甚且參與談座，實地與王衍、樂廣、阮瞻等人
攻辯論難，且被時人譽爲「言談之林藪」。〔註14〕

　　到了晉室南遷之後，國變之痛加深了時人對放曠之習的憤慨，然而指責
的目標也多半只是針對那群慕《莊》放曠的談士而已。首先，葛洪作《抱朴
子》，便在〈行品篇〉中力闢某些談士言行不一之失：

士有機變清銳，巧言綺粲，攬引譬喻，淵涌風屬。然而口之所談，

身不能行。長於識古，短于理今。爲政政亂，牧民民怨。

接著又在〈疾謬篇〉中指控誣引《莊》《老》的流病：

終日無及義之言，徹夜無箴規之益。誣引《老》《莊》，貴于率任，

大行不顧細禮，至人不拘檢括，嘯傲縱逸，謂之體道。嗚呼惜乎，

豈不哀哉！

與葛洪深相親友的干寶，在〈晉紀總論〉中，也有同樣的指責：

風俗淫僻，恥尚失所。學者以《老》《莊》爲宗，而黜六經；談者以

虛蕩爲辨，而賤名檢；行身者以放濁爲通，而狹節信；進仕者以苟

得爲貴，而鄙居正；當官者以望空爲高，而笑勤恪。是以劉頌屢言

治道，傅咸每糾邪正，皆謂之俗吏；其倚仗虛曠，依阿無心者，皆

名重海內；若夫文王日昃不暇食，仲山甫夙夜匪懈者，蓋共嗤黜以

爲灰塵矣！……禮法刑政於此大壞，如水斯積而決其隄防，如火斯

蓄而離其薪燎也。國之將亡，本必先顛，其此之謂乎！故觀阮籍之

行，而覺禮教崩弛之所由也。（《晉書》卷五〈懷愍二帝紀〉，並見《昭

明文選·晉禮總論》）

略晚於葛洪、干寶的，還有卞壼、戴邈、應詹、陶侃、庾翼、江淳等人，也
都力斥談玄放達之弊。他們似乎一想起「山河變色」，就不得不恨惡「放曠之

〔註14〕《晉書》卷三十五〈裴頠傳〉載：「樂廣嘗與頠清言，欲以理服之，而頠辭論
　　　豐博，廣笑而不言，時人謂頠爲言談之林藪。」可見裴頠雖以崇儒斥《莊》
　　　起家，亦爲當時著名之談士。同傳又載：「（裴頠）乃著〈崇有〉之論，……
　　　王衍之徒攻難交至，並莫能屈。」《世說新語·文學》第十二條及〈言語〉第
　　　二十三條亦載述其與王衍、王戎、張華等人參與清談之實況。

風」，進而便把責任歸諸「虛談《莊》《老》」的不是。例如，卞壺因見當時貴游子弟多慕王澄、謝鯤的放達行為，便在朝廷中疾言厲色地罵道：

> 悖禮傷教，罪莫斯甚。中朝傾覆，實由於此！（《晉書》卷七十〈卞壺傳〉）

應詹於元帝朝也如此上疏：

> 元康以來，賤經尚道，以玄虛宏放為夷達，以儒術清儉為鄙俗。永嘉之弊，未必不由此也。（《晉書》卷七十〈應詹傳〉）

陶侃見其參佐或有因談戲而廢事的，便立刻下令取出他們的酒器樗蒲之具，悉投之於江，並且大聲警告說：

> 《老》、《莊》浮華，非先王之法言，不可行也！君子當正其衣冠，攝其威儀，何有亂頭養望，自謂宏達邪？（《晉書》卷六十六〈陶侃傳〉）

庾翼也不滿於時下高談《莊》《老》的作風，說：

> 高談《莊》、《老》，說空終日，雖云談道，實長華競。（《晉書》卷七十七〈殷浩傳〉）

江惇在〈通道崇檢論〉中，也極力地批評：

> 君子立行應依禮而動，雖隱顯殊途，未有不傍禮教者也。若乃放達不羈，以肆縱為貴者，非但動違禮法，亦道所棄也。（《晉書》卷五十六〈江統傳〉附〈江惇傳〉）

以上這些評議，發自身受國變之痛的儒者之口，自然語重心長，帶著一種痛定思痛的吶喊。因此，在他們的呼籲下，南遷以後的放達之行的確是比以前收斂多了，有些名士似乎也在無形中受到影響。例如《世說新語·言語》第七十條載：

> 王右軍（羲之）與謝太傅（安）共登冶城，謝悠然遠想，有高世之志。王謂謝曰：「夏禹勤王，手足胼胝；文王旰食，日不暇給。今四郊多壘，宜人人自效；而虛談廢務，浮文妨要，恐非當今所宜！」
>
> 謝答曰：「秦任商鞅，二世而亡，豈清言致患邪？」

可見謝安雖不以為然，但在王羲之的心裡，卻是深深覺察到虛談廢務所該負有的責任了。

然而，當時的評議者，如上舉之葛洪、干寶、卞壺、陶侃等人，可以說都是寒門出身〔註15〕，他們的立場自然跟浮游子弟「言不及義、行不拘檢」的作

〔註15〕《晉書》卷七十二〈葛洪傳〉云：「洪少好學，家貧，躬自伐薪，以貿紙筆。」

風大不相同。因此他們的攻擊目標，顯然都集中在那些「慕效放曠」的人身上。至於「清談論辯」的價值，則是未嘗加以否定的。譬如葛洪心目中的「清談」即具有「論道」的嚴肅意義〔註16〕。所以晉朝評斥曠風的人雖多，但抱著謝安那種「豈清談致患邪？」的觀點的，還是大有人在。雖然北面江山已經淪亡，南遷之士還是念念不忘正始之音；尤經王導、庾亮與晉簡文帝的提倡，以及佛學題材的加入，於是談風更在南方重燃起煙火來。直到晉末，范寧為了徹底打擊談風，才一本「夫子斬少正，太公戮華士」的作風，直斥魏晉談宗，以拆毀當時的清談偶像，把何晏、王弼比作桀紂般的亡國罪人。他說：

> 王（弼）、何（晏）蔑棄典文，不遵禮度，游辭浮說，波蕩後生。飾華言以翳實，騁繁文以惑世。縉紳之徒，翻然改轍；洙泗之風，緬焉將墜。遂令仁義幽淪，儒雅蒙塵，禮壞樂崩，中原傾覆。古之所謂言偽而辯，行僻而堅者，其斯人之徒歟？昔夫子斬少正于魯，太公戮華士于齊，豈非曠世而同誅乎？桀紂暴虐，正足以滅身覆國，為後世鑒戒耳，豈能迴百姓之視聽哉？王何叨海內之浮譽，資膏梁之傲誕，畫螭魅以為巧，扇無檢以為俗，鄭聲之亂樂，利口之覆邦，信矣哉！吾固以為一世之禍輕，歷代之罪重；自喪之釁小，迷眾之愆大也！（《晉書》卷七十五〈范寧傳〉）

以前評議清談的人只是反對嵇、阮以下的曠達派作風；現在范寧則連何晏、王弼的談辯也一併駁斥了。他義正辭嚴的評論，雖不免過激，影響力卻是不小。尤其當整個晉朝覆滅之後，大家一想起儒教之蒙塵與五胡之亂華，便不能不想起范寧的話。從此，「清談亡國」的觀念便在國人心中埋了根基，且營了壘石。北齊顏之推在《家訓》中即說：

> 何晏王弼祖述玄宗（指《老》《莊》），遞相誇尚，景附草靡。皆以農黃之化，在乎己身；周孔之業，棄之度外。而平叔以黨曹爽見誅，觸死權之網也；輔嗣以多笑人被疾，陷好勝之穽也。山巨源以蓄積取譏，背多藏厚亡之文也；夏侯玄之才望被戮，無支離臃腫之鑒也。荀奉倩喪妻，神傷而卒，非鼓缶之情也；王夷甫悼子，悲不自勝，

卷八十二〈干寶傳〉云：「以家貧，求補山陰令。」卷七十〈卞壼傳〉云：「壼廉潔儉素，居甚貧。」卷六十六〈陶侃傳〉云：「侃早孤貧。」──據此可見當時評議放曠之風者，大抵都是寒士。

〔註16〕葛洪《抱朴子・疾謬篇》云：「世故繼有，禮教漸頹，……不聞清談論道之言，專以酬辭嘲弄為先。」（臺北：世界書局印行，1979 年），頁 146。

異東門之達也。嵇叔夜排俗取禍，豈和光同塵之流也？郭子玄以傾動專勢，寧後身外己之風也？阮嗣宗沈酒荒迷，乖畏途相誡之譬也；謝幼輿贓賄黜削，違棄其餘魚之旨也。彼諸人者，並其領袖，玄宗所歸。其餘枉桔塵滓之中，顛仆名利之下者，豈可備言乎？直取其清談雅論，剖玄析微，賓主往復，娛心悅耳，非濟世成俗之要也。（《顏氏家訓‧勉學篇》）

若如此說，則何晏、王弼顯然已背負了游辭浮說、祖述玄虛、蔑棄禮教、清談亡國的罪名。而唐太宗御撰《晉書‧儒林傳》也對清談做了這樣的總論：

有晉始自中朝迄于江左，莫不崇飾華競，祖述玄虛。擯闕里之典經，習正始之餘論；指禮法為流俗，目縱誕以清高。遂使憲章弛廢，名教頹毀，五胡乘間而競逐，二京繼踵以淪胥。運極道消，可為長嘆息者矣！

則由正始以迄江左風行一世之清談，除被視為帶來「五胡競逐，二京淪胥」的國運外，也一無價值可言了。

唐朝佛學昌明，宋明理學興旺，魏晉清談的本質自是無人過問，一般人也就仍然抱著與范寧、顏之推及《晉書‧儒林傳》相同的意見，認為清談是導致魏晉亂亡的禍根之一。明代楊慎雖曾一反舊評〔註17〕，想替魏晉玄風洗刷一、二冤屈，但勢單力薄，又無專著以為辨證，其說乃罕有人知。到了明末清初，顧炎武因身懷國破家亡之痛，極恨何王玄風末流空談誤國之失，於是以古諷今，更對魏晉清談斥責得不遺餘力。《日知錄》卷十七〈正始〉條云：

演說《老》、《莊》，王（弼）、何（晏）為開晉之始，以至國亡於上，教淪於下，胡戎互僭，君臣屢易，非林下諸賢之咎而誰咎哉？……魏晉人之清談何以亡天下？是孟子所謂楊墨之言，至於使天下無父無君而入於禽獸者也！

〔註17〕 明人楊慎曾為六朝風氣辯護云：「六朝風氣，論者以為浮薄，敗名檢，傷風化，固亦有之。然予核其實，復有不可及者數事。一曰尊嚴家諱也，二曰矜尚門第也，三曰慎重婚姻也，四曰區別流品也，五曰主持清議也。蓋當時士大夫，雖祖尚玄虛，師心放達，而以名節相高，風氣自失者，咸得經行其志。至於冗末之品，煩瑣之材，雖有陶狗之資，不敢妄參乎時彥；雖有董鄢之寵，不敢肆志於清流。而朝議之所不及，鄉評猶足倚以為輕重。故雖居偏安之區，當陸沉之後，而人心國勢猶有與立，未必非此數者補救之功、維持之效也」。

此語儼然如出范寧之口，而其斷然以魏晉之亡歸咎清談，並將何晏、王弼指爲罪魁禍首，其評議比起范寧的痛責斥罵顯然又有過之，因此清談「亡國」的罪名更是千古不搖了。

在「清談亡國」的觀念被樹立之後，一般人對清談的看法，便有一種偏差的成見產生。總以爲談辯的內容，除了《老》《莊》之玄理外，別則罕有所談；而談士們的行徑，大抵皆是蔑棄儒教、不遵禮法。在時下最通用的辭典──《辭海》中，對「清談」一詞的解釋便是這樣：

> 魏何晏、夏侯玄、王弼等祖述《老》《莊》，崇尚無爲之說，排棄世務，專談玄理，時人謂之清談。後進慕效，寖成風氣。至晉王衍輩，世風益盛。後人以爲晉祚之亡，實爲清談所誤云。

這話最足以代表目前一般人對「清談」的認識。在人們的觀念中，彷彿清談由何晏、王弼以至晉祚之亡，只是一味「祖述《老》《莊》，崇尚無爲之說」而已；而所有的談士，又都是一些「排棄世務，專談玄理」的放曠之徒。

雖然，自晚清以來，有些學者已經對「清談亡國」的看法漸有糾正，對何晏、王弼的思想行爲也每有辯護，然而在傳統觀念的影響下，大家仍是認爲清談名士乃道家之嫡系，他們所談論的課題總不脫《易》、《老》、《莊》。因此，許多人便直稱「清談」爲「談玄」；並把「清談」的「清」字，領會成清虛玄妙、遠離現實之意。甚或有人先橫一「談玄」、「放曠」之見以觀魏晉清談，於是，凡行爲放曠者，則不論其是否能談，如劉伶、山簡、張翰、畢卓、庾鼓、光逸、阮孚等「嗜酒荒放、露頭散髮、裸袒箕踞」之流，並皆列入談士之林；而將一些能談善辯，但以崇儒斥《莊》起家的裴頠、王坦之，或以功業顯赫一世的桓溫、桓玄等人，摒之於清談門外。這豈不是犯了一種以成見抹煞事實的錯誤嗎？〔註18〕

固然，我們不能否認《易》、《老》、《莊》之玄理玄學是魏晉清談的主要內容；但若逕以「清談除了談些玄之又玄的形上之理外，便別無所談」，如此以偏概全的說法，則何能全面性了解魏晉清談的本質與內涵？

〔註18〕詳見本文第二、三、四、五、六章分析。

第二章 清談主題重探之必要

　　吾人若能摒除「清談亡國」說的歷史成見，重新平心靜氣地細研魏晉史籍，當會發現清談的內容絕非如一般人所想像的那麼玄遠、不切實際；魏晉名士所談論的課題，除近代學者漸漸注意到的「三玄」、「三理」、「四本」之外〔註1〕，實際上還廣涉到經學、史學、哲學、文學以及宗教諸多方面之諸多課題，且與魏晉學術界的輝煌燦爛息息相關。實例的證明將見本文第三、四、五、六、七諸章分析。但在進行分析之前，如果先從以下四種角度切入：（1）從清談形式的淵源看，（2）從清談一詞的本義與別稱看，（3）從清談名士的類型看，（4）從《隋書‧經籍志》的著錄看，亦足以發現魏晉清談主題的含括面實在很廣，實有重作探討研究的必要。

第一節　清談形式的淵源

　　魏晉清談，本是採取一種彼此攻難、破敵立我的形式以進行問題的討論。就這種談辯形式的發生看，原非魏晉一代所能獨專，因為它乃是基於人類鬥智好辯、為了尋求真理的一種行為。譬如惠施與莊周在濠梁之上論辯「魚樂」的對難方式，豈非酷似清談？《莊子‧秋水》載：

　　莊子曰：「儵魚出游從容，是魚之樂也！」惠子曰：「子非魚，安知

〔註1〕三玄，據《顏氏家訓‧勉學》第八條云：「《莊》、《老》、《周易》，總謂三玄。」三理，據《世說新語‧文學》第二十一條云：「王丞相（導）過江左，止道『聲無哀樂』、『養生』、『言盡意』三理而已。」四本，據《世說新語‧文學》第五條注引《魏志》云：「四本者，言『才性同』、『才性異』、『才性合』、『才性離』也。」

魚之樂？」莊子曰：「子非我，安知我不知魚之樂？」惠子曰：「我
非子，固不知子矣！子固非魚也，子之不知魚之樂，全矣！」莊子
曰：「請循其本。子曰：『汝安知魚樂』云者，既已知之而問我，我
知之濠上也。」

這裡，惠、莊二人針對人類「能否知魚樂」的問題，一來一往地層層談辯下
去，終至觸及「心物交感」的哲學性問題。唐朝成玄英注「濠梁」一詞，即
云：「莊、惠清談在其上也。」〔註2〕

　　縱觀古今中外的歷史，我們不難發現：每當政局紊亂、學術無宗、人心
徬徨之際，往往是百家爭鳴、學術澎湃、論辯風行之時。例如先秦時代，儒、
道、墨、名、法、陰陽諸家，即門戶各別、彼此攻伐，人人皆圖立我宗義、
破彼異說。故孟子排拒楊墨，墨子譏斥儒道，莊子詆戲諸家道術，荀子鍼砭
十二子，韓非彈劾儒墨，雖其論難未必見之於面對面的「口誅」，卻是見之
於論述中的「筆伐」。而齊國稷下清風，學士雲從，儘管載籍弗詳，然鉤稽
諸史傳，亦不難想像其時高談爭議之盛況。《史記》卷四十六〈田敬仲完世
家〉載：

（齊）宣王喜文學游說之士，自如騶衍、淳于髡、田駢、接子、慎
到、環淵之徒七十六人，皆賜列第，爲上大夫，不治而議論，是以
齊稷下學士復盛，且數百千人。

又卷七十四〈孟子荀卿列傳〉亦云：

荀卿，趙人，年五十始來遊學於齊。騶衍之術，迂大而閎辯，奭也
文具難施，淳于髡久與處，時有得善言。故齊人頌曰：「談天衍，雕
龍奭，炙轂過（輠）髡。」

據此，鄒衍、鄒奭、淳于髡、田駢、慎到之徒，皆戰國晚期能言善辯之士，
數千百人既群聚齊國稷下，則彼時之談辯盛況，亦當不減於魏晉！

　　惟至漢武罷黜百家，表彰六經之後，儒術既成進身之捷徑與獨尊之顯學，
先秦諸子百家爭鳴的狀態便趨於沉寂，而群儒競往五經章句訓詁下功夫，則
攻難論辯的情況也就不同往常了。以前，先秦諸子談辯的重心，多半集中在
人性善惡、禮法之爭、仁愛兼愛之別等類的問題上；現在則針對經說的異同
或今古文經的爭立而發。早在西漢之初，韓固和黃生即有儒道二家之爭，韓

〔註2〕唐・成玄英疏《莊子・秋水》，見郭慶藩《莊子集釋》（臺北：世界書局出版，
　　　　1978年），頁267。

嬰和董仲舒也曾在皇帝面前起過爭難。〔註3〕其後經學古文派起與今文派相抗，這種經義的論辯便愈演愈烈，據前、後《漢書》所載，較著者有：

　　△宣帝甘露三年（西元前五一年），石渠議奏，蕭望之與群儒平議
　　　《春秋》《公羊傳》與《穀梁傳》之是非。（《漢書》卷八〈宣帝紀〉，
　　　卷八十八〈儒林傳〉）

　　△哀帝建平中（西元前六一年），劉歆與太常博士爭立《毛詩》、《古
　　　文尚書》、《逸禮》及《左氏春秋》。（《漢書》卷三十六〈劉歆傳〉）

　　△光武帝建武時（西元二五～五五年），韓歆、陳元與范升爭立《費
　　　氏易》及《左氏春秋》。（《後漢書》卷三十六〈范升陳元傳〉）

　　△章帝建初四年（西元七九年）白虎議奏，賈逵與李育等講議五經
　　　之異同，互難《春秋》《左氏傳》及《公羊傳》之短長。（《後漢書》
　　　卷三〈章帝紀〉、卷四十八〈楊終傳〉、卷七十九〈儒林傳下〉）

　　△桓帝靈帝年間，鄭玄與何休爭論《春秋》《左氏傳》、《穀梁傳》及
　　　《公羊傳》之優劣。（《後漢書》卷三十五〈鄭玄傳〉、卷七十九〈儒
　　　林傳下〉）

這些論爭，都是採取攻難論辯的方式進行的。其往返辯難、持鋒互伐的情況，實不亞於魏晉清談，故史書上每有「互相辯難，日中乃罷」、「以……義，難……，往返皆有理證」，或「入吾室，操吾矛，以伐我」之類的記載〔註4〕。而且，正由於這種經學上的爭議，炳蔚先後，便在東漢興起了一股愛好論辯的熱潮。不但朝廷有事，喜歡取諮於眾議以作決定〔註5〕；臣民上疏諫議，皇帝也要下詔

〔註3〕見《漢書》卷八十八〈儒林傳〉。

〔註4〕東漢今古文爭議，往往採取攻難論辯的方式進行，因此《後漢書》才有如下這一類的記載：（1）卷三十六〈范升傳〉：「尚書令韓歆上疏，欲爲《費氏易》、《左氏春秋》立博士，詔下其議。……（范升）遂與韓歆及太中大夫許淑等互相辯難，日中乃罷。」（2）卷七十九〈儒林傳〉下：「（建初）四年，詔與諸儒論五經於白虎觀。（李）育以《公羊》義難賈逵，往返皆有理證，最爲通儒。」（3）卷三十五〈鄭玄傳〉：「時任城何休好《公羊》學，遂著《公羊墨守》、《左氏膏肓》、《穀梁廢疾》。玄乃發墨守，鍼膏肓，起廢疾。休見而歎曰：『康成入吾室，操吾矛，以伐我乎！』」

〔註5〕東漢除了今古文經博士之增立，必須取諮眾議以作決定外；就連軍政上的一些舉動，也往往要詔令百官大會朝堂，經由各方意見之「相難反覆」，然後才作最後之取捨。例如靈帝中平二年，皇甫嵩討羌胡是否需要「開募鮮卑兵」一事，便是經由韓卓、應劭之對難而後決定的。事見《後漢書》卷四十八〈應劭傳〉。

尚書郎加以詰問〔註6〕；而士大夫私下講論經書，也常以論難的方式進行討論〔註7〕。因此，時下便倡行起「應譏」、「答難」、「對事」一類的文體來。在嚴可均所輯的《全後漢文》中可以找到一些例子：譬如孔融的「聖人優劣論」、「汝潁優劣論」，仲長統的「答鄧義社主難」，王粲的「難鍾荀太平論」等，都明白指出是與某某人的迭相辯難〔註8〕。據此，即足以想見當時談辯風氣的興盛景況。

東漢不僅經學上的談辯風氣如此之盛，政治上也倡行著清議之習。其中，鄉黨清議以品評人物為主；太學清議則針對朝政之得失而發。由於東漢取士，大別為地方察舉及政府徵辟，故鄉里之臧否、民間之清議，乃隱操士人進退之權，於是知人觀人之術甚受標榜，月旦人物也就流為俗尚，造成一股政治上的社會勢力，這就是所謂「鄉黨清議」。而京師之中，太學諸生眼見東漢中葉以後外戚專橫、宦官禍亂、西羌侵擾、災害流行，故亦三五齊聚，放言高論，評議時政，這就是所謂「太學清議」。——這種清議，在學者群集、互相題拂的情形下進行，時日一久，自必也同時注意到談吐言論的措辭音節了。故史稱郭林宗「善談論、美音制」；符融「幅巾奮袖，談辭如雲」；孔子緒「清談高論，噓枯吹生」〔註9〕；其於談辯技巧之講究，較諸魏晉之塵尾風流，又有何遜色呢？！

由此可知，以談辯論難的方式研討問題，乃自古即有，非至魏初方始獨創。然魏晉清談所以異於先秦兩漢，而在中國學術史及社會史上獨標一幟者，不過因其談辯之風氣更為普遍，談辯之技巧更為講究，談辯之內容又有其特質罷了。近人研究魏晉清談，常愛探討「清談起自何時，開自何人」的問題；或謂「起於魏正始之何晏、王弼」〔註10〕；或謂「太和初年，傅嘏、荀粲之會談，實為嚆矢」〔註11〕；或謂「建安之初，萌蘗已見」〔註12〕；或謂「導

〔註6〕《後漢書》卷三十下載有二例：（1）順帝時，郎顗上疏諫議，皇帝乃「使對尚書」。（2）桓帝時，襄楷亦上疏諫議，皇帝復「詔詣尚書問狀」。可見東漢上疏者，往往須與尚書郎問對得宜，方可免於犯上之譏。

〔註7〕例如《後漢書》卷三十七〈丁鴻傳〉載：「鴻年十三，從桓榮受歐陽尚書，三年而明章句，善論難，為都講。」此可為「士大夫之講經每好論難」之一證。

〔註8〕見嚴可均《全後漢文》卷八十三、八十七、九十一等。（《歷代詩文總集》第二十四冊，臺北：世界書局印行。）

〔註9〕見《後漢書》卷六十八〈郭太符融傳〉，《三國志》〈魏書〉卷一〈武帝紀〉注引張璠《漢紀》。

〔註10〕清趙翼《廿二史劄記》卷八「六朝清談之習」條。（臺北：華世出版社印行，頁16。）

〔註11〕范壽康〈魏晉的清談〉。（《國立武漢大學文哲季刊》第五卷第二期，頁241。）

〔註12〕劉大杰《魏晉思想論》（臺北：中華書局出版，1957年，頁176。）

自王充」〔註13〕；或謂「開自林宗（郭太）」〔註14〕；或謂「郭太、荀爽二人皆爲導率」〔註15〕。其實，若明白「談辯」之習乃是基於人類鬥智好辯的心理，並非魏晉一朝所能獨專，則對「清談起源何時何人」的探究，便不太必要了。我們與其集中注意力於此一問題，倒不如實地去研析魏晉談辯的內容，進而觀察其遞邅演變之迹爲要。

第二節　清談的本義與別稱

根據上文，就談辯形式的歷史淵源來看，先秦諸子之互相攻難、稷下學士之聚談闊論、漢朝經師之爭辯經說、太學諸生之清議朝政、鄉間名士之品藻人物，在在都粗備了清談論辯的形式與技巧。可見魏晉清談並非如後人所說，乃起始於漢魏之交或太和正始之際，而是遠有所承的；換句話說，我們若不把「清談」一詞領會成具有某種特定內容的談辯，則清談之習應是代代皆有的。此處，即擬就「清談」名目的本義與別稱，進一步證明清談確非如後人所指謂，僅限於道家的玄遠之談，而是泛指一種具備了論辯形式的聚談。

在魏晉人的用法中，「清談」實與「清言」、「清論」、「談辯」、「談議」、「共語」、「共談」等詞互通。蒐檢魏晉史料，即可發現數十種「清談」的代用詞，茲臚列於後，常見者各舉二例，寡見者則各舉一例：

【清言】

　　△張憑……會王蒙就忱（劉忱）**清言**，有所不通，憑於末座判之，言旨深遠，足暢彼我之懷，一坐皆驚。忱延之上坐，**清言**彌日，留宿至旦。（《晉書》卷七十五〈張憑傳〉）

　　△邈（裴邈）……少有通才，從兄顧器賞之，每與**清言**，終日達曙。
　　（《世說新語‧雅量》第十一條注引《晉諸公贊》）

【清辯】

　　△恭（王恭）雖才不多，而**清辯**過人。（《世說新語‧賞譽》第一五五

〔註13〕孫道昇〈清談起源考〉，《東方雜誌》第十二卷三號　。
〔註14〕陳寅恪〈逍遙遊向郭義及支遁義探源〉，（《清華學報》第十二卷第二期，1937年），頁309～313。
〔註15〕林顯庭《魏晉清談及其玄理述要》（東海大學六十三年度碩士畢業論文），頁31～39。

條注引《中興書》）

【清論】

△（裴頠與管輅）一相見，**清論**終日，不覺罷倦。（《三國志・魏書》卷二十九〈方技・管輅傳〉注引〈輅別傳〉）

【談論】

△楷弟綽，……綽子遐，……嘗與河南郭象**談論**，一坐嗟服。（《晉書》卷三十五〈裴綽傳〉）

△衛玠……見大將軍王敦，敦與**談論**，咨嗟不能自已。（《世說新語・文學》第二十條注引〈玠別傳〉）

【談議】

△凝之（王凝之）弟獻之，嘗與賓客**談議**，詞理將屈，道韞遣婢白獻之曰：「欲爲小郎解圍。」乃施青綾步鄣自蔽，申獻之前議，客不能屈。（《晉書》卷九十六〈列女・謝道韞傳〉）

△衛伯玉（衛瓘）爲尚書令，見樂廣與中朝名士**談議**，奇之曰：「自昔諸人沒已來，常恐微言將絕，今乃復聞斯言於君矣！」（《世說新語・賞譽》第二十三條）

【談講】

△衛瓘有名理，及與何晏、鄧颺等數共**談講**，見廣（樂廣）奇之曰：「每見此人，則瑩然猶廓雲霧，而覩青天也」。（《世說新語・賞譽》第二十三條注引王隱《晉書》）

【談宴】

△庾（亮）風姿神貌，陶（侃）一見便改觀，**談宴**竟日，愛重頓至。（《世說新語・容止》第二十三條）

△（晉文帝聞向雄語）甚悅，與**談宴**。（《晉書》卷四十八〈向雄傳〉）

【談戲】

△（賈洪）好學有才，而特精於《春秋左傳》，……善能**談戲**。（《三國志・魏書》卷十三〈王肅傳〉注引《魏略》）

【談詠】

△亮（庾亮）在武昌，諸佐吏殷浩之徒，乘秋夜往，共登南樓，俄

而不覺亮至，諸人將起避之。亮徐曰：「諸君少住，老子於此處，興復不淺。」便據胡牀，與浩等**談詠**，竟坐。(《晉書》卷七十三〈庾亮傳〉)

【言談】

△載（張載）又爲〈濛汜賦〉，司隸校尉傅玄見而嗟歎，以車迎之，**言談**盡日，爲之延譽，遂知名。(《晉書》卷五十五〈張載傳〉)

【言論】

△長史謝鯤，先雅重玠（衛玠），相見欣然，**言論**彌日。(《晉書》卷三十六〈衛玠傳〉)

【講論】

△朗（謝朗）善言玄理，……與沙門支遁**講論**，遂至相苦。(《晉書》卷七十九〈謝朗傳〉)

【講讌】

△時魏高貴鄉公好學有文才，引沈（王沈）及裴秀，數於東堂**講讌**屬文。(《晉書》卷三十九〈王沈傳〉)

【雅談】

△天保中，尚書王昕以**雅談**獲罪。(《北齊書》卷四十二〈盧潛傳〉)

【雅詠】

△王衍……口不論世事，唯**雅詠**玄虛而已。嘗因宴集，爲族人所怒。(《晉書》卷四十三〈王衍傳〉)

【共談】

△裴楷嘗引廣（樂廣）**共談**，自夕申旦，雅相欽挹，歎曰：「我所不如也。」(《晉書》卷四十三〈樂廣傳〉)

△京（潘京）仍舉秀才到洛。尚書令樂廣，京州人也。**共談**累日，深歎其才，謂京曰：「君天才過人，恨不學耳；若學，必爲一代談宗」。(《晉書》卷九十〈潘京傳〉)

【共語】

△謝太傅爲桓公司馬，桓詣謝，……因下**共語**至暝。(《世說新語·賞譽》第一〇一條)

△符宏叛來歸國，謝太傅每加接引，……適王子猷來，太傅使**共語**。（《世說新語‧輕詆》第二十九條）

【共論】

△始輅（管輅）過魏郡太守鍾毓，**共論**《易》義。（《三國志‧魏書》卷二十九〈管輅傳〉）

△殷中軍（浩）、孫安國（盛）、王（濛）、謝（尚）能言諸賢，悉在會稽王許。殷與孫**共論**「易象妙於見形」。孫語道合，意氣干雲，一坐咸不安孫理，而辭不能屈。（《世說新語‧文學》第五十六條）

【共說】

△裴使君曰：「誠如來論，吾數與平叔（何晏）**共說**《老》、《莊》及《易》，常覺其辭妙於理，不能折之。又時人吸習，皆歸服之焉，益令不了。相見得清言，然後灼灼耳。」（《三國志‧魏書》卷二十九〈方技‧管輅傳〉注引〈輅別傳〉）

【共辯】

△司隸鍾繇不好《公羊》而好《左氏》，……數與幹（嚴幹）**共辯**析長短。繇爲人機捷，善持論；而幹訥口，臨時屈無以應。（《三國志‧魏書》卷二十三〈裴潛傳〉注引《魏略》〈列傳〉）

【與談】

△（阮）籍從之（「之」指蘇門山隱者），**與談**太古無爲之道，及論五帝三王之義。（《三國志‧魏書》卷二十一〈阮籍傳〉注引《魏氏春秋》）

△胡毋輔之……望見逸……便呼上車，**與談**良久，果俊器。（《晉書》卷四十九〈光逸傳〉）

【與語】

△淮南人劉陶善論縱橫，爲當時所推，每**與**弼（王弼）**語**，常屈弼。弼天才卓出，當其所得，莫能奪也。（《三國志‧魏書》卷二十八〈鍾會傳〉注引〈何劭弼傳〉）

△武帝爲撫軍將軍，……志（曹志）夜謁見，帝**與語**，自暮達旦，甚奇之。（《晉書》卷五十〈曹志傳〉）

【與……論】

△（荀顗）……又**與**扶風王駿**論**「仁孝孰先」。（《晉書》卷三十九〈荀顗傳〉）

△荀勖每**與**咸（阮咸）**論**音律。（《晉書》卷四十九〈阮咸傳〉）

【與……道】

△孚（羊孚）雅善理義，乃**與**仲堪（殷仲堪）**道**「齊物」。……乃至四番後一通。（《世說新語・文學》第六十二條）

【問……答】

△殷荊州（仲堪）曾**問**遠公（釋慧遠）：「《易》以何爲體？」**答**曰：「《易》以感爲體。」殷曰：「銅山西崩，靈鐘東應，便是《易》耶？」遠公笑而不答。（《世說新語・文學》第六十一條）

【問……曰】

△僧意在瓦官寺中，王苟子（脩）來，與共語，便使其唱理，便謂王**曰**：「聖人有情不？」王曰：「無。」重**問**曰：「聖人如柱耶？」王**曰**：「如籌算，雖無情，運之者有情。」僧意云：「誰運聖人邪？」苟子不得答而去。（《世說新語・文學》第五十七條）

【問……辯】

△康僧淵……遇陳郡殷浩，浩始**問**佛經深遠之理，卻**辯**俗書性情之義，自晝至曛，浩不能屈，由是改觀。（《高僧傳》卷四〈康僧淵傳〉）

【問……對】

△阮宣子（脩）有令聞，太尉王夷甫見而**問**曰：「《老》《莊》與聖教同異？」**對**曰：「將無同。」太尉善其言，辟之爲掾，世謂「三語掾」。（《世說新語・文學》第十八條）

【難……答】

△（王）弼注《易》，潁川人荀融**難**弼「大衍」義，弼**答**其意。（《三國志・魏書》卷二十八〈鍾會傳〉注引何劭〈王弼傳〉）

△粲（荀粲）諸兄並以儒術論議，而粲獨好言道。……粲兄俁**難**曰：「……」。粲**答**曰：「……」。及當時能言者不能屈也。（《三國志・魏書》卷十〈荀彧傳〉注引《晉陽秋》）

【理詠】

△庾太尉（亮）在武昌，秋夜氣佳景清，使吏殷浩、王胡之之徒登南樓**理詠**。……（《世說新語‧容止》第二十四條）

【詠謔】

△庾公（亮）……因便據胡牀，與諸人**詠謔**，竟坐，甚得任樂。（《世說新語‧容止》第二十四條）

【析理】

△殷中軍（浩）為庾公（亮）長史，下都，王丞相（導）為之集，桓公（溫）、王長史（濛）、王藍田（述）、謝鎮西（尚）並在。丞相自起解帳，帶麈尾，語殷曰：「身今日當與君共談**析理**。」既共清言，遂達三更。（《世說新語‧文學》第二十二條）

△安（謝安）優游山水，以敷文**析理**自娛。（《世說新語‧賞譽》第一〇一條注引《續晉陽秋》）

【起難往反】

△帝（晉武帝）講《詩》，中庶子何劭論風雅正變之義，峻（庾峻）**起難往反**，四坐莫能屈之。（《晉書》卷五十〈庾峻傳〉）

【更相覆疏】

△許掾年少時，人以比王苟子（脩），許大不平。……便往西寺與王論理，共決優劣；苦相折挫，王遂大屈。許復執王理，王執許理，**更相覆疏**，王復屈。（《世說新語‧文學》第三十八條）

由上所舉數十例證，可知「清談」應是指著一種有「討論之主題」、有「往返之形式」，甚至有「逞才之趣味」的聚談。它的本義，大致與「清言」、「清辯」、「清論」、「談論」、「談議」、「談講」、「談宴」、「談戲」、「談詠」、「言談」、「言論」、「講論」、「講嘛」、「雅談」、「雅詠」、「共談」、「共語」、「共論」、「共說」、「共辯」、「與談」、「與語」、「與……論」、「與……道」、「（往返）問……答」、「問……曰」、「問……辯」、「問……對」、「難……答」、「理詠」、「詠謔」、「析理」、「起難往反」、「更相覆疏」等詞相當。故單舉「清談」一詞，就如同單舉「談講」或「共辯」一詞，並未暗示其所談辯之內容為何。若想知其內容，還需參就上下文意及有關資料方可；要是望文生義，遂將「清談」解為「清閒之談」或「清玄之談」，那就極不合乎魏晉當時的本義了。下面，我們就來

看看魏晉人對「清談」一詞的用法。

在魏晉史籍中，最常被人拿來當作「清談即談玄」之證的，不外如下數例：

> △王衍……口不論世事，唯雅詠玄虛而已。……終日**清談**，而縣務亦理。……妙善玄言，唯談《老》《莊》爲事。（《晉書》卷四十三〈王衍傳〉）

> △沙門支遁以**清談**著名於時，風流貴勝，莫不崇敬，以爲造微之功，足參諸正始。（《晉書》卷六十七〈郗超傳〉）

> △康法暢……常執塵尾，每值名賓，輒**清談**盡日。（《高僧傳》卷四〈康僧淵傳〉）

後人所以將此中之「清談」解爲「談玄」，乃由上下文意及諸人傳記揣測而得。因爲王衍「口不論世事……唯談《莊》《老》爲事」，支遁、康法暢皆屬出家僧人，其所講論自然不出《易》、《老》、《莊》、佛之範圍。但，這並不意味「清談」一詞實含談「玄」之意；故若據此而推言魏晉的清談一律都指談玄，那就未免牽強武斷了。至少我們可以提出許多反證來。例如：

> △太子（曹丕）又書（報鍾繇）曰：「得報知喜南方，至于荀公（爽）之**清談**，孫權之斌媚，執書嗢噱，不能離手。若權復點，當折以汝南許劭月旦之評。權優游二國，俯仰荀許，亦已足矣。（《三國志·魏書》卷十三〈鍾繇傳〉，注引《魏略》）

> △靖（許靖）雖年逾七十，愛樂人物，誘納後進，**清談**不倦。（《三國志·蜀書》卷八〈許靖傳〉）

> △林宗（郭泰）周旋，**清談**閭閻，無救於世道之陵遲，無解於天民之憔悴也。（葛洪《抱朴子》卷四十六〈正郭〉篇）

> △散騎侍郎夏侯惠薦卲（劉卲）曰：「……臣數聽其**清談**，覽其篤論，漸漬歷年，服膺彌久，實爲朝廷奇其器量」。（《三國志·魏書》卷二十一〈劉卲傳〉）

> △（晉）武帝出祀南郊，詔使默（鄭默）驂乘，因謂默曰：「卿知何以得驂乘乎？昔州里舉卿相輩，常愧有累**清談**。」（《晉書》卷四十四〈鄭默傳〉）

> △（祖）納既閑居，但**清談**披閱文史而已。及約（納之異母弟）爲

逆，朝野歡納有鑒裁焉。(《晉書》卷六十二〈祖納傳〉)

△祖約**清談**平裁，老而不倦。(《文選》卷三十八〈任彥昇爲蕭揚州薦士
表〉，李善注引王隱《晉書》)

△王伯輿、鄭玄高雋弟子也。爲子稚賓取王處道女也，當得禮意。
於時**清談**，盡無譏議。今難者雖苦，竟不能折其理。(《通典》卷六
十「同姓婚議」條引荀崧答卞壼語)

△臣州茂德唯毅（劉毅），越毅不用，則**清談**倒錯矣。(《晉書》卷四
十五〈劉毅傳〉)

在此諸例中，「清談」一詞既與「月旦之評」、「愛樂人物」、「州里舉卿相」、「閭
閻」、「鑒裁」、「平裁」、「譏議」、「用人」等連用，顯然它的內容並不一定指
著「談玄」，而多少應與清議時政、箴砭俗風、或臧否人物有關。我們若再參
看《後漢書》卷六十二、卷六十八、《三國志》〈魏書〉卷二十一、〈蜀書〉卷
八、《晉書》卷六十二諸篇載述荀爽、郭太、許靖、劉邵、組納、組約等人的
傳記，更會清楚明白。因爲這些人大抵都是務實尚學、品評人倫的政論家，
若說他們有所清談，也必然與王衍之雅詠玄虛或支遁、康法暢之談論佛理有
所不同。況且，稱述其「清談」的證據，既然出自晉人之《三國志》、六朝人
之《文選》、或唐人之《晉書》與《通典》，則「清談」一詞的用法，至少在
魏晉六朝還是未必等同於「談玄」的。〔註16〕

葛洪是闢斥晉代放曠談玄之習用力甚偉者，在他所著的《抱朴子》書中
也曾數次用到「清談」一詞：

△世故繼有，禮教漸頹，敬讓莫崇，傲慢成俗，……不聞**清談**講道
之言，專以醜辭嘲弄爲先。(〈疾謬〉篇)

△雖不能三思而吐**清談**，猶可息譎詭以防禍萌也。尊其辭令，敬其
威儀，使言無口過，體無倨容，可法可觀，可畏可愛，蓋遠辱之
良術，全交之要道也。(〈疾謬〉篇)

△誠宜正色，矯而呵之，何謂同其波流，長此弊俗哉？然民間行之日
久，莫覺其非，或**清談**所不能禁，非峻刑不能止也。(〈疾謬〉篇)

〔註16〕《晉書》與《通典》雖爲唐人所作，但除各篇之前言或評語外，大抵皆據六
朝人所作之史籍而得。故於「清談」一詞之用法，保守點看，也應可代表六
朝人的觀點。

△謂**清談**爲詆訐，以忠告爲侵己。（〈酒誡〉篇）

據此，葛洪筆下，「清談」一詞有時候與「講道」疊用，有時候與「峻刑」、「詆訐」互比，有時候有與「醜辭」、「謔調」對言。而由上下文意觀察，對清談風雲也頗表贊許；可見葛洪心目中的清談，不但與「玄談」不盡相同，而且還具有清正時風的實際功能與譏議平裁的嚴肅意義。

近人唐長孺先生在〈清談與清議〉一文中，對上舉多數例證（蓋「清談」不作「玄談」解之例）亦曾作過說明，證實「清談」一詞與「清議」的關係。他認爲：

> 當玄學還沒有興起，《老》《莊》之學尚未被重視之先，業已有「清談」一辭。所謂清談的意義只是雅談。而當東漢末年，「清濁」之分，當時人就當作「正邪」的區別，所以又即是正論。當時的雅談與正論是什麼呢？主要的部分是具體的人物批評。清談內容也是如此，既非虛玄之談，和《老》《莊》自然無關。因爲如此，所以在初期「清談」和「清議」可以互稱。魏晉以後，清談內容主要是談《老》、《莊》，但仍然包括人物批評。……而以「清談」作「清議」解者，就我不完全的檢查，卻只寥寥可數的十餘條，因此只能算是「清談」一詞的特殊用法。〔註17〕

這話在糾正前人逕指「清談爲談玄」的方面，實具卓識。然而，唐氏對「清談」一詞的認識似乎仍嫌不夠周全，因爲他往往偏持政治的立場設論，以致認爲初期玄學家所討論的問題及其理論內涵大抵都只針對政治名教而發。〔註18〕於是凡遇清談不指「談玄」者，他便全以「清議」去解釋，彷彿「清談」一詞包含了兩種不同的談論內容，謂：（1）早期的清談，專指「臧否人物」，故義同「清議」。（2）正始以後的清談，多指「談論《老》《莊》」，故義同「談玄」。——據此，對於正始以後的一些文獻，何以亦見「清談」一詞的用法並未指『談玄』解者，他只好視之爲「少見的特殊用法」。其實，我們若細察「清談」一詞在魏晉文獻中的用法，應該是與「談講」、「共論」、「與談」、「難答」、

〔註17〕見唐長孺〈清談與清議〉一文（《魏晉南北朝史論叢》，中研院傅斯年圖書館藏本，1955年），頁289～297。

〔註18〕在〈清談與清議〉一文之首段，唐長孺即云：「魏晉玄學家所討論的問題是針對著東漢名教之治的，因此玄學的理論乃是東漢政治理論的繼承與批判，其最後目標在於建立一種更適合的政治理論，使統治者有所遵循，以鞏固政權。我們完全可以相信這是爲統治在服務的學說。」

「說解」、「問辯」、「談詠」等詞互通的；可見「清談」一詞的使用顯然並未指涉何種固定類型的談議，因此該詞的出現也就無所謂「特殊用法」與「一般用法」的區別了。例如：

> △孔公緒**清談**高論，噓枯吹生。（《後漢書》卷七十〈鄭太傳〉）
>
> △初平中焦和爲青州刺史，黃巾寇暴，和不能禦。入見其**清談**干雲，
> 出則渾亂，命不可知。（《後漢書》卷五十八〈臧洪傳〉注引《九州春
> 秋》）

此處，「清談」與「高論」並稱，又與「干雲」連用，顯然是指談辯技巧的精彩美妙。故「噓枯吹生」四字，乃言其口才抑揚活潑，可使枯者生、生者枯。因此若將「噓枯吹生」硬解爲「臧否人物」，進而又將「清談」一詞的早期用法定義爲「清議」，並賦予它特定的內容。——這樣的解釋，儘管未與上下文意衝突，卻不免有點牽強。

因此，以「清談」爲「談玄」，固不得實；以「清談」爲「清議」，亦屬牽強；唯須視同「清論」、「談議」、「問…辯」等詞義，方合魏晉本旨。吾人若能本此觀點進研魏晉史籍，才能對當時的清談內容進行全面性的探究，而不致爲固定的偏見或傳統的成見所蔽。

第三節　清談名士的類型

既然，「清談」一詞在魏晉人的用法中，大抵等同「談議」、「問辯」諸義，並不一定專指「談玄」；故凡深具談才，並曾參與談座，而與時人有過談議論辯之事實者，則不論其是否能談《老》、《莊》，應該也可算得上是談士才對。若據此以觀《三國志》、《晉書》、《世說新語》等史料，便可發現魏晉的談家比比皆是，不勝枚舉。表面上看，似乎都出自士族階層；實際上，他們不僅社會地位有別，出身背景不同，品行才學也不一致。此在本文篇末所附「談士傳略表」即可得見一斑，這裡且先就其大別之處，以見談家之各種類型。

1、就談士們的社會地位論

魏晉的喜談能言之士，可說是上自帝王、宗室、貴戚、大臣，下至術士、佛徒，甚至婦孺，所在皆有。茲各舉數例爲証如下：

（1）帝王

如晉明帝司馬紹，據《晉書》卷七本紀載，其年方數歲即以對答「長安

與日孰遠」著稱，在東宮時亦特雅愛談士，故「當時名臣自王導、庾亮、溫嶠、桓彝、阮放等咸見親待，嘗論聖人眞假之意，導等不能屈。」再如晉簡文帝司馬昱，《晉書》卷九本紀亦稱其「清虛寡欲，尤善玄言。」並謂其「雖神識恬暢，而無濟世大略，謝安稱爲惠帝之流，清談差勝耳。」故自他爲會稽王起，便經常主持談座，談風因之而盛極江左。

（2）宗室

　　如晉扶風王司馬駿，《晉書》卷三十八本傳云其「曾與荀顗論仁孝先後」。再如晉范陽王司馬虓，《晉書》卷三十七本傳亦云其「研考經紀，清辯能言論。」可見二人均爲當時談士。

（3）貴戚

　　如魏之何晏，他本是魏太祖的養子兼女婿，《三國志‧魏書》卷九〈曹爽傳〉，並《世說新語‧文學》及注中，皆稱他「好《老》、《莊》，能清言」，尤其在他「爲尙書，主選舉」的十一年中，凡清談名士如王弼之流都經其拔擢，以致「當時權勢、天下談士，多宗尙之」，而被奉爲一代談宗。再如晉武帝之女婿王敦，不僅以謀叛之軍武天才稱世，據《晉書》卷九十八本傳，亦稱其「口不言財利，尤好清談。」又如晉哀皇后的父親王濛，據《晉書》卷九十三〈外戚傳〉，亦言其「與劉惔齊名友善」，並以「能言理」著稱。

（4）大臣

　　由於魏晉談風暢行於士族社會，故凡善談能言之士大都身居文武官職。例如魏之傅嘏、夏侯玄、劉卲、荀融、王廣、李豐、鍾會、阮籍；西晉之向秀、郭象、荀顗、裴楷、山濤、衛瓘、樂廣、王衍、王濟、王戎、裴頠、戴儼、顧榮、紀瞻；東晉之王導、庾亮、阮裕、謝萬、孫盛、王述、王坦之、韓伯、謝安、桓溫、桓玄等，皆位至司徒、太尉、太保，或侍中、散騎常侍、尙書令、左右僕射等二、三品高職。而如魏之王弼、裴徽、嵇康，西晉之阮咸、殷浩、阮脩、阮瞻、裴遐、衛玠、王承、王澄、胡毋輔之、謝鯤、潘京、陸雲，東晉之孫綽、許詢、張憑、劉惔、伏滔、習鑿齒、殷仲堪等，雖然官位不比前舉數人，但至少也在六、七品的散騎侍郎、太子洗馬諸職之上。

（5）術士

　　術士之能言者，當以管輅爲最，據《三國志‧魏書》卷二十九〈方技傳〉

及注引〈輅別傳〉所載，管輅不僅與當時的清談大師何晏、裴徽等談辯過《易》理，也與鍾會、單子春、郭恩、鮑子春、王基、劉長仁、王弘直、諸葛原、劉邠、徐季龍、清河倪太守等討論過易象、天文、陰陽、五行、風角、鳥鳴諸學。

（6）佛徒

佛徒之參與談座，以東晉為多，如支遁、康僧淵、康法暢、支孝龍、釋道安、釋慧遠等皆是。據《高僧傳》卷四、五、六之諸人傳記，並《世說新語・文學》之有關資料所載，這些僧彌顯然都是當時的清談高手。尤其支遁，即曾與王濛、許詢、王羲之、謝安等人對難過；康僧淵、康法暢、釋慧遠也與殷浩、庾亮、殷仲堪諸人有過談辯。

（7）婦孺

婦人特具辯才而為世所稱美者，首推王凝之之妻謝道蘊，《晉書》卷九十六〈列女傳〉載其曾為王獻之（即凝之之弟）解圍，故史稱：「（道蘊）乃施青綾步鄣自蔽，申獻之前議，客不能屈。」至若未成年之孩童而以辯才名世者極多，例如《三國志・魏書》卷九〈夏侯淵〉傳注引《世語》載：「淵第三子稱……年十六，……名聞太祖……與文帝為布衣之交，每嚼會，氣陵一坐，辯士不能屈，世之高名者多從之游，年十八卒。」又如《晉書》卷七十九〈謝朗傳〉載：「朗善言玄理，……總角時，病新起，……於叔父安前，與沙門支遁講論，遂至相苦。」再如王弼「幼而察惠，年十餘，好老氏，通辯能言。」（《三國志・魏書》卷二十八〈鍾會傳〉注引何劭〈王弼傳〉）、郭象「少有才理，好《老》、《莊》，能清言。」（《晉書》卷五十〈郭象傳〉），是皆十餘歲即以談才而崢嶸頭角者。

2、就談士們的出身背景論

由前舉諸例，可見魏晉的談家何其眾多，其社會地位又何其不同。雖然，大體看來，帝王、宗室、貴戚、大臣均是官宦士族，術士佛徒也多半與執政大臣有過密切的往來，就連婦人孩童也大都生長於官宦家庭。但，這並不意味他們的出身背景如出一轍。因為同是官宦士族，在魏晉實有「大族」、「小姓」、「寒素」之別。例如：出自琅玡臨沂的王戎、王衍、王導、王敦、王羲之；出自太原晉陽的王濟、王湛、王承、王述、王濛、王坦之；出自河東聞喜的裴徽、裴楷、裴頠、裴遐；出自潁川潁陰的荀粲、荀融、荀顗；出自潁

川長社的鍾毓、鍾會；出自潁川鄢陵的庾亮；出自河內溫縣的司馬晉室；出自陳郡陽夏的謝鯤、謝安、謝萬、謝朗；出自陳郡長平的殷浩、殷仲堪；出自吳郡吳縣的顧榮、張憑、陸雲等；可以說都是名門望姓，他們的家世，若非累世官宦，就是歷代書香〔註 19〕。至如嵇康、山濤、樂廣、孫盛，史傳云其「早孤居貧」，韓伯「少亦貧窶」，劉惔幼時甚且「蓽門陋巷」、「織芒屩以爲養」，足證皆爲寒素。習鑿齒「世爲鄉豪（地方富豪）」，亦顯非士族之後。其他如李豐、傅嘏，不過北地小姓；而胡毋輔之、向秀、郭象、伏滔等，其父祖官階均小，故非屬小姓，即屬寒素。〔註 20〕。

　　一般說來，大族之後代若非自甘下品，均較容易獲取高官，但小姓寒素往往需仗錢豪地勢，或賴文才武略，或爲貴人識拔，或與宗室望族攀上姻親，方易展露其頭角，進而登入五品以上的上層社會〔註 21〕。足見魏晉談士的出身背景實極複雜，並非外表可喻。

3、就談士們的品行才學論

　　由於魏晉談風遍及整個士族社會，參與者極爲眾多，社會地位及出身背景又不盡相同，自然品行才學也具有各種類型。就品行看，其中或有任誕不羈、禮法不守者，如阮籍、阮咸、胡毋輔之、謝鯤、王戎、王澄等；或有雅好玄虛、不務世事者，如王弼、許詢、王衍、阮瞻、阮脩、王承、王述、阮放、劉惔等；

〔註19〕上文所舉之琅邪王氏、太原王氏、河東裴氏、潁川荀氏、庾氏、河內司馬氏、陳郡謝氏、殷氏、吳縣顧氏、張氏、陸氏等，據近人毛漢光之研究，俱屬大族望姓。其家世背景可參本文篇末所附「談士傳略表」。毛著見《兩晉南北朝士族政治之研究》（中國學術著作獎助委員會出版，1966 年），上冊，頁 16～36。

〔註20〕嵇康、山濤等寒素小姓之身世背景，可見《晉書》卷四十九〈嵇康傳〉、卷四十三〈山濤樂廣傳〉、卷八十二〈孫盛傳〉、卷七十五〈韓伯劉惔傳〉、卷八十二〈習鑿齒傳〉、卷四十九〈胡毋輔之、向秀傳〉、卷五十〈郭象傳〉、卷九十二〈文苑伏滔傳〉。〈李豐傳〉見《三國志·魏書》卷九〈夏侯玄傳〉注引《魏略》，〈傅嘏傳〉見《魏書》卷二十一。本文篇末於此諸人皆有「傳略表」可參。

〔註21〕依毛漢光先生之研究，士族子弟之起家，只要不犯謀逆大罪，只要不夭折，皆可平流取進，坐至公卿；然寒素小姓之起家，則須賴文才、武略、外戚或地方豪族等條件。見《兩晉南北朝士族政治之研究》（中國學術著作獎助委員會出版，1966 年），上冊，頁 67～312。
依本文所舉諸例，習鑿齒即賴錢豪地勢起家；傅嘏、樂廣、韓伯即賴文才武略政術起家；李豐、嵇康、山濤、劉惔等人除賴本身才具外，多少乃靠外戚起家。詳情可參篇末所附「談士傳略表」。

或有高才薄行，傾巧機變者，如李豐、劉陶、王濟等〔註22〕。但也有幼年放縱，晚節乃修者，如王濛「少時放縱不羈，不為鄉曲所齒，晚節始克己勵行，有風流美譽，虛己應物，忠恕而後行，莫不敬重焉。」（《晉書》卷九十三）此外，也有達治好正，砥節礪行者，如傅嘏「既達治好正，而有清理識要。」（《三國志・魏書》卷二十一〈傅嘏傳〉注引《傅子》）；荀顗「性至孝，理思周密。」（《晉書》卷三十九）；戴儼「砥節礪行，有井渫之潔。」（《晉書》卷六十九）；裴頠「博學稽古」、「弘雅有遠識」（《晉書》卷三十五）；裴楷「明悟有識量」（《晉書》卷三十五）；紀瞻「少以方直知名，……上疏諫諍，多所匡益。」（《晉書》卷六十八）；王坦之「有風格，尤非時俗放蕩、不敦儒教，頗尚刑名學，著〈廢莊論〉。」（《晉書》卷七十五）。……凡此即見當時談士之品行為人，實具各式類型，絕非「道家者流」所能涵蓋。

後世學者因懷「清談亡國」之成見，故於魏晉談家每多詆訾，且盡以「廢世事而輕禮法」、「談《老》《莊》而不務實」以評之。其實，魏晉談士的品行，如上述傅嘏、荀顗、戴儼、裴頠、裴楷、紀瞻、王坦之等類型者，並非罕見；若就才學觀之，其具文才、武功、或政略者，亦不在少數。如《晉書》稱孫綽「少以文才垂稱，于時文士，綽為其冠。」（卷五十六）；習鑿齒「博學洽聞，以文筆著稱，……善尺牘論議。」（卷八十二）；伏滔「有才學，……專掌國史。」（卷九十二）；謝萬「工言論，善屬文。」（卷七十九）；豈非皆以文才著稱？再如鍾會、王敦之思謀叛逆，桓溫、桓玄之北伐中原，雖未成功，豈非曾以武才顯赫一時？再如何晏之任魏尚書，傅咸稱其「以選舉內外之眾職，各得其才，粲然之美，於斯可觀。」（卷四十七）；王導之輔晉元、明、成三朝，史載其興學校、立史官、攬民心，而特讚其「朝野傾心，號為仲父。」（卷六十五）；庾亮之為晉中書令，史云其「動由禮節」，「任法裁物」，並特稱其「閨門之內，不肅而成。」（卷七十三），豈非皆善於處理政事？可見魏晉人才濟濟，並非全廢世事之流，就連眾所詆毀之玄論派代表王衍，《晉書》亦言其「終日清談，而縣務亦理。」（卷四十三）

非但如此，魏晉談家之學術修養，亦未必僅限於《老》《莊》玄學。如魏之何晏，除《老子道德論》外，據《隋書・經籍志》所載，尚有《論語集解》、《孝經注》、《魏晉諡議》、《樂縣》、《官族傳》、《何晏集》等著作。王弼除《老子注》及〈老子微旨例略〉外，尚有《周易注》、〈周易略例〉、《周易大衍論》、《論語

〔註22〕請參本文篇末所附「談士傳略表」。

釋疑》等著作。且據近人研究，何、王二氏之學實非專尚《老氏》，而是儒玄並
綜，未嘗棄禮教於不顧〔註23〕。其他如鍾會之精練名理，依《三國志》卷二十
八本傳注引會母傳，即載其幼年教育，乃於《孝經》、《論語》、《詩》、《尚書》、
《易》、《春秋左氏傳》、《國語》、《周禮》、《禮記》、《成侯易記》等並所皆學〔註
24〕。外如《晉書》稱劉劭「該覽學籍，文質周洽。」（卷二十一評贊），嵇康「博
覽無不該通。」（卷四十九）；阮籍「博覽群籍。」（卷四十九）；司馬駿「年五
六歲，能書疏，諷誦經籍。」（卷三十八），裴楷「博綜藝術，特精理義。」（卷
三十五）；裴頠「通博多聞，兼明醫術。」（卷三十五）；司馬虓「少好學馳譽，
研考經記。」（卷三十七）；王敦「學通《左氏》。」（卷九十八）；孫綽「博學善
屬文。」（卷五十六）；習鑿齒「博學洽聞。」（卷八十二）；孫盛「博學善言名
理。」（卷八十二）；桓玄「博綜藝術，善屬文。」（卷九十九）；《高僧傳》稱釋
慧遠「弱而好書，……博綜六經，尤善《莊》《老》。」（卷六）……諸如此類
談士「博學多聞」之記載，真是不勝枚舉。

　　近人論及魏晉談家，每喜以「曠達派」、「玄遠派」、「名理派」加以分別，
此即表明談士之具各式類型，非可以曠達玄遠而一概論之。俗語道「文如其
人」、「觀其文則可知其人」，蓋人之行為表現與學識修養，往往是表裡相映的；
不僅如此，其品行才學對於發諸口端的清談論辯也應是互有關聯的。故由魏
晉談家之多種類型，及其舉止之不盡曠廢世務、學識之多所聞見以觀之，則
當時談辯之內容，自然不只侷限於《易》、《老》、《莊》之玄理玄學而已，對
於實學實理亦當有所論列才是。

〔註23〕徐芹庭研究何晏之《易》學，而評之曰：「其《易》解既把取先儒之解說，又
　　　　從而以《老》《莊》玄言會通之，且能以《易》學大義，會通於經學，是則仍
　　　　有其價值焉。」可見何晏之學術並非專尚道家，而是儒道並綜。筆者研究王
　　　　弼之《易》學，亦有類似之見解：「王弼的《周易注》，既未叛離儒門，亦非
　　　　獨宗《老氏》，而是採取調和折衷的立場，將儒道雜採：本乎《老子》之形上
　　　　學以求《易》道之本原，又採取儒家之道德論以資於人事之訓誡，縱有獨發
　　　　議論之處，也不出此範圍。」徐著見《魏晉七家易學之研究》（成文出版社印
　　　　行，1977年），頁289。拙著見《王弼及其易學》（《台大文史叢刊》之四十七，
　　　　1977年），頁196。
〔註24〕《三國志‧魏書》卷二十八〈鍾會傳〉注引其母傳曰：「夫人性矜嚴，明於教
　　　　訓，會雖童稚，勤見規誨。年四歲授《孝經》，七歲誦《論語》，八歲誦《詩》，
　　　　十歲誦《尚書》，十一誦《易》，十二誦《春秋‧左氏傳》、《國語》，十三誦《周
　　　　禮》、《禮記》，十四誦《成侯易記》，十五使入太學，問四方奇文異訓。」據
　　　　此亦足證魏晉儒門子弟受學非寡。

第四節　《隋書・經籍志》的著錄

　　唐修《隋書》，於卷三十二至三十五〈經籍志〉中著錄隋以前的圖書，四部經傳凡二千一百二十七部，三萬六千七百零八卷；通計亡佚，爲三千八百二十三部，四萬三千六百七十五卷；若加上道佛二經，則總達六千五百二十部，五萬六千八百八十一卷。此一數目何其驚人！其中，除少數古籍與兩漢作品外，十之八九皆魏晉南北朝人所作。雖然，南北朝之著作數量並不亞於魏晉，但南北朝之作品大都爲義疏、集錄之類，除禮學與文學較勝於魏晉外，有關思想性之代表作，可以說大半成於魏晉人之手。因此，我們從《隋志》之著錄，不僅可以窺知魏晉文化之澎湃及學術之大勢，對於成就這些著作背後的清談思潮，當亦可以略見津涯才是。茲依《隋志》著錄經史子集與佛道之次序，略探其跡象如下：

1、經　部

　　《隋志》經部共分：（1）易、（2）書、（3）詩、（4）禮、（5）樂、（6）春秋、（7）孝經、（8）論語、爾雅、五經總義等、（9）讖緯、（10）小學十類，凡六百二十七部五千三百七十一卷，通計亡佚爲九百五十部七千二百九十卷。張鵬一《隋志補》又增出九十二部。茲就《隋志》分類統計如下表：

經籍名稱	易	書	詩	禮	樂	春秋	孝經	論語等	讖緯	小學	經部總計
部　數	69 (24)	32 (7)	39 (12)	136 (22)	42 (2)	97 (38)	18 (5)	73 (26)	13 (5)	108 (13)	627 (154)
卷　數	551 (121)	247 (45)	442 (65)	1622 (166)	142 (4)	983 (437)	63 (5)	781 (197)	92 (36)	447 (46)	5370 (1122)
通計亡佚之部數	94 (31)	41 (14)	76 (27)	211 (53)	46 (2)	130 (52)	59 (18)	116 (54)	32 (7)	135 (19)	940 (277)
通計亡佚之卷數	829 (176)	296 (76)	683 (191)	2186 (311)	263 (4)	1190 (532)	114 (19)	1027 (319)	132 (54)	569 (68)	7289 (1750)
備　註	（1）表中所云存亡卷帙部數，乃指唐修《隋志》時所見者而言，今則可謂亡佚殆盡矣。 （2）括弧外之數字，代表「先秦以迄隋朝」之各類圖書總數，乃直錄《隋志》之統計而得。 （3）括弧內之數字，只代表「魏晉」時代之作品數，乃今據《隋志》指明爲該代人所作者統計而得。（凡《隋志》未言明作者或作者之時代不詳者，均不計在內。）										

　　由上表括弧中之數字顯示，魏晉人對於經學實未曾疏忽。若以著作數量作爲當時對經學中某一部份重視與否之衡量標準，則此一時代之經學實特重《易》、《禮》、《春秋》與《論語》。此其所重，與當時的清談主題不可能毫無關係。因爲魏晉著名的談家往往是藉著談辯以建立並充實自己的思想，故其所好之圖籍常是談辯時的資料來源，而其手成之著作也常是談辯後的思想記錄。因此，《易經》之言天道玄理，《禮》類之議喪服儀制，《春秋》之重褒貶人事，《論語》之論聖人品格等，自然成了魏晉談士取材的根據。

　　我們若細察《隋志》經部所錄，即會發現魏晉談士對於經學的注重。例如：（1）《易經》類：王弼有《周易注》六卷及《易略例》一卷，鍾會有《周易盡神論》一卷及《周易無互體論》三卷，桓玄、謝萬、韓康伯皆各有《周易繫辭注》二卷。（2）《詩經》類：殷仲堪有《毛詩雜義》四卷。（3）《禮》類：衛瓘有《喪服儀》一卷，庾亮有《雜鄉射等議》三卷。（4）《樂》類：何晏等有《樂懸》一卷。（5）《春秋》類：嵇康有《春秋左氏傳音》三卷。（6）《孝經》類：何晏及劉劭皆各有《孝經注》一卷，謝萬有《孝經集解》一卷。（7）《論語》類：何晏有《論語集解》十卷，王弼有《論語釋疑》三卷，衛瓘有《論語集注》六卷及《論語補闕》二卷，孫綽有《論語集解》十卷，郭象有《論語體略》二卷及《論語隱》一卷，張憑有《論語釋》一卷，庾亮有《論語無所爭》一卷，王濛有《論語義》一卷。據此足證魏晉談家實未嘗棄經學於不顧，其所以遭後人詆斥者，只因詮釋方式及其取向與漢代經師及正統儒生不同而已。《隋志‧經部總論》曾如此批評：

　　　　晉世重玄言，穿鑿妄作，日以滋生；先王正典，雜之以妖妄；大雅
　　　　之論，汨之以放誕。陵夷至于近代（指隋唐），去正轉疎，無復師資
　　　　之法；學不心解，專以浮華相尙；豫造雜難，擬爲讎對；遂有芟角、
　　　　反對、互從等諸翻競之說。馳騁煩言，以紊彝敘，說讀成俗，而不
　　　　知變，此學者之蔽也。

言下雖以儒學正統之眼光力反魏晉治經之風尙，但卻未曾否認當時對於「先王正典」及「大雅之論」的重視。尤其，魏晉人解經，喜歡摻入己意，並好「豫造雜難，擬爲讎對」，此一特質在《隋志》的評語中也表露無遺。

　　今十三經注疏，《易》爲魏‧王弼注，《論語》爲魏‧何晏集解，《左傳》爲晉‧杜預集解，《穀梁》爲晉‧范寧注，《爾雅》爲晉‧郭璞注，《尚書孔安國傳》乃魏晉人僞託，《尚書僞古文》亦出魏晉人編撰〔註25〕。可見魏晉人對

〔註25〕有關《尚書》僞古文與僞孔傳的作者問題，可參清代閻若璩之《尚書古文疏

於經學的貢獻，不爲不大。尤其《易》與《論語》皆採用清談大師的注本，更足以證明談士對於經學亦自有其見地。故以其涉足於經學而儼然有成之跡象看，若說魏晉清談並不迴避經義儒理方面的討論，應該是極爲可能的。

2、史　部

《隋志》史部共分（1）正史、（2）古史、（3）雜史、（4）霸史、（5）起居注、（6）舊事、（7）職官、（8）儀注、（9）刑法、（10）雜傳、（11）地志、（12）譜系、（13）簿錄十三類，凡八百一十七部一萬三千二百六十四卷，通計亡佚爲八百七十四部一萬六千五百五十八卷。張鵬一《隋志補》，又增出六十部，後人亦續有增補。這八、九百部的史學著作，除極少數的古史或漢人舊作外，幾乎都是魏晉南北朝人的作品。論其卷數，實較經部多出一倍以上；論其內容，也已脫離儒家經學而自立門戶〔註26〕。在中國史學界，魏晉南北朝之史學，不僅先秦兩漢無以駕之，隋唐明清亦瞠乎其後，只有兩宋差可與之相擬，而並稱爲史學的黃金時代。即以現存之正史言，晉・陳壽之《三國志》，乃四史之一；晉・袁宏之《後漢紀》，《史通》亦謂其足與范曄之《後漢書》相配〔註27〕。若以今已亡佚者言，單就裴松之《三國志注》所引，明記書名者已達一百四十餘種；劉孝標《世說新語注》所引，僅晉代一朝史書及晉諸家列傳、譜、錄、文章，也已達一百六十六家〔註28〕；其他史籍，一檢《隋志》，亦可知其浩瀚。尤其，魏晉史學乃是南北朝之先導，許多體例規模雖在淵源上可以找到傳統的根據，但大體上卻是魏晉時代發展成熟的。

《隋志》史部共分十三類，各類體制皆有所別，茲簡述如下：

（1）正史類：屬紀傳體，依《史記》體例而作。

（2）古史類：屬編年體，依《春秋》體例而作。

（3）雜史類：體例不經，蓋率爾而作。或各記聞見，以備遺亡；或鈔撮

　　　證》、惠棟之《古文尚書考》二文。

〔註26〕《漢書・藝文志》原無史部，所有史書大都附翼於〈六藝略・春秋門〉；但經過四百年魏晉的演變，到《隋書・經籍志》時已有獨立的史部，且與經、子、集部並列。此即表明魏晉的史書已具獨立的地位與價值，不復爲儒家經學所範圍。

〔註27〕見唐劉知幾《史通》卷十二「古今正史」門，（臺北：中華書局四部備要本）。

〔註28〕此言劉注《世說》，引書達一百六十六家，乃據高似孫之統計，見廣文書局出版，《緯略》卷九。

舊史，自爲一書。

（4）霸史類：爲五胡十六國之分國史。

（5）起居注類：爲近侍之臣對人君言行舉止之記錄。

（6）舊事類：記載朝廷中不足經遠之制度、法令及雜事。

（7）職官類：記載官職、官品之儀制。

（8）儀注類：撰述王朝吉、凶、賓、軍、嘉等儀節。

（9）刑法類：撰述懲罪罰惡之法律科條。

（10）雜傳類：包括郡書、家傳、類傳、別傳，以及僧、道、神、怪等傳記，蓋分時代、州郡、家族，或專長等以述人物傳略。

（11）地理記：包括水經、山志、輿圖、廟記，以及風俗、物產之介紹，蓋依山、水、風、土、民情以言各地風光。

（12）譜系類：即各家族氏姓之譜牒世系。

（13）簿錄類：即各代圖書之分類目錄。

《隋志》所以將當時見存的八百一十七部史籍細分成以上十三類，又從〈六藝略〉的「春秋門」中獨立出來，一方面說明魏晉史學的內容已不復儒家經學所能籠罩，另方面也顯示魏晉史學的體制與規模已漸臻完備，並多所創新。尤其，最值得一提的，乃是當時對人物傳記的興趣，故與人物出身有關的地理背景、譜牒世系等，也連帶地被重視。在史部十三類中，據統計概以雜傳類爲最多，達二百一十七部一千二百八十六卷，通計亡佚爲二百一十九部一千五百零三卷；地理記則居其次，達一百三十九部一千四百三十二卷，通計亡佚爲一百四十部一千四百三十四卷；譜系類亦復不少，計四十一部三百六十卷，通計亡佚爲五十三部一千二百八十卷。清人章宗源作《隋書‧經籍志》考證，又自裴松之《三國志注》、劉孝標《世說新語注》，及《類聚》、《書鈔》、《御覽》等類書中，補得魏晉六朝之人物別傳達一百八十四家之多。此一特異現象，據錢賓四先生研究，乃與當時矜尚士族門第有關〔註29〕。其實，這也未始不與清談主題有關。我們若從記載魏晉社會逸聞軼事的《世說新語》中，即不難證實當時談士對品評人物及前言往行的興趣（詳見本文第四章）。今由《隋志》雜傳類的著錄中，也可以找到清談名士的一些著作：譬如嵇康即有《聖賢高士傳贊》三卷，習鑿齒即有《襄陽耆舊記》五卷，孫綽亦有《至

〔註29〕參錢賓四先生〈略論魏晉南北朝學術文化與當時門第之關係〉一文，《新亞學報》第五卷第二期，頁25～77。

人高士傳讚》二卷。由此可知，魏晉史學——尤其是人物學的發達，實在不能抹煞清談的一些功勞。

3、子 部

《隋志》子部共分：(1) 儒、(2) 道、(3) 法、(4) 名、(5) 墨、(6) 從橫、(7) 雜、(8) 農、(9) 小說、(10) 兵、(11) 天文、(12) 曆數、(13) 五行、(14) 醫方十四類，凡八百五十三部六千四百三十七卷。此中，與清談最有關係者，首推「道家」類。《隋志》著錄凡七十八部五百二十五卷；其為魏晉人所作者，至少有三十九部（作者時代不詳者均不計在內）；而清談名士涉足於其中者不下十數家。如：王弼有《老子道德經注》二卷，何晏有《道德論》二卷，何王又並有《老子雜論注》一卷，鍾會有《老子道德經注》二卷，嵇康有《養生論》三卷，孫登有《老子道德經注》二卷及音一卷，張憑有《老子道德經注》二卷，向秀有《莊子注》二十卷及〈音〉一卷，郭象有《莊子注》三十卷、〈目〉一卷及〈音〉三卷，陸雲有《陸子》十卷，孫綽有《孫子》十二卷，晉簡文帝有《簡文談疏》六卷等，這些著作雖大都亡佚，但存留至今者如王弼之《老子注》，向秀、郭象之《莊子注》，皆享譽極高，且與張湛之《列子注》、葛洪之《抱朴子》，並推為魏晉道論之代表。

除道家類外，名家類所著錄者亦與清談主題大有關聯。如：魏文帝有《士操》一卷，魏·劉卲有《人物志》三卷，吳·姚信有《士緯新書》十卷及《姚氏新書》二卷，魏·盧毓有《九州人士論》一卷。就此類之書名觀之，顯然都是人物學方面的著作，故與清談名理派之好言人物，自然脫離不了關係。

然而，在《隋志》子部中，道、名二家之部數卷帙卻遠遠不及天文、曆數、五行、醫方與兵家五類。據《隋志》統計，天文類有九十七部六百七十五卷，曆數類有一百部二百六十三卷，五行類有二百七十二部一千二十二卷，醫方類有二百五十六部四千五百一十六卷，兵家類有一百三十三部五百一十二卷。此一現象或為人所不解，但若細察其中的書名類別，自亦不難理解它們與清談的幾許因緣。譬如天文、曆數、五行三類，多載天道日月星辰夢異諸事，此乃與佛道二教之倡行及《易》、《老》、《莊》玄理之發展互有影響。醫方類多言除疾保命之術，此乃與談士之重養生要道有關。兵家類附錄棋勢、象經、博法、壺藝之文甚夥，此乃與名士之好博弈藝術有關。

4、集　部

《隋志》集部共分：（1）楚辭、（2）別集、（3）總集三類，凡五百五十四部六千六百二十二卷，通計亡佚爲一千一百四十六部一萬三千三百九十卷。此中，楚辭類專載與屈原之《楚辭》有關之作品，《隋志》著錄極少，僅十部二十九卷，通計亡佚也才十一部四十卷。總集類則爲歷代文章、辭賦、詩歌或書法之總集，大致是南北朝人所編，有一百七部二千二百一十三卷，通計亡佚爲二百四十九部五千二百二十四卷。除此二類，盡屬個人專集，《隋志》謂之「別集」，共有四百三十七部四千三百八十一卷，通計亡佚則達八百八十六部八千一百二十六卷。根據此一數字顯示，《隋志》集部所錄，百分之八十左右皆是個人專集。

在此八百餘部的個人專集中，先秦兩漢的作品只佔十分之一左右，其餘皆是魏晉以後之人所著。尤其魏晉之清談名士幾乎都有專集傳世：如魏之劉邵、何晏、王弼、傅嘏、夏侯玄、鍾毓、鍾會、嵇康、阮籍，西晉之山濤、向秀、荀勖、裴楷、王濟、裴頠、樂廣、陸機、陸雲、阮瞻、阮修、裴邈、郭象、顧榮、謝鯤，東晉之明帝、簡文帝、王敦、王導、庾亮、王濛、殷浩、王羲之、張憑、謝萬、許詢、支遁、孫綽、桓溫、庾龢、王述、王坦之、郗超、韓伯、謝安、習鑿齒、孫盛、謝朗、王獻之、殷仲堪、桓玄、釋慧遠、釋僧肇、謝道蘊……等，其作品或存或亡，或多或寡，《隋志》俱有著錄。可見當時的清談名士並非空談不學之徒，其思想、言論、文章可資傳世者不爲不少。只可惜今已亡佚泰半，但在清代嚴可均所輯錄的《全三國文》和《全晉文》中，亦稍可爲清談內容補尋出一些蛛絲馬跡。

5、佛　道

《隋志》並未詳載佛道二教之圖書細目，僅於四部經傳之末附錄其大別書目。道經包括經戒、餌服、房中、符錄，共三百七十七部一千二百一十六卷。佛經包括大、小乘及雜疑之經、律、論，共一千九百五十部六千一百九十八卷。由此中卷帙部數之浩繁看來，實不難想像佛、道二教之興盛景況；尤其，對魏晉人來說，佛教和道教應屬新興的宗教，故當時談士勢必不能不有所注目。

案：道教之興，乃創始於東漢張道陵的五斗米道，雖其經典教義託源於《老》《莊》，但卻偏向於煉養、服食、求仙之術，故多迂誕荒唐謬悠之說；其所以激發魏晉談士之興趣者，多半集中在「鬼神之有無」、「養生之妙理」

及「夢、怪諸事」的討論上。至若佛教，則因各宗經論大都精微玄奧，僧伽佛徒也多博學能言，故自東漢傳入中土，以迄東晉一朝，便已蔚爲大國，而與儒道兩家抗衡，於是「神形之生滅」、「夷夏之是非」、「果報之有無」、「儒釋道三教之異同」、「沙門應否敬王者」，甚至「佛學大小品經義」等，乃在談界引起了極大的爭辯與議論。

世言魏晉政治腐敗，兵戎迭起，中國版圖半淪胡統，此蓋名士酷尙清談、崇慕《老》《莊》、雅好玄虛，因而遺誤國事所致。然今據《隋書・經籍志》以觀之，此一時代之學風實非專尙《老》《莊》玄學而已；其於經史，不僅未失矩矱，亦多有發明。如上所述，於經則特重《春秋》、《論語》與《易》；於史則特重人物雜傳；於子則除道家玄理外，亦兼重人物名理及天文、曆數、五行、醫方諸學；於集，則個人別集乃遠勝先秦兩漢，且多談士所作；於佛道，則其圖籍（譯經、注經等）更是汗牛充棟，顯見其盛。茲由此種學術文化之複雜情態看，魏晉思想家所關心的問題，實在不是一句「崇《老》慕《莊》」的評斷所可解釋；他們所汲汲於爭辯者，也並不如後人所想像的那麼玄遠不實。基於此種認識，於是我們對於「魏晉清談論辯的主題」實有重新加以探究的必要。故自下章起，乃擬就《三國志》、《晉書》、《世說新語》、《通典》、《弘明集》以及嚴可均所輯錄的《全三國文》、《全晉文》中廣蒐資料，仿《隋志》分經、史、子、集與佛道五部分，鉤稽魏晉清談之各項主題，舉例論述其談辯實況及思想內容。

第三章　經學上的談題

第一節　引言——易理的重視

　　在上章第一節，我們曾提到兩漢經學爭論對魏晉清談形式的影響，第四節又舉《隋書‧經籍志》以見清談與經學的關係；這都說明魏晉談士並未疏忽經學上的問題。因爲學術原是一連串不斷的演變，兩漢的學術重心既以「經學」爲主，則魏晉承其遺緒，自然不可能完全擺落經學上的論題。

　　南朝王僧虔在《誡子書》中云：

> 曼倩（東方朔）有云：「談何容易！」見諸玄，志爲之逸，腸爲之抽；專一書，轉誦數十家注，自少至老，手不釋卷，尚未敢輕言；汝開《老子》卷頭五尺許，未知輔嗣（王弼）何所道、平叔（何晏）何所說、馬（融）、鄭（玄）何所異、《指例》何所明，而便盛於麈尾，自呼談士，此最險事！設令袁令（粲）命汝言《易》，謝中書（朏）挑汝言《莊》，張吳興（緒）叩汝言《老》，端可復言未嘗看邪？談故如射，前人得破，後人應解，不解即輸賭矣。且「論注百氏」，「荊州八袠」，又「才性四本」，「聲無哀樂」，皆言家口實，如客至之有設也。汝皆未經拂耳瞥目，豈有庖廚不脩，而欲延大賓者哉？就如張衡思侔造化，郭象言類懸河，不自勞苦，何由至此？汝曾未窺其題目，未辨其指歸，六十四卦未知何名，《莊子》眾篇何者內外，「八袠」所載凡有幾家，「四本」之稱以何爲長，而終日欺人，人亦不受汝欺也。[註1]

王僧虔乃宋末齊初人，當時談風已趨末流，「盛於麈尾，便自呼談士」者日多，

〔註1〕《南齊書》卷三十三〈王僧虔傳〉。

僧虔有感於子姪輩已漸染浮誇之習，故特陳談士所必備之學問以資警惕。由其口中透露，我們知道魏晉清談大師所討論的題目，除《易》、《老》、《莊》、「四本」、「聲無哀樂」之外，對於「輔嗣何所道，平叔何所說，馬（融）鄭（玄）何所異，〈指例〉何所明」等，皆在必辨之範圍內；且「論注百氏」、「荊州八袠」，亦皆言家口實，如客至之有設；他如張衡「思侔造化」的天文學，亦屬談論的材料。可見清談所涉及的主題和內容實在很廣，未必只拘於「三玄」、「四本」、「三理」之學而已。

馬融、鄭玄、荊州學派以及何晏、王弼等，乃是漢魏之交的學術代表。馬融之學，據《後漢書》卷六十上〈馬融傳〉云：「融才高博洽，為世通儒。……達生任性，不拘儒者之節。……著《三傳異同說》。注《孝經》、《論語》、《詩》、《易》、《三禮》、《尚書》、《列女傳》、《老子》、《淮南子》、《離騷》。」卷六十四〈盧植傳〉又言其「通古今學，好研精而不守章句。」即知其學乃儒玄兼綜、重視義理、獨發己見、不守章句，已開魏初「博綜」、「重意」、「標新」、「尚簡」之新學風矣。故其弟子鄭玄，遍注群經，「括囊大典，網羅眾家，刪裁繁蕪，刊改漏失。」〔註2〕，便進一步將兩漢繁瑣的今古文經學作一番徹底整理的取捨工夫。故王僧虔所謂「馬鄭何所異」者，當指兩家經解之異同及其治學風範而言。

荊州之學，係馬融、鄭玄與何晏、王弼的過渡。其學約發生在漢末獻帝初平元年至建安十三年間，蓋以劉表和宋忠所領導的「荊州後定」之學為代表。〔註3〕《後漢書》卷七十四下〈劉表傳〉云：「（表）遂起立學校，博求儒術。綦母闓、宋忠等撰立《五經章句》，謂之『後定』。」惠棟《後漢書補注》〈劉表傳〉下引〈劉鎮南碑〉亦云：「君（指劉表）深愍末學遠本離直，乃命諸儒改定《五經章句》，刪削浮辭，芟除繁重。」則所謂「荊州後定」，即指劉表等人所簡化後的《五經章句》；「八袠」的內容，自是指此而言。

至於「輔嗣何所道，平叔何所說」，據《隋書》、《唐書》之〈經籍志〉中的著錄，何晏除有《老子道德論》、《魏晉謚議》、《樂懸》、《官族論》及《何晏集》外，尚有《論語集解》及《孝經注》；王弼除有《老子注》、《老子指略》

〔註2〕鄭玄之學，見《後漢書》卷三十五本傳，清皮錫瑞評其學術得失甚的，可參皮錫瑞《經學歷史》（藝文書局印行，1974年），頁123、124。

〔註3〕荊州學派始末，可參《後漢書》卷七十四下〈劉表傳〉。湯用彤論其於魏初學風之影響（尤其是王弼之思想淵源），甚具卓見，可參湯錫予《魏晉玄學論稿》（臺北：盧山出版社印行，1972年），頁91～96。

外，尚有《周易注》、《周易略例》、《大衍論》及《論語釋疑》。可見何、王之學實仍兼重《論語》、《孝經》及《易》。

據此，魏晉清談論辯之主題應該含有《詩》、《書》、《易》、《禮》、《春秋》諸經中的論題，以及馬融、鄭玄、荊州學派、何晏、王弼等新舊經說之異同說法才是。唯於諸經中，最能發人深思，復待闡發玄理者，首推《易經》。因爲《周易》之〈經〉、〈傳〉中實蘊藏著不少值得深思細究的「天道論」、「性命論」課題，其內容之廣袤與豐富，自成魏晉談辯題材的重要來源。譬如「易數術論」，以管輅爲代表的談辯場合，即不下十數起；「言象意論」，自魏至晉二百年間，皆清言不息；「易本體論」，包括易大衍、易太極、或易體方面的論難，亦皆引人注目；「易象論」，殆以「易無互體論」及「易象妙於見形論」等爲著，參與其論者亦復不少。魏晉時代熱衷於這些談辯主題，而較能博取時譽者，概有管輅、荀粲、何晏、裴徽、鍾毓、鍾會、王弼、荀融、嵇康、阮籍、荀顗、歐陽建、紀瞻、顧榮、殷浩、劉惔、孫盛、王濛、張憑……等人；其他好《易》、能《易》、說《易》者，亦不勝枚舉。他們或持漢《易》舊說，頗擅占驗卦變；或持疑辨精神，兼綜象數與義理；或獨發新義，廓清象占，直探《易》玄。總之，喜談者多，立場必雜；而立場的不同，更激發了談辯的熱烈；因此好談《易》理之風也延續最久，至南朝顏之推，乃定爲「三玄」之一〔註4〕。

除《易》學上的談題，《禮》學中的喪禮、祭禮、朝禮、婚禮等方面的討論，也極多見，這只要翻閱《晉書》的〈禮志〉、唐・杜佑的《通典》、元・馬端臨的《文獻通考》、清・秦蕙田的《五禮通考》等書，即可見其大觀。此外，《論語》及《孝經》所標舉的忠孝仁悌之義，亦爲時人所喜論。至若《詩》、《書》、及《春秋》上的談題，在《易》、《禮》相形之下，便如鳳毛鱗爪了。本章爲求徹底明瞭經學論辯的整個方向，故分兩節以述：首論《易經》方面的談題，次論《禮》、《書》、《詩》、《春秋》、《論語》、《孝經》等方面的談題。

第二節　以易爲主的談題

一、易數術論

「數術」在《漢書・藝文志》中，包括天文、曆譜、五行、蓍龜、雜占、

〔註4〕《顏氏家訓》卷三〈勉學篇〉第八云：「《莊》、《老》、《周易》，總謂三玄。」見周法高《顏氏家訓彙注》（台聯國風出版社印行，1975年），頁43。

形法六家；其前身原是先秦的陰陽、五行、干支、占相、雜術之學；漢人因將這些思想與《易》卦象及《易》數術作新的配合，於是而有十二消息卦、六日七分、納甲、爻辰、飛伏、互體、半象、旁通、世應等新奇怪異的名目出現。環顧整個漢《易》的天下，除了武帝以前尚守〈十翼〉義理之外，可以說是數術說的總匯。前期的漢《易》，自西漢宣帝年間到新莽時止，如孟喜、焦延壽、京房、費直、高相等家，都以占驗災異爲主；後期的漢《易》，由東漢順帝以後到魏王弼以前，如鄭玄、荀爽、虞翻、馬融等家，則以卦變爲主，並以之注解經文。〔註5〕因此，漢《易》的主流，若非關乎曆，就是關乎象；此一學風延展至魏，承其遺緒而自成一家者，首推管輅。

管輅，字公明，平原人。生於漢獻帝建安十五年（西元二一○年），卒於魏高貴鄉公正元三年（西元二五六年），年四十七〔註6〕。據《三國志‧魏書》卷二十九〈方技〉本傳引〈輅別傳〉載：

> 輅年八、九歲，便喜仰視星辰，得人輒問其名，夜不肯寐。父母常禁之，猶不可止。自言「我年雖小，然眼中喜視天文。」常云：「家雞野鵠，猶尚知時，況於人乎？」與鄰比兒共戲土壤中，輒畫地作天文及日月星辰。每答言說事，語皆不常，宿學者人不能折之，皆知其當有大異之才。及成人，果明《周易》，仰觀、風角、占相之道，無不精微。

此言管輅年八、九歲，便喜仰視星辰天象；及長，果精筮術，且融《易》理、陰陽、五行、災異、鳥鳴、風角、占相、天文之學於一爐；可見他乃是數術《易》學派的一位大師。而傳文中又稱其「每答言說事，語皆不常，宿學者人不能折之」，更證明他是精於論辯的一位談士。故在魏朝談風日盛，《易》義理派漸興之際，找他清談《易》數術論的，實不下十數家。今就《三國志‧魏志》卷二十九本傳及裴注引〈輅別傳〉，舉證如下：

〔註5〕兩漢易學的發展，略本屈翼鵬所著《先秦漢魏易例述評》（學生書局印行，1969年），頁 66～149。並參考戴靜山《談易》（開明書局印行，1961 年），頁 31～58；以及高懷民《兩漢易學史》（中國學術著作獎助委員會出版，1970 年），頁 330～345。

〔註6〕據《三國志‧魏書》卷二十九〈方技傳〉附〈管輅傳〉所載，管輅嘗自述云：「吾命本在寅。」又載其卒年云：「正元二年，……明年二月卒，年四十八。」案：「本命在寅」當指建安十五年（歲在庚寅），至正元三年（歲在丙子）卒，則管輅之實際年齡應爲四十七，而非四十八。

1、與單子春論金木水火土鬼神之情

〈輅別傳〉載：

> （輅）父爲琅邪即丘長，時年十五，來至官舍讀書。始讀《詩》、《論語》及《易》本，便開淵布筆，辭義斐然。于時黌上有遠方及國內諸生百餘人，皆服其才也。瑯邪太守單子春雅有材度，聞輅一黌之儁，欲得見，輅父即遣輅造之。大會賓客百餘人，坐上有能言之士，輅問子春：「府君名士，加有雄貴之姿，輅既年少，膽未堅剛，若欲相觀，懼失精神；請先飲三升清酒，然後言之。」子春大喜，便酌三升清酒，獨使飲之。酒盡之後，問子春：「今欲與輅爲對者，若府君四坐之士邪？」子春曰：「吾欲自與卿旗鼓相當。」輅言：「始讀《詩》、《論》、《易》本，學問微淺，未能上引聖人之道，陳秦、漢之事，但欲論金木水火土鬼神之情耳。」子春言：「此最難者，而卿以爲易邪？」於是唱大論之端，遂經於陰陽，文采葩流，枝葉橫生，少引聖籍，多發天然。子春及眾士互共攻劫，論難鋒起，而輅人人答對，言皆有餘。至日向暮，酒食不行。子春語眾人曰：「此年少，盛有才器，聽其言論，正似司馬犬子游獵之賦，何其磊落雄壯，英神以茂，必能明天文地理變化之數，不徒有言也。」於是發聲徐州，號之神童。

案：此一談座，發生在魏文帝黃初四年（即管輅年十五之時）。主持者是琅邪太守單子春；首發談端者是少年才俊管輅；談辯主題是「金木水火土鬼神之情」——即有關陰陽、五行、災異、天文之數術《易》學。駁難高手除單子春外，尚有在座諸能言之士；而與會人數多達百餘人。其清談盛況，由「子春及眾士互共攻劫，論難鋒起，而輅人人答對，言皆有餘。至日向暮，酒食不行」之描述，即可想見。

2、與郭恩論災異、天文、音律、鳥鳴諸事

〈輅別傳〉載：

> 利漕民郭恩，字義博，有才學，善《周易》、《春秋》，又能仰觀。輅就義博讀《易》，數十日中，意便開發，言難踰師。……又從義博學仰觀，……學未一年，義博反從輅問《易》及天文事要。義博每聽輅語，未嘗不推几慷慨，自言「登聞君至論之時，忘我篤疾，明闇之不相逮，何其遠也！」……輅言火形不絕，水形無餘，不及後也。

又載：

義博從輅學鳥鳴之候，輅言「君雖好道，天才既少，又不解音律，
恐難為師也。」輅為說八風之變、五音之數，以律呂為眾鳥之商，
六甲為時日之端，反覆譴曲，出入無窮。義博靜然沈思，馳精數日，
卒無所得。義博言：「才不出位，難以追徵於此。」遂止。

案：郭恩原是管輅的老師，管輅向他學《易》，不下數十日，即「言難踰師」，
故郭恩反從其問學。管輅乃為說災異、天文事要，又言音律鳥鳴之術，「反覆
譴曲，出入無窮。」其師或推几慷慨，或靜然沉思，已非談辯對手矣！

3、與劉長仁論鳥鳴之候

〈輅別傳〉載：

勃海劉長仁有辯才，初雖聞輅能曉鳥鳴，後每見難輅曰：「夫生民之
音曰言，鳥獸之聲曰鳴，故言者則有知之貴靈，鳴者則無知之賤名，
何由以鳥鳴為語，亂神明之所異也？孔子曰『吾不與鳥獸同群』，明
其賤也。」輅答曰：「夫天雖有大象而不能言，故運星精於上，流神
明於下，驗風雲以表異，役鳥獸以通靈。表異者必有浮沈之候，通
靈者必有宮商之應，是以宋襄失德，六鶂並退；伯姬將焚，鳥唱其
災；四國未火，融風已發；赤鳥夾日，殃在荊楚。此乃上天之所使，
自然之明符。考之律呂，則音聲有本；求之人事，則吉凶不失。昔
在秦祖，以功受封；葛盧聽音，著在春秋；斯皆典謨之實，非聖賢
之虛名也。商之將興，由一燕卵也；文王受命，丹鳥銜書；此乃聖
人之靈祥。周室之休祚，何賤之有乎？夫鳥鳴之聽，精在鶉火，妙
在八神，自非斯倫，猶子路之於死生也。」長仁言：「君辭雖茂，華
而不實，未敢之信。」

案：鳥鳴之候，是否通驗人事吉凶？其價值究竟如何？此乃劉長仁與管輅之
爭議重心。由上文觀之，劉長仁已採理性批判之態度，對鳥鳴災異之說深表
懷疑，故云「何由以鳥鳴為語，亂神明之所異也？」而管輅乃一本漢代天人
感應之理，遍舉讖緯傳聞加以辯駁。由雙方之論難經過，一則以見管輅對維
護漢《易》之努力，一則亦知魏人對數術學已開始有不信之質疑矣。

4、與諸葛原論聖人著作之源、五帝三王受命之符

〈輅別傳〉載：

諸葛原，字景春，亦學士。好卜筮，數與輅共射覆，不能窮之。景

春與輅有榮辱之分，因輅餞之，大有高譚之客。諸人多聞其善卜、仰觀，不知其有大異之才，於是先與輅共論「聖人著作之源」，又敘「五帝三王受命之符」。輅解景春微旨，遂開張戰地，示以不固，藏匿孤虛，以待來攻。景春奔北，軍師摧衂，自言吾觀卿旌旗，城池已壞也。其欲戰之士，於此鳴鼓角，舉雲梯，弓弩大起，牙旗雨集。然後登城曜威，開門受敵。上論五帝，如江如漢；下論三王，如翩如翰；其英者若春華之俱發，其攻者若秋風之落葉。聽者眩惑，不達其義；言者收聲，莫不心服；雖白起之坑趙卒，項羽之塞濉水，無以尚之。于時客皆欲面縛銜璧，求束手於軍鼓之下。輅猶總干山立，未便許之。至明日離別之際，然後有腹心始終。一時海內俊士，八九人矣。……景春及眾客莫不言聽後論之美，勝於射覆之樂。

案：此處描繪清談之攻辯論難，屢用軍事辭彙及比喻，真是淋漓盡致，精彩絕倫，連正始年間何晏、王弼之談座皆罕見此盛況描述。其談辯主題，文中僅云「聖人著作之源」、「五帝三王受命之符」，內容如何，則未有詳介。唯依其題意以測，當是發揮《易·繫辭上傳》「聖人設卦觀象」段之旨意，為「庖犧仰觀天象，俯察地法，始作八卦；神農斵木為耜，日中為市，以教天下；黃帝、堯、舜，通《易》之變，使民不倦，以治天下」，提出解釋。管輅既宗數術，想必力申天人相感之說；諸葛原既與之相抗，則持相反論調可知。

5、與裴徽清論終日

〈輅別傳〉載：

（管輅年三十六，安平趙孔曜薦輅於冀州裴使君徽。）裴使君聞言，則慷慨曰：「何乃爾邪！雖在大州，未見異才可用釋人鬱悶者，思還京師，得共論道耳。況草間自有清妙之才乎？如此便相為取之，莫使騏驥更為凡馬，荊山反成凡石。」即檄召輅為文學從事。一相見，清論終日，不覺罷倦。天時大熱，移牀在庭前樹下，乃至雞向晨，然後出。再相見，便轉為鉅鹿從事。三見，轉治中。四見，轉為別駕。至十月，舉為秀才。

案：裴徽初見管輅，輅年三十六，時當魏齊王芳正始五年，正值談風鼎盛，何晏、王弼新學初起之際。裴徽一見之，便「清論終日，不覺罷倦」；二見、三見、四見之，則步步擢升其職位；可見管輅善言數術之理，深為裴徽折服之一斑。案：裴徽之學，據〈輅別傳〉引趙孔曜之言云：「才理清明，能釋玄

虛，每論《易》及《老》、《莊》之道，未嘗不注精於嚴瞿之徒也。」「嚴」指漢卜筮家嚴君平，「瞿」指受《易》於孔子之商瞿；裴徽既通《莊》、《老》，又注精於嚴、瞿，則其學術立場，蓋屬儒玄兼綜，仍未盡棄漢代舊學之中間派。故與管輅清論，則贊輅學；與王弼清論，則贊弼學；與何晏清論，亦贊晏學。〔註7〕

6、與何晏論《易》九事

〈輅別傳〉載：

> 輅辭裴使君，使君言：「何（何晏）、鄧（颺）二尚書，有經國才略，於物理無不精也。何尚書神明精微，言皆巧妙。巧妙之志，殆破秋毫，君當慎之！自言不解《易》九事，必當以相問。比至洛，宜善精其理也。」輅言：「何若巧妙，以攻難之才，游形之表，未入於神。夫入神者，當步天元、推陰陽，探玄虛、極幽明，然後覽道無窮，未暇細言。若欲差次《老》、《莊》，而參爻、象，愛微辯而興浮藻，可謂射侯之巧，非能破秋毫之妙也。若九事皆至義者，不足勞思也。若陰陽者，精之以久。輅去之後，歲朝當有時刑大風，風必摧破樹木。若發於乾者，必有天威，不足共清譚者。」……後輅至洛，爲何晏所請，果共論《易》九事。九事皆明，晏曰：「君論陰陽，此世無雙。」時鄧颺與晏共坐，颺言：「君見謂善《易》，而語初不及《易》中辭義，何故也？」輅尋聲答之曰：「夫善《易》者不論《易》也。」晏含笑而讚之：「可謂要言不煩也。」因請輅爲卦。……輅後因得休，裴使君問：「何平叔一代才名，其實何如？」輅曰：「其才若盆盎之水，所見者清，所不見者濁。神在廣博，志不務學，弗能成才。欲以盆盎之水，求一山之形，形不可得，則智由此惑。故說《老》、《莊》，則巧而多華，說《易》生義，則美而多偽。華則道浮，偽則神虛；得上才則淺而流絕，得中才則游精而獨出，輅以爲少功之才也」。

案：何晏，字平叔，南陽宛人，爲曹操之養子兼女婿。在魏齊王芳秉政期

〔註7〕《三國志·魏書》卷二十八〈鍾會傳〉注引何劭〈王弼傳〉云：「裴徽爲吏部郎，弼未弱冠往造焉，徽一見而異之。」又卷二十九〈方技傳〉注引〈輅別傳〉云：「裴使君（徽）曰：吾數與平叔（何晏）共說《老》、《莊》及《易》，常覺其辭妙於理，不能折之。」據此，則知裴徽對何、王之學，均所讚賞。

－52－

間，爲尙書，主選舉，達十一年，乃當時最具位望，又能淸言的玄學領袖〔註8〕。其《易》學著作，史所不錄，唯《冊府元龜》則載記有《周易私記》及《周易講疏》二書，據考當非所作。然孔穎達《周易正義》及李鼎祚《周易集解》，並引其說。據此零星佚文以觀其《易》，蓋以義理爲主，不涉象數〔註9〕，誠如管輅所謂「差次《老》、《莊》而參爻象」者，蓋與王弼《易注》援《老》入《易》者同流。其尋訪管輅論《易》九事，內容如何，未可詳考。《南齊書》〈張緒傳〉云：「何平叔所不解《易》七事（當作九事），諸卦中所有時義，是其一也。」所謂「時義」，據王弼《周易略例》云：「夫卦者，時也；爻者，適時之變者也。」〔註10〕蓋指決定卦義與爻變的主要因素，亦即探索《易經》義理性的基本原則。何晏既以「時義」爲題發問，則其《易》學立場顯然已傾向於義理新派，而與管輅之講究陰陽象數者，有所不同。故管輅一聞何晏尋談，則已先懷「若九事皆至義者，不足勞思也」之想；及至共談，則一逕不言《易》中辭義，且曰：「夫善《易》者不論《易》也。」談畢，裴徽問他對何晏之評價，輅乃直言：「（晏）說《老》、《莊》則巧而多華，說《易》生義則美而多僞，……輅以爲少功之才也。」言下則於新《易》學風，極表輕視。唯何晏位高勢重，管輅不敢當面直難，只好託辭以避，故未造成攻辯之高潮。

〔註8〕 何晏於《三國志・魏書》無傳，只在卷九〈曹爽傳〉末簡單提及：「何進孫也，母尹氏，爲太祖夫人。晏長於宮省，又尙公主。少以才秀知名，好《老》《莊》言。作〈道德論〉及諸文賦，著述凡數十篇。」據此數語，再參以裴松之注所引《魏略》、《魏氏春秋》及《魏末傳》，《世說新語》並劉孝標注，《太平御覽》所引〈何晏別傳〉，即可知其出身乃漢魏兩代之貴戚名門。其祖何進，爲漢靈帝何皇后之異母兄，少帝辯之母舅；其母尹氏，爲魏太祖曹操之夫人；其妻金鄉公主，爲曹操與杜夫人所生之女兒，故何晏少長官省，不僅是漢室外戚貴族之後，而且是魏太祖的養子兼女婿，在當時可說貴望非凡。加上他自幼姿色絕美、慧心天悟，又好《老》《莊》、能淸言，故當魏齊王芳秉政、曹爽專權之際，乃出「爲尙書，主選舉，其宿與之有舊者，多被拔擢。」而「當時權勢，天下談士，多宗尙之。」因此，在他執掌吏部選舉的十一年中，（據萬斯同《歷代史表魏將相大臣年表》所考，晏爲吏部，乃景初三年至正始十年。）正始談風達到鼎盛，未始不是他的倡導之功。本文篇末附其「傳略表」可參。
〔註9〕 何晏《易》學之硏究，可參徐芹庭《魏晉七家易學之硏究》（成文出版社印行，1977年），頁278～302。
〔註10〕 王弼《周易略例》〈明卦適變通爻篇〉。新興書局影印明刻本《漢魏叢書》，總頁37。

7、與鍾毓論《易》二十餘事

《魏志》管輅本傳載：

> 始輅過魏郡太守鍾毓，共論《易》義。

注引〈輅別傳〉又載：

> 魏郡太守鍾毓，清逸有才，難輅《易》二十餘事，自以爲難之至精
> 也。輅尋聲投響，言無留滯，分張爻象，義皆殊妙。毓即謝輅。輅
> 卜知毓生日月，毓愕然曰：「聖人運神通化，連屬事物，何聰明乃爾！」
> 輅言：「幽明同化，死生一道，悠悠太極，終而復始。文王損命，不
> 以爲憂；仲尼曳杖，不以爲懼；緒煩著筮，宜盡其意。」毓曰：「生
> 者好事，死者惡事，哀樂之分，吾所不能齊，且以付天，不以付君
> 也。」

案：鍾毓，字稚叔，潁川長社人。父繇，著有《周易訓》。母好《周易》及《老
子》，弟亦撰有〈周易盡神論〉及〈易無互體論〉二文〔註11〕，可見一家皆好
《易》學。魏初，管輅極言象數，又精術筮，鍾毓會與之共論《易》義，駁
難以二十餘事。駁難內容，史未明載；但依其與管輅之對答觀之，當不出「象
數《易》」及「義理《易》」之相關範疇。

8、與劉邠論八卦、爻象、靈蓍、變怪諸事

〈輅別傳〉載：

> 故郡將（或曰平原太守）劉邠，字會元，清和有思理，好《易》而
> 不能精。與輅相見，意甚喜歡，自說注《易》向訖也。輅言：「……
> 《易》之清濁，延于萬代，不可不先定其神而後垂明思也。自旦至
> 今，聽采聖論，未有《易》之一分，《易》安可注也！輅不解古之聖
> 人，何以處乾位於西北，坤位於西南？夫乾坤者，天地之象，然天
> 地至大，爲神明君父，覆載萬物，生長無首，何以安處二位，與六
> 卦同列？乾之象〈象〉曰：『大哉乾元，萬物資始，乃統天。』夫統
> 者，屬也，尊莫大焉，何由有別位也？」邠依《易‧繫辭》，諸爲之
> 理以爲注，不得其要。輅尋聲下難，事皆窮析。曰：「夫乾坤者，《易》
> 之祖宗，變化之根源，今明府論清濁者有疑，疑則無神，恐非注《易》

―――――――――――

〔註11〕鍾毓一家之學，見《三國志‧魏書》卷十三〈鍾繇傳〉，並所附〈鍾毓傳〉，
又卷二十八〈鍾會傳〉，並注引會爲其母傳。且《隋書‧經籍志》亦著錄有鍾
會之《易》學著作兩篇。

之符也。」輅於此爲論八卦之道及爻象之精，大論開廓，眾化相連。邵所解者，皆以爲妙；所不解者，皆以爲神。……輅言：「今明府以虛神於注《易》，亦宜絕思於靈蓍。靈蓍者，二儀之明數，陰陽之幽契，施之於道則定天下吉凶，用之於術則收天下毫纖。纖微，未可以爲《易》也。」邵曰：「以爲術者，《易》之近數，欲求其端耳。若如來論，何事於斯？」留輅五日，不遑恤官，但共清譚。……邵又曰：「此郡官舍，連有變怪，變怪多形，使人怖恐，君似當達此數者，其理何由也？」輅言：「……（下文管輅乃舉天人相感之理，反覆說解變怪之由。文繁不錄。）」

案：劉邠注《易》，傳云：「依《易·繫辭》，諸爲之理以爲注」，蓋採〈十翼〉解經之途，重在發揮《易》之哲理，其於神密怪異之說則疑而不論。此與管輅之學大相逕庭，故輅斥之曰：「疑則無神，恐非注《易》之符。」且尋聲下難，爲論八卦、爻象、靈蓍、變怪諸事。今由二人持論之異，即可想見新舊《易》學派之爭。

9、與石苞論隱形妙事

〈輅別傳〉載：

石苞爲鄴典農，與輅相見。問曰：「聞君鄉里翟文耀能隱形，其事可信乎？」輅言：「此但陰陽蔽匿之數，苟得其數，則四嶽可藏，河海可逃。況以七尺之形，游變化之內，散雲霧以幽身，布金水以滅迹。術足數成，不足爲難。」苞曰：「欲聞其妙，君且善論其數也。」輅言：「夫物不精不爲神，數不妙不爲術；故精者神之所合，妙者智之所遇；合之幾微，可以性通，難以言論。是故魯班不能說其手，離朱不能說其目，非言之難。孔子曰：『書不盡言』，言之細也；『言不盡意』，意之微也。斯皆神妙之謂也。請舉其大體以驗之。……今逃日月者必陰陽之數，陰陽之數通於萬類，鳥獸猶化，況於人乎！夫得數者妙，得神者靈，非徒生者有驗，死亦有微。是以杜伯乘火氣以流精，彭生託水變以立形。是故生者能出亦能入，死者能顯亦能幽，此物之精氣，化之游魂，人鬼相感，數使之然也。」苞曰：「目見陰陽之理，不過於君，君何以不隱？」輅曰：「夫陵虛之鳥，愛其清高，不願江漢之魚；淵沼之魚，樂其濡沴，不易騰風之鳥：由性異而分不同也。僕自欲正身以明道，直己以親義，見數不以爲異，

知術不以爲奇，夙夜研幾，孳孳溫故，而素隱行怪，未暇斯務也。」

案：通靈感應、素隱行怪之事是否可能？乃是古來一大疑案。有人信其有，有人疑其無。信其有者，視之爲超理性層面的靈界奧祕；疑其無者，則以理性批判斥爲妖妄及迷信。於此，管輅屬前者，石苞屬後者。二人一問一答，立場分明，本難溝通；而管輅巧將此一通靈奧祕，依「術足數成」之理論詳加辯解，故折人之威不淺。

10、與徐季龍論龍虎與風雲之關係

〈輅別傳〉載：

清河令徐季龍，字開明，有才機。與輅相見，共論龍動則景雲起，虎嘯則谷風至。以爲「火星者龍，參星者虎；火出則雲應，參出則風到，此乃陰陽之感化，非龍虎之所致也。」輅言：「夫論難當先審其本，然後求其理，理失則機謬，機謬則榮辱之主。若以參星爲虎，則谷風更爲寒霜之風，寒霜之風非東風之名。是以龍者陽精，以潛爲陰，幽靈上通，和氣感神，二物相扶，故能興雲。夫虎者陰精，而居於陽，依木長嘯，動於巽林，二氣相感，故能運風。若磁石之取鐵，不見其神而金自來，有徵應以相感也。況龍有潛飛之化，虎有文明之變，招雲召風，何足爲疑？」季龍言：「夫龍之在淵，不過一井之底，虎之悲嘯，不過百步之中。形氣淺弱，所通者近，何能景雲而馳東風？」輅言：「君不見陰陽燧在掌握之中，形不出手，乃上引太陽之火，下引太陰之水，噓吸之間，煙景以集。苟精氣相感，縣象應乎二燧；苟不相感，則二女同居，志不相得。自然之道，無有遠近。」季龍言：「世有軍事，則感雞雉先鳴，其道何由？復有他占，惟在雞雉而已？」輅言：「貴人有事，其應在天，在天則日月星辰也。兵動民憂，其應在物，在物則山林鳥獸也。夫雞者兌之畜，金者兵之精，雉者離之鳥，獸者武之神，故太白揚輝則雞鳴，熒惑流行則雉驚，各感數而動。又兵之神道，布在六甲，六甲推移，其占無常。是以晉樞牛呴，果有西軍；鴻嘉石鼓，鳴則有兵；不專近在於雞雉也。」季龍言：「魯昭公八年，有石言於晉，師曠以爲作事不時，怨讟動於民，則有非言之物而言，於理爲合不？」輅言：「晉平奢泰，崇飾宮室，斬伐林木，殘破金石，民力既盡，怨及山澤，神痛人感，二精並作，金石同氣，則兌爲口舌，口舌之妖，動于靈

石。傳曰輕百姓，飾城郭，則金不從革，此之謂也。」

案：「龍舉則景雲屬，虎嘯則谷風興」一語，乃是古來習用不疑的對句。此經徐季龍發端，故激起管輅之辯駁。雙方一往一返，相持四番，各逞思致，實甚精彩。唯將陰陽、五行與卦位、卦變、卦象配合應用，亦漢數術《易》之故技耳。

　　綜上所述，與管輅談辯過的人，有單子春、郭恩、劉長仁、諸葛原、裴徽、何晏、鍾毓、劉邠、石苞、徐季龍等十人。其實，據〈管輅別傳〉所引，尚不止此數，如鮑子春、王基、乃太原、王經、王弘直等，亦曾與之談辯。唯其談辯主題，皆不外為五行、鬼神、災異、天文、風角、音律、鳥鳴、聖人受命之符、龍虎風雲等問題。表面上看，似以數術《易》為中心，實際上則已涉及新舊經義之交會與爭辯。由上述十例之談辯情形看，則知兩漢之數術《易》學發展至管輅，已近尾聲，故附和者寡而疑難者多。管輅雖不愧為魏數術《易》學之清談泰斗，但以其不立訓詁而好談理據之精神觀之，實亦帶有魏人尚簡、重理、好辯之新作風矣。

二、言象意論

　　《周易‧繫辭上傳》謂：「書不盡言，言不盡意。」又謂：「聖人立象以盡意，設卦以盡情偽，繫辭焉以盡其言。」《莊子‧外物篇》亦有云：「筌者所以在魚，得魚而忘筌；蹄者所以在兔，得兔而忘蹄；言者所以在意，得意而忘言。」此皆先秦古籍關於言、象、意之辨者。由於漢魏之際，章句訓詁的煩瑣及陰陽象數的迷信，已遭通人反對或懷疑，而求原理、尚簡化的思想作風已漸成學術主流；因此雅好《易》、《老》、《莊》之玄理玄學的人愈來愈多，《易》、《莊》上論及「言」、「象」、「意」的關係問題，便在治學要求崇簡尚理的風潮下成為魏晉談辯的一大主題。不但魏人好談之，西晉、東晉人也屢談之，於是以「言盡意」與「言不盡意」兩派為主的談辯，與日俱興。據魏晉史籍所載，時人論及此一相關主題者有：

　　△魏‧荀粲〈言象不盡意論〉

　　△魏‧王弼〈忘言忘象得意論〉

　　△魏‧嵇康〈周易言不盡意論〉

　　△西晉‧歐陽建〈言盡意論〉

　　△西晉‧張翰（韓？）〈不用舌論〉

　　　△東晉・王導〈言盡意論〉

　　　△東晉・庾闡〈著龜論〉

　　　△東晉・殷融〈象不盡意論〉

案：嵇康的〈周易言不盡意論〉，見王應麟《玉海》卷三十六著錄；王導的〈言盡意論〉，僅在《世說新語・文學》第二十一條簡單一提；殷融的〈象不盡意論〉，亦只見於〈文學篇〉第七十四條注引《中興書》云：「（殷融）著〈象不盡意〉、〈大賢須易論〉，理義精微，談者稱焉。」故其間勝義如何，已難考索。唯荀粲、王弼、歐陽建、張翰、庾闡等人之主張，仍有一、二實錄見存，茲析述如下：

（一）言象不盡意論

　　《三國志・魏書》卷十〈荀彧傳〉注引《晉陽秋》載：

　　　何劭爲粲傳曰：粲（荀粲）字奉倩。粲諸兄並以儒術論議，而粲獨好言道。常以爲「子貢稱夫子之言性與天道不可得聞，然則六籍雖存，固聖人之糠粃。」粲兄俁難曰：「《易》亦云聖人立象以盡意，繫辭焉以盡言，則微言胡爲不可得而聞見哉？」粲答曰：「蓋理之微者，非物象之所舉也。今稱立象以盡意，此非通于意外者也；繫辭焉以盡言，此非言乎繫表者也；斯則象外之意、繫表之言，固蘊而不出矣。」（俁）及當時能言者不能屈也。

案：荀粲出身儒門官宦世家，是漢《易》大師荀爽的姪孫，魏太尉荀彧的少子。他自幼即尚玄遠而好言道，與其家學傳統之宗尙儒術者大相逕庭。此一談座發生在魏朝黃初、太和年間〔註12〕；與他對難的，乃是他的哥哥荀俁。談辯主題，表面上看，似爲「言」、「象」、「意」關係之討論，實際上則已涉及研經解經的方法以及儒道二家思想之爭。依荀粲之見，六籍乃聖人之糠粃，至道實超乎言象之外，因引子貢所謂「夫子之言性與天道不可得聞」爲證，力申「言象不可盡意」之旨，話中頗有厭棄兩漢繁瑣經學，及其過度重視章

〔註12〕《三國志・魏書》無〈荀粲傳〉，但由卷十〈荀彧傳〉注引《晉陽秋》載何劭〈荀粲傳〉，即可窺其生平事略。中云：「太和初，到京邑，與傅嘏談。」又云卒時「年二十九」。據此推論，荀粲參與太和談座，至少二十歲，至多亦不過二十八、九歲。折衷之，當在二十四歲左右。設若太和初年（西元二二七年），荀粲年約二十四，則其生年乃在漢獻帝建安八年左右（西元二〇三前後），卒年則在魏明帝太和五年左右（西元二三一前後）。其與諸兄共論「孔子微言可否得聞」，乃在魏黃初太和年間無疑。

句訓詁的用意。但依荀俁之見，六經乃神聖而完備之經典，微言妙理盡蘊於言象之中，故舉《易‧繫辭》所謂「聖人立象以盡意，繫辭焉以盡言」爲證，力倡「言象可以盡意」之說。兩方爭論，各持己見；前者崇道，後者宗儒；前者標新，後者守舊。就雙方爭論之心理背景看，實在透露了魏晉整個世代的徬徨與苦悶——浩瀚群籍究竟如何下手？儒道兩家到底何所是從？這都是他們所最關切的問題。因此，在魏晉思想界及清談界，荀粲、荀俁兄弟的這一次論辯，的確隱含著深刻的時代意義。

（二）忘言忘象得意論

當荀粲、荀俁兄弟爭議「言象可否盡意」的問題以後不久，正始之際，王弼又繼而發起「忘言忘象以得意」的主張。《周易略例‧明象》云：

> 夫象者，出意者也；言者，明象者也。盡意莫若象，盡象莫若言。言生於象，故可尋言以觀象；象生於意，故可尋象以觀意。意以象盡，象以言著。故言者所以明象，得象而忘言；象者所以存意，得意而忘象。猶蹄者所以在兔，得兔而忘蹄；筌者所以在魚，得魚而忘筌也。然則言者，象之蹄也；象者，意之筌也。是故存言者，非得象也；存象者，非得意者也。象生於意，而存象焉，則所存者乃非其象也；言生於象，而存言焉，則所存者乃非其言也。然則忘象者，乃得意者也；忘言者，乃得象者也。得意在忘象，得象在忘言。故立象以盡意，而象可忘也；重畫以盡情，而畫可忘也。〔註13〕

案：王弼持論的要點，依上文觀之，實與荀粲的〈言象不可盡意論〉略有不同。因爲按照荀粲的意思，「言」與「象」既然不足以盡意，則「言」似乎等於無用，所以他說「六經雖存，固聖人之糠粃。」然而，王弼卻不抱著這種抹煞聖典的態度，他乃是運用「言象不足以盡意」的觀念，要人破除對文字與物象的表面拘執，進一步使用「寄言出意」的方法，去領會那個言外、象外的眞正本意。在王弼看，「言」是「象」的代表，「象」又是「意」的代表；盡意莫若象，盡象莫若言；故尋繹言之理，則可以得象；尋繹象之理，則可以得意。換句話說，「言」和「象」二者，皆是表「意」的必要工具，但它只可用以「得意」，卻不是「意」的本身。用《莊子‧外物篇》的比喻來說，言之於象，就好比蹄之於兔；象之於意，也好比筌之於魚；蹄是得兔的憑係，

〔註13〕見新興書局影印明刻本《漢魏叢書》，總頁 39。

筌是捕魚的器具；若是兔已得，魚已獲，則蹄自可忘，筌自可捨。同樣，言只是爲了明象，象只是爲了得意，故若能由尋言觀象中，進而獲知本理本意，則言與象自須忘卻。否則，拘執於言，必反失本象；拘執於象，必反失本意；這就永遠體會不到聖人立言、設象、畫卦的內蘊之義了。所以說：「得意在忘象，得象在忘言。」

　　基此觀點而理解《周易》，王弼在〈乾‧文言〉的注裡舉了一個實例：「夫《易》者，象也。象之所生，生於義也。有斯義，然後明之以其物，故以龍敘乾，以馬明坤，隨其事義而取象焉。」〔註14〕《周易略例‧明象》篇也說：「是故觸類可爲其象，合義可爲其徵。義苟在健，何必馬乎？類苟在順，何必牛乎？爻苟合順，何必坤乃爲牛？義苟應健，何必乾乃爲馬？而或（惑）者定馬於乾，案文責卦，有馬无乾，則僞說滋漫，難可紀矣！互體不足，遂及卦變；變又不足，推致五行。一失其原，巧愈彌甚，縱復或值；而義无所取，蓋存象忘意之由也。忘象以求其意，義斯見矣。」〔註15〕這些話直斥象數《易》的流弊，眞是一針見血，不留餘地！可見王弼「忘象忘言以得意」的主張，乃是針對著漢代象數《易》學的毛病開刀的。雖然文中未曾指明是與何人談辯，但以王弼在清談界的威望看，這番見解想來也必跟時下某些堅守數術舊《易》，或主張言象可以盡意的人，有過激烈的論辯才是。

（三）言盡意論

　　前云荀粲主張「言不盡意」論，似有抹煞語言文字價值的傾向；王弼繼倡「忘言得意」說，雖未否認語言文字的功能，但因立說重點乃在「忘言」以「得意」，故亦有導致輕忽語言文字的趨勢。因此，在荀、王學說的傳播中，「言不盡意」論的影響逐漸擴大，因而影響到治經方法的問題。整個學術界即漸次擺脫兩漢「深察名號」式的解經法而直探文意，倡發新理。有人以之調會儒道，則陽尊孔子，陰崇《老》《莊》；有人以之立身行事，則重神理，而遺形骸〔註16〕。歐陽建身當晉武、晉惠之世〔註17〕，眼見「言不盡意」論

〔註14〕王弼《周易注》，藝文書局影印十三經注疏本，總頁15。

〔註15〕王弼《周易略例‧明象》，見新興書局影印明刻本《漢魏叢書》，總頁39。王弼廓清數術易之功勞，可參拙著《王弼及其易學》。（《文史叢刊》之四十七，臺大文學院印行，1977年。）

〔註16〕有關「言不盡意論」對魏晉學術、社會、思想界之影響，於湯用彤〈言意之辨〉一文中闡述甚詳。見《魏晉玄學論稿》。（臺北：廬山出版社印行，1972年），頁25～47。

日趨偏端發展，於是便一反眾說，重申「言盡意」之旨。《藝文類聚》卷十九
載引其說云：

> 有雷同君子問于違眾先生曰：「世之論者，以爲言不盡意，由來尚矣！
> 至乎通才達識，咸以爲然。若夫蔣公之論眸子，鍾傅之言才性，莫不
> 引此爲談證。而先生以爲不然，何哉？」先生曰：「夫天不言而四時
> 行焉，聖人不言而鑒識存焉；形不待名而方圓已著，色不俟稱而黑白
> 以彰；然則名之於物，無施者也；言之於理，無爲者也。而古今務於
> 正名，聖賢不能去言，其故何也？誠以理得於心，非言不暢；物定於
> 彼，非言不辯。言不暢志，則無以相接；名不辯物，則鑒識不顯。鑒
> 識顯而名品殊，言稱接而情志暢。原其所以，本其所由，非物有自然
> 之名，理有必定之稱也。欲辯其實，則殊其名；欲宣其志，則立其稱。
> 名逐物而遷，言因理而變，此猶聲發響應，形存影附，不得相與爲二
> 矣。苟其不二，則無不盡矣。吾故以爲盡矣。〔註18〕

此文蓋以「對難」的方式寫成，顯然是一場清談實況的節錄。雷同君子代表
普通一般人的意見，違眾先生代表歐陽建本人的意見。有關歐陽建的論證，
大致不外三點：（1）就「言」的產生論：他認爲「言」乃是人類爲了表「意」
而後制定的。故其制定之初，便約好某一「名」與某一「欲辯之實」相應；
某一「稱」與某一「欲宣之志」相符。因此，「言」與「意」的關係，可以說
是如形附影，有響斯應，不得相與爲二。（2）就「言」的功用論：「言」既經
制定後，人類若想表達任何思想、情感、意念，則非藉言之功，便無以達意
了。因此，就功用的立場反證「言」與「意」的關係，可以說是言無不盡意
的。（3）就史實論：他舉出「古今務于正名，聖賢不能去言」爲例，駁難「忘
言得意」之說。既然古往今來人人都不能抹煞「言」的價值，甚或不能去「言」
以達「意」，可見「言」與「意」的關係確是密不可分。——此一論證，實在
具有相當的邏輯辨析力；所以，在眾人都傾注於「言不盡意」及「忘言得意」
說的時候，他便能脫穎而出，與之抗衡。直到晉室南遷，甚至成爲王導等人
所常談論的「三理」之一〔註19〕。

〔註17〕〈歐陽建傳〉，見《晉書》卷三十三，頁 32。《文選》〈臨終詩〉注引王隱《晉
書》云：「建於趙王倫篡位時被誅，年三十餘。」則其生約當晉武、晉惠之世。

〔註18〕並見嚴可均輯《全晉文》（《歷代詩文總集》第二十七冊，臺北：世界書局印
行），卷一○九，頁 1。

〔註19〕《世說新語・文學》第二十一條載：「舊云王丞相過江左，止道聲無哀樂、養

（四）不用舌論

在「言盡意」與「言不盡意」說的爭論下，發展到東西晉之交，又有「用舌論」與「不用舌論」之爭。《藝文類聚》卷十七錄有張韓的「不用舌論」，其文如下：

> 論者以爲心氣相驅，因舌而言；卷舌翕氣，安得暢理？余以留意於言，不如留意於不言；徒知無舌之通心，未盡有舌之必通心也。仲尼云：「天何言哉？四時行焉。」「夫子之文章可得而聞也，夫子之言性與天道，不可得而聞。」是謂至精，愈不可聞。樞機之發，主乎榮辱；禍言相尋，召福甚希。喪元滅族，沒有餘哀；三緘告愼，銘在金人。留侯不得已而掉三寸，亦反初服而效神仙；靈龜啓兆於有識，前卻可通於千年。鸚鵡猩猩，鼓弄於籠羅；財無一介之存，普天地之與人物，亦何屑於有言哉？〔註20〕

案：張韓，爵里未詳，嚴可均疑「韓」爲「翰」之誤。若是張翰，則此一論爭應發生於東西晉之交〔註21〕。此文記述了兩派的思想：「用舌派」主張多發言論，可使心氣相通；「不用舌」派則反之，認爲多言每遭禍，愼言寡語反可心通理暢、養生延年。故留意於言，不如留意於不言。據此，雙方論難的重心，已由「言」、「意」關係的討論，轉與「養生之理」合談，故可說是「言意之辨」的支流與尾響。

（五）蓍龜論

《藝文類聚》卷七十五，引有東晉庾闡的「蓍龜論」，蓋屬「忘象得意」論的一支，其文云：

> 夫物生而後有象，象而後有數，有數而後吉凶存焉。蓍者，尋數之主，非神明之所存；龜者，啓兆之質，非靈照之所生。何以明之？夫求物於闇室，夜鑒者得之；無夜鑒之朗，又以火得之。得之功同也，致功之迹異也。不可見目，因火鑒，便謂火爲目；神憑蓍通，

生、言盡意三理而已。」可見「言盡意論」乃王導等江左名士所喜論的談題之一。

〔註20〕 見嚴可均輯《全晉文》卷一〇七，頁12。

〔註21〕 魏晉史籍未見有「張韓」氏者，嚴可均疑「韓」爲「翰」之誤。案《晉書》卷九十二〈張翰傳〉云：「翰，齊王冏辟爲大司馬東曹掾。……翰任心自適，不求當世。……時人貴其曠達。」其思想蓋與「不用舌論」近似，故嚴氏之疑甚有可能。張翰與齊王冏同時，則約當東西晉之交無疑。

又謂蓍爲神也。由此言之，神明之道，則大賢之閭室；蓍龜之用，
豈非顏子之龍燭耶？蓍龜之用，亦所以感興卦兆，求通逆數，又非
爻象之體，擬議之極者也。安得超登仙，而含靈獨備哉？且殊方之
卜，或貴象草木，或取類瓦石，而吉凶之應，不異蓍龜。此爲神通
之主，自有妙會，不由形器。尋理之器，或因他方，不繫蓍龜。然
經有天生神物，不載圓神之說，言者所由也。直稱神之美，以及其
迹。亦猶筌雖得魚，筌非魚也；蹄雖得兔，蹄非兔也。是以象以求
妙，妙得則象忘；蓍以求神，神窮則蓍廢。〔註22〕

案：此文筆調，酷似王弼《周易略例‧明象》的「忘言忘象以得意」一段。
其立論要旨，亦與之近同。大義在言蓍龜只是藉以「尋數」或「啓兆」的工
具，而非「神明」或「靈照」的載體；故以象求妙，妙得則象可忘；以蓍求
神，神窮則蓍可廢。此蓋針對「將蓍龜視作神物」的看法所提出的一種評議。

綜上諸例，可知「言」、「象」、「意」問題的討論，實是魏晉時代極熱門
的談題。大致說來，參與此題的談辯名士，要可分爲兩系：其中儒家思想較
濃的，如荀俁、歐陽建，乃主「言象可盡意」論；而道家思想較濃的，如荀
粲、王弼、張韓、庾闡，則採「言象不盡意」或「忘言忘象以得意」論。因
此，言、象、意之辨，本從儒道兩家對經文經意的把握方式及取重立場出發，
進而涉及詮經方法及思維方式的討論。茲由上舉諸家對此一問題的立場看，
也可略窺魏晉學界的一些發展迹象：蓋在荀粲初論「言象不盡意」說的時候，
他的動機似乎只是基於厭倦章句訓詁學的繁瑣；到了王弼續倡「忘言忘象以
得意」的理論時，便已下手廓清兩漢的章句學及數術《易》了；其後歐陽建
發出「言盡意」的主張，則因時人太往「言不盡意」的偏鋒發展，而有糾正
「忘言」說、「去言」說之流弊的必要。至於張韓的「不用舌論」，顯然已將
「言」與「意」的關係討論，落實到「舌」與「心」之間互動問題的檢討，
乃與道家的「養生論」合流並談哩！

三、易本體論

自從兩漢的數術《易》學顯出頹勢，新興的義理《易》學又在「忘言忘
象以得意」的談辯聲中，被王弼輕而易舉地建立了起來，治經的方式也就漸

〔註22〕並見嚴可均輯《全晉文》卷三十八，頁7～8。

漸不再遵循一字一句的訓詁，而特別注重孔子所罕言的天道性命等微言奧義。於是，酷愛《易經》的人，對於〈易傳〉當中有關宇宙起源或宇宙本體的問題，便發生了探究的興趣。《易・繫辭上傳》第九章有謂「大衍之數五十，其用四十有九。」第十一章又謂「易有太極，是生兩儀，兩儀生四象，四象生八卦。」這些章節自然成爲清談名士喜歡鑽研並討論的課題。據魏史書所見，明載談士互相攻難「易本體論」的實例有三：（1）魏・王弼與荀融論「易大衍」，（2）西晉・顧榮與紀瞻論「易太極」，（3）東晉・殷仲堪與釋慧遠論「易體」。剛好這三個例子，一個發生於魏，一個發生於西晉，一個發生於東晉，正可代表此三階段人對「易本體」的一些看法。茲分述如下：

（一）易大衍論

何劭〈王弼傳〉云：

> 弼注《易》，潁川人荀融難弼大衍義，弼答其意，白書以戲之。〔註23〕

案：王弼注《易》，眾所週知，僅注六十四卦〈卦辭〉、〈爻辭〉及〈彖〉、〈象〉、〈文言〉而已，〈繫辭〉以下則由晉朝・韓康伯續成。由於「大衍」一詞本出《易・繫辭上傳》，故王弼與荀融互難「大衍」的資料，並未見於王弼《易注》中。《新唐書・藝文志》著錄有「王弼《大衍論》三卷」，唯此書亦未見存。幸好在韓康伯的〈繫辭傳注〉中，於「大衍之數五十，其用四十有九」文下，引有王弼的一段話，或可據以推論王弼《大衍論》的大要：

> 王弼曰：「演天地之數，所賴者五十也。其用四十有九，則其一不用也。不用而用以之通；非數而數以之成，斯《易》之太極也。四十有九，數之極也。夫无不可以无明，必因於有，故常於有物之極而必明其所由之宗也。」〔註24〕

王弼解釋《周易・繫辭傳》「大衍之數五十，其用四十有九，則其一不用也」一句，指出「四十有九」當係代表宇宙萬物之極數，也就是泛指一切被派生的萬物之總數；而「其一不用」的「一」，則代表宇宙萬物之外、之上的那個超越性的「道體」。這個道體，當然不是「數目」上的一，或相對於「四十九」的一，而是「不用而用以之通，非數而數以之成」的「《易》之太極」。《周易略例・明象篇》說：「夫眾不能治眾；治眾者，至寡者也。夫動不能制動；制

〔註23〕見《三國志・魏書》卷二十八〈鍾會傳〉裴松之注，頁62。藝文書局印行，三國志集解本，總頁681。

〔註24〕韓康伯《周易・繫辭傳注》，見藝文書局影印十三經注疏本，《周易》，總頁152。

天下之動者，貞夫一者也。」〔註25〕這「至寡之一」，亦即是「大衍」之數中「其一不用」的「一」。王弼此解，應是根據《老子・第十一章》「無之以爲用」的思想衍來的，且與漢代數術《易》家的說法大有天壤之別。

　　漢代解「大衍」義的很多，據宋朝・吳仁傑的《易圖說》統計，最重要者有以下幾家：

> 大衍之數五十，京房云：五十者，十日十二辰二十八宿也；其一不用者，天之生氣也。馬融云：北辰兩儀日月四時五行十二月二十四氣，北辰居位不動也。荀爽云：卦各有六爻，六八四十八，加乾坤二用，乾初九勿用也。鄭康成云：天地之數五十有五，以五行氣通，凡五行減五，大衍又減一也。姚信、董遇云：天地之數五十五，其六以象六畫之數，故減之而用四十九也。〔註26〕

我們從京、馬、荀、鄭、姚、董諸家與王弼的「大衍論」對照之下，王弼《易》學的特質馬上顯明。漢《易》諸家解釋「其一不用」，不論是從天之生氣，或北辰不動，或五行氣運，或八卦爻數等爲說，總覺得過於拘執數術，所以翻來覆去，都無法越過具體的、著實的星、象、氣、數。而王弼的功績就在「扭轉此質實之心靈而爲虛靈之玄思，扭轉圖畫式的氣化宇宙論而爲純玄理之形上學。」〔註27〕把漢人繁亂支離的天道觀一筆勾去，代之以《老》學的形上本體論，遂成漢魏間學術思想的一大轉捩。荀融因不滿意王弼之新解，特加駁難，惜資料未存，不能比照對觀。但以荀融出身於儒門望族的家學背景看〔註28〕，他的說法恐怕還是漢學的老套，故王弼乃「白書以戲之。」

（二）易太極論

　　上述大衍之論，已涉及「《易》之太極」；而眞正針對《易・繫辭上傳》「易有太極，是生兩儀」一章提出論辯的，則有兩晉的顧榮與紀瞻。《晉書》卷六十八〈紀瞻傳〉載：

> 太安中，（紀瞻）棄官歸家，與顧榮等共誅陳敏，語在〈榮傳〉。召拜尚書郎，與榮同赴洛，在途，共論「《易》太極」。榮曰：「太極者，

〔註25〕王弼《周易略例》〈明象篇〉，見新興書局影印明刻本《漢魏叢書》，總頁35。
〔註26〕吳仁傑《易圖說》（《通志堂經解》第三冊，大通書局影印），卷三，總頁1484。
〔註27〕牟宗三《才性與玄理》（香港人生出版社印行，1962年），頁114。
〔註28〕荀融爲荀或三兄荀衍之孫，出身儒門望族的潁川荀氏。本文篇末附有「傳略表」可參。

蓋謂混沌之時，曈昧未分，日月含其輝，八卦隱其神，天地混其體，聖人藏其身。然後廓然既變，清濁乃陳，二儀著象，陰陽交泰，萬物始萌，六合闓拓。《老子》云：『有物混成，先天地生』，誠《易》之太極也。而王氏云『太極天地』，愚謂未當。夫兩儀之謂，以體爲稱，則是天地；以氣爲名，則名陰陽。今若謂太極爲天地，則是自生，無生天地者也。《老子》云：『天地所以能長且久者，以其不自生，故能長久。』『一生二，二生三，三生萬物以資始，沖氣以爲和。』原元氣之本，求天地之根，恐宜以此爲準也。」瞻曰：「昔庖犧畫八卦，陰陽之理盡矣。文王、仲尼係其遺業，三聖相承，共同一致，稱易準天，無復其餘也。夫天清地平，兩儀交泰，四時推移，日月輝其間，自然之數，雖經諸聖，孰知其始？吾子云曈昧未分，豈其然乎？聖人，人也；安得混沌之初，能藏其身於未分之內？老氏先天之言，此蓋虛誕之說，非《易》者之意也。亦謂吾子神通體解，所不應疑，意者直謂太極，極盡之稱，言其理極，無復外形。外形既極，而生兩儀。王氏指向，可謂近之。古人舉至極以爲驗，謂二儀生於此，非復謂有父母。若必有父母，非天地其孰在？」榮遂止。

顧榮、紀瞻，本皆南地吳國人。吳亡之後（吳亡於晉武帝太康二年），顧榮曾與陸機兄弟同入洛，紀瞻亦舉家北徙歷陽郡，故二人多少接受洛下談風的洗禮。〔註29〕惠帝太安二年（西元三〇三年），陳敏據江東，他們曾聯手討平之，在返洛途中，便清談起「易太極」來。依上文看，顧榮蓋以「太極」爲《老子》所謂「有物混成，先天地生」者，故力反「太極天地」之說；紀瞻則認爲「太極」乃「極盡」之稱，理極無復外形者，亦即是天地，故贊成「太極天地」之說，而反對《老子》「先天」之言。——兩說之別，判然若揭，前者崇《老》，後者宗儒，此由二人之行徑亦可得證。據《晉書》卷六十八所載，顧榮身處八王亂局，常縱酒酣暢，頗具放曠之風；紀瞻則方直靜默、雅好讀書，與陸機論政，亦盡倡仁義，顯遵周孔之訓。因此，顧榮的思想，多與魏晉宗《老》之徒雷同〔註30〕；紀瞻的太極說，則與鄭康成所謂「極中之道，

〔註29〕顧榮、紀瞻之傳，具見《晉書》卷六十八。本文篇末亦附有「傳略表」。
〔註30〕據《太平御覽》卷一，〈天部・太極類〉所引，陳思王〈七啓〉云：「夫太極之初，混沌未分，萬物純純，與道俱運。」陸機〈雲賦〉云：「覽太極之初化，判玄黃於乾坤，考天壤之靈變，莫稽美乎慶雲。」張華詩云：「混沌無形，氣奚從生，兩儀元一，是能分太極焉。」是皆本乎《老子》所謂「有物混成，

淳和未分之氣也」相近，且爲宋儒周敦頤〈太極圖說〉所謂「陰陽一太極，
太極本無極也」之所本。〔註31〕

（三）易體論

《世說新語・文學》第六十一條載：

> 殷荊州（仲堪）曾問遠公（釋慧遠）：「《易》以何爲體？」答曰：「《易》
> 以感爲體。」殷曰：「銅山西崩，靈鐘東應，便是《易》耶？」遠
> 公笑而不答。

案：殷仲堪及釋慧遠皆東晉著名談士，殷仲堪奉天師道甚篤，釋慧遠爲崇佛高
僧〔註32〕。因信仰不同，兩人對於神靈妙事皆各有所見。此談「易體」，釋慧遠
直曰：《易》以感爲體」，殷仲堪乃以「銅山西崩，靈鐘東應，便是《易》邪？」
爲問。據劉孝標注引〈東方朔傳〉云：「（漢）孝武皇帝時，未央宮前殿鐘，無
故自鳴，三日三夜不止。詔問太史待詔王朔，朔言恐有兵氣；更問東方朔，朔
曰：『臣聞銅者山之子，山者銅之母；以陰陽氣類言之，子母相感，山恐有崩弛
者，故鐘先鳴。《易》曰：「鳴鶴在陰，其子和之。」精之至也，其應在後五日
內。』居三日，南郡太守上書言山崩，延袤二十餘里。」則「銅山西崩，靈鐘
東應」，蓋指陰陽氣類相感之現象。此處，釋慧遠一經殷仲堪盤問，即笑而不答。
究竟他是默認了呢？還是不屑申辯？其笑實禪味十足，令人無法捉摸。

以上三例，皆以「易本體」爲談論重心，因發生時間略有先後，故談辯
態度也略有不同。大致上看，魏代荀、王之論「大衍」，與西晉顧、紀之論「太
極」，雙方互辯，總是開門見山，不假文飾。不僅立場分明，態度也嚴肅。但
至東晉殷仲堪及釋慧遠之論「易體」，則已不然。從其巧問妙答之間，似乎所
重者已是風采之高遠，而非立場之堅決矣！

四、易象論

有關《易》卦象的問題，原是兩漢象數學的重心。雖然魏晉談士所關心者，
已漸漸轉移至「言象意」之辨及「易本體」之論，但針對舊《易》學派所重現
的「互體」、「卦象」諸說而提出評判與檢討者，亦非少數。茲舉二例如下：

先天地生」之見解者，顧榮之思想亦與之大致相同。

〔註31〕周敦頤〈太極圖說〉，見《周子全書》卷一。臺北：商務印書館印行，頁1～17。

〔註32〕〈殷仲堪傳〉，見《晉書》卷八十四，頁15～23。〈釋慧遠傳〉，見《高僧傳》
　　　　卷六，頁1～14，廣文書局影印本，總頁308～334。本文篇末俱附「傳略表」。

（一）易無互體論

《三國志・魏書》卷二十八〈鍾會傳〉云：

> 鍾會，字士季，潁川長社人，太傅繇小子也。……有才數技藝而博
> 學，精練名理，……嘗論「易無互體」。

同書卷十〈荀彧傳〉注引《晉陽秋》云：

> 荀顗……嘗難鍾會「易無互體」，見稱於世。

又，《晉書》卷三十九〈荀顗傳〉亦云：

> 荀顗，字景倩，潁川人，魏太尉彧之第六子也。……博學洽聞，理
> 思周密，……難鍾會「易無互體」。

鍾會與荀顗皆爲潁川望族，一是魏太傅鍾繇之子，一是魏太尉荀彧之子。兩人的傳記，雖然一在《魏志》，一在《晉書》，其實荀顗不過晚卒鍾會十一、二年而已〔註33〕。故以同鄉之親，在魏朝中末葉，他們應該彼此見過面，也清談過。「《易》無互體」概爲當時談題之一。

所謂「互體」，是漢代《易》學家爲濟卦象之窮，所衍生的一種說法。該法成於京房，蓋以卦之二至四三爻互一卦，三至五三爻又互一卦，如此則一卦本爲上下二體者，並互體之二體，遂得四體，其所牽及之象，乃倍於初。此法到了荀爽、虞翻之後，愈演愈繁，既以二至四爻、三至五爻各互三畫之卦二，復以初至五、二至上各互六畫之卦一，更以初至四、二至五、三至上各互六畫之卦一；又有本不成體，而據其半象，以爲互體者；則一卦可衍爲無數之卦體，卦象也就跟著繁複了。〔註34〕鍾會的「易無互體論」，曾見《隋志》著錄，但已亡佚。顧名思義，當是針對漢代「互體論」的穿鑿附會之弊而發。至於荀顗攻難鍾會的論點何在，史未明言，以何劭〈荀粲傳〉云：「粲諸兄（案：顗即粲兄之一）並以儒術論議」一語看〔註35〕，荀顗的《易》學

〔註33〕《三國志・魏書》卷二十八〈鍾會傳〉注引會爲其母傳云：「黃初六年，生會。」又〈鍾會傳〉末云：「會兄毓，以（景元）四年冬薨，會竟未知。會兄子邕，隨會與俱死。」則鍾會生於黃初六年（西元二二五），卒於景元四年或五年（西元二六三或二六四），得年僅四十。至於荀顗之生卒年，據《晉書》卷三十九本傳云：「咸熙中（西元二六四），……顗年逾耳順。……以泰始十年（西元二七四）卒。」則顗享年約七十。若以卒年相較，荀顗不過晚卒鍾會十一、二年而已。

〔註34〕參屈翼鵬《先秦漢魏易例述評》。（學生書局印行，1969年），頁98～99，127～131。

〔註35〕何劭〈荀粲傳〉，見《三國志・魏書》卷十〈荀彧傳〉注引《晉陽秋》。

見解恐是依循著漢儒（尤其是他的叔祖荀爽）的象數老路的。

（二）易象妙於見形論

關於「易象妙於見形」論，乃是東晉一次清談盛會的主要論題，當時談辯高手殷浩、孫盛、劉惔輩盡皆出馬。〈文學篇〉第五十六條曾載述此事：

> 殷中軍（浩）、孫安國（盛）、王（濛）、謝（尚）能言諸賢，悉在會稽王（司馬昱）許。殷與孫共論「易象妙於見形」，孫語道合，意氣干雲，一坐咸不安孫理，而辭不能屈。會稽王慨然歎曰：「使眞長（劉惔）來，故應有以制彼！」既迎眞長，孫意已不如。眞長既至，先令孫自敘本理。孫粗說已語，亦覺殊不及向。劉便作二百許語，辭難簡切，孫理遂屈。一坐同時拊掌而笑，稱美良久。

當時論辯之激烈，由此可以想見。孫理之要，略見劉孝標注：

> 其論略曰：「聖人知觀器不足以達變，故表圓應於著龜。圓應不可爲典要，故寄妙迹於六爻。六爻周流，唯化所適。故雖一畫，而吉凶並彰，微一則失之矣。擬器託象，而慶咎交著，繫器則失之矣。故設八卦者，蓋緣化之影迹也；天下者，寄見之一形也。圓影備未備之象，一形兼未形之形。故盡二儀之道，不與乾坤齊妙；風雨之變，不與巽坎同體矣。」

案：孫盛此論，蓋以「觀器不如著龜，著龜不如六爻」爲說。因爲六爻周流，唯化所適，並非刻板的一形一畫而已，故由爻與爻之間的陰陽變化，即可預測人事之吉凶慶咎。此解似有取於漢儒卦氣卦變之說。在《三國志・魏書》〈鍾會傳〉注中曾引他對王弼《易注》的批評云：「至於六爻變化，群象所效，日時歲月，五氣相推，弼皆擯落，多所不關，雖有可觀者焉，恐將泥夫大道。」言下即對王弼擯落象數的新《易》作風甚表不然。因此，他與殷浩、王惔等人共論「易象妙於見形」所產生的爭辯，即足以代表漢《易》傳統下的數術《易》學與王弼影響下的義理《易》學之間的歧異。

五、其 他

綜上所舉，以《易》爲主的談題，凡二十餘例，或屬數術《易》論，或屬「言象意論」，或屬「易本體論」，或屬「易象論」，詳略之間，其內容多少均有迹象可尋。唯魏晉史書記載時人之清談，只描繪談辯的氣氛或概況，而未細述其內容者仍多，如以下諸例即是：

△《三國志‧魏書》卷二十九〈方技‧管輅傳〉注引〈輅別傳〉載：

裴使君（徽）曰：「……吾數與平叔（何晏）共說《老》《莊》及《易》，常覺其辭妙於理，不能折之。又時人吸習，皆歸服之焉，益令不了。相見得清言，然後灼灼耳。」

△ 同書又載：

邠（劉邠）言：「數與何平叔論《易》及《老》《莊》之道，至於精神遹流，與化周旋，清若金水，鬱若山林，非君（指管輅）侶也。」

△《世說新語‧賞譽》第十七條，注引鄧粲《晉紀》載：

王湛，……（父）昶喪，居墓次，兄子濟，往省湛，見牀頭有《周易》，謂湛曰：「叔父用此何為？頗曾看不？」湛笑曰：「體中佳時，脫復看耳，今日當與汝言。」因共談《易》，剖析入微，妙言奇趣，濟所未聞，歎不能測。

△《晉書》卷四十九〈阮脩傳〉：

脩字宣子，好《易》、《老》，善清言。……王衍當時談宗，自以論《易》略盡，然有所未了，研之終莫悟，每云：「不知比沒，當見能通之者不？」衍族子敦謂衍曰：「阮宣子可與言。」衍曰：「吾亦聞之，但未知其疊疊之處定何如耳。」及與脩談，言寡而旨暢，衍乃歎服焉。

△《世說新語‧文學》第二十九條載：

宣武（桓溫）集諸名勝講《易》，日說一卦。簡文欲聽，聞此便還；曰：「義自當有難易，其以一卦為限邪？」

此中，第一例提及裴徽與何晏的論辯，第二例提及劉邠與何晏的論辯，第三例提及王湛與王濟的論辯，第四例提及阮脩與王衍的論辯，第五例提及桓溫與諸名流的論辯。其所談辯之主題，文中只言「談《易》」、「論《易》」、「說《易》」、或「講《易》」等字樣，至其內容底蘊則隻字未提。但由上下文的許多狀辭看，當時雙方攻難的精采景況，自亦不亞於先前所舉的二十多個例子。

除此，魏晉史籍中，稱述某人好《易》、能《易》或有《易》學著作者，亦復不少。〔註36〕其中以「論」或「難」為名者尚有：

〔註36〕據黃慶萱《魏晉南北朝易學書考佚》，即輯得三國《易》學著作凡二十家二十

魏：

　　△王弼〈周易窮微論〉（《通志略》卷三十九）

　　△阮籍〈通易論〉（《阮籍集》、《全三國文》卷四十五）

　　△鍾會〈周易盡神論〉（《通志略》卷三十九）

晉：

　　△張璠〈周易略論〉（《通志略》卷三十九）

　　△欒肇〈周易象論〉（《隋志》卷三十二）

　　△鄒湛〈統略論〉（《通志略》卷三十九）

　　△楊乂〈周易卦序論〉（《隋志》卷三十二）

　　△應貞〈明易論〉（《玉海》卷三十六、《新唐書·藝文志》卷五十六）

　　△阮渾、阮咸〈周易難答論〉（《玉海》卷三十六、《通志略》卷六十三）

　　△何襄城〈六象論〉（《玉海》卷三十六）

　　△蕭乂〈四象論〉（同上）

　　△宣舒通〈知來藏往論〉（同上）

　　△宋岱〈周易論〉（《隋志》卷三十二）

　　△范宣〈周易論〉（同上）

　　△顧夷等〈周易難王輔嗣義〉（同上）

這些著作，屬於「難」體者，如阮渾、阮咸的〈周易難答論〉。顧名思義，當是阮渾、阮咸二人對難下的實錄。顧夷的〈難王弼易義〉，或許也是針對晉代宗奉王弼《易》說者而發。至於「論」體類的著作，據《文心雕龍·論說》云：「論也者，彌綸群言，而研精一理者也。……原夫論之為體，所以辨正然否，窮于有數，追于無形，鑽堅求通，鉤深取極，乃百慮之筌蹄，萬事之權衡也。故其義貴圓通，辭忌枝碎，必使心與理合，彌縫其見其隙；辭共心密，敵人不知所乘，斯其要也。」〔註37〕可見「論」之為體，也同樣是為了「辨正然否」，使「人不知所乘」而起的。

　　最後，我們還要附舉一個《易》學論辯的特例。此例見於《三國志·魏書》卷四〈高貴鄉公紀〉：

　　五部，晉代《易》學著作凡五十六家六十部。（幼獅文化事業公司出版，1975年，頁704～709）。

〔註37〕梁劉勰《文心雕龍》卷四，〈論說〉第十八，臺北：世界書局印行，頁69。

△（甘露元年夏四月）丙辰，帝幸太學，問諸儒曰：「聖人幽贊神明，仰觀俯察，始作八卦，後聖重之爲六十四，立爻以極數，凡斯大義，周有不備。而夏有《連山》，殷有《歸藏》，周曰《周易》。《易》之書，其故何也？」《易》博士淳于俊對曰：「庖羲因燧皇之圖而制八卦，神農演之爲六十四，黃帝、堯、舜通其變，三代隨時，質文各繇其事。故《易》者，變易也，名曰《連山》，似山出内（雲）氣，連天地也；《歸藏》者，萬事莫不歸藏于其中也。」

△帝又曰：「若使庖羲因燧皇而作《易》，孔子何以不云燧人氏沒庖羲氏作乎？」俊不能答。

△帝又問曰：「孔子作〈彖〉、〈象〉，鄭玄作注，雖聖賢不同，其所釋經義一也。今彖象不與經文相連，而注連之，何也？」俊對曰：「鄭玄合彖象于經者，欲使學者尋省易了也。」帝曰：「若鄭玄合之，於學誠便，則孔子曷爲不合以了學者乎？」俊對曰：「孔子恐其與文王相亂，是以不合，此聖人以不合爲謙。」帝曰：「若聖人以不合爲謙，則鄭玄何獨不謙邪？」俊對曰：「古義弘深，聖問奧遠，非臣所能詳盡。」

△帝又問曰：「〈繫辭〉云『黃帝、堯、舜垂衣裳而天下治』，此庖羲、神農之世爲無衣裳。但聖人化天下，何殊異爾邪？」俊對曰：「三皇之時，人寡而禽獸眾，故取其羽皮而天下用足，及至黃帝，人眾而禽獸寡，是以作爲衣裳以濟時變也。」

△帝又問：「乾爲天，而復爲金、爲玉、爲老馬，與細物並邪？」俊對曰：「聖人取象，或遠或近，近取諸物，遠則天地。」

案：此處載述高貴鄉公與淳于俊之間的談辯，所涉之主題，包括《易經》的書名、作者、經傳分合及〈說卦傳〉所云卦象等問題。這些問題，實學的成分較濃，不易望文生義、暢發玄思；因此，商討研究的性質遠超過攻辯對難的趣味。但以高貴鄉公之多疑好問，淳于俊之據理力答觀之，顯然已具備了清談家的精神。尤其當他們談到「經傳分合」的關係時，往返對問達三次之多，雖非玄言霏霏，卻也稱得上是精彩的談辯。由此例可知，魏晉之清談《易》學，未必沒有涉及玄學以外的問題呢！

第三節 其他諸經上的談題

一、禮 論

從《隋書·經籍志》的〈經部〉著錄看，可知魏晉時代除了注重《易》學外，也很注重《禮》學。根據《隋志》指明爲魏晉人作者，《易》學（通計亡佚）有三十一部一百七十六卷，《禮》學則有五十三部三百一十一卷。在此五十三部的《禮》學著作中，專論「喪服」者達十六部，約佔三分之一強；屬「論難」體者也不少，如陳劭的《周禮異同評》、虞喜的《周官駁難》、吳商的《禮難》、范寧的《禮雜問》等均是。可見《禮》學在當時乃是極熱門的談題。唐朝杜佑《通典》有六十五卷（即卷四十一至卷一百零五）專述歷代禮學的沿革，於魏晉《禮》學論著所錄甚多；由其中，我們不難發現當時人對於吉、凶、軍、賓、嘉禮，都有一問一答或一答一難式的談辯。特別是凶禮中的喪禮，所論最多也最精彩；其次，則吉禮中的祭禮、嘉禮中的婚禮、軍禮中的朝禮〔註38〕，亦屢見爭議。茲就其著者各舉一例爲證如下：

（一）喪禮例——後妻子爲前母服論

魏晉以來，由於篡亂相乘，兵戎迭起，夫妻生離，久未重逢，於是異地另行娶妻生子者漸多，子嗣及姻戚關係乃日形複雜。而當時門第制度又鼎盛，家族間的親疏關係，端賴喪服以資識別。因此，複雜的婚姻關係便集中地表現到「喪服」一事上來，成爲談辯的一大題材。此中，爭論較激烈的，首推西晉初年的「王昌前母服議」。——事緣東漢末長沙人王毖，上計至京師，值吳魏分隔，毖妻子在吳。毖身留中原，爲魏黃門郎，更娶妻生昌及式。毖卒後，昌爲東平相。至晉太康元年，吳平時，毖前妻已卒，昌聞喪，乃求去官行服。當時東平王楙上台評議此事，眾博士及諸官皆各持己見以對。據《通典》卷八十九載：

> △東平王楙上臺評議。博士謝衡云：「毖身不幸，去父母，遠妻子。妻於其家，執義守節，奉宗祀，養舅姑，育稚子。後得歸還，則固爲己妻。父既爲妻，子豈不爲母？昌宜追服三年。」
>
> △博士許猛云：「絕有三道，（有義絕者，爲犯七出也；有法絕者，

〔註38〕《通典》從開元禮，以大射鄉射、合朔伐鼓等屬軍禮；《宋史》乃以之屬嘉禮。故有關「日蝕宜否廢朝」之論，《通典》蓋錄於卷三十八「軍禮」項下。

以王法絕；有地絕者，以殊域而絕。）且夫絕妻如紀叔姬，其逼以王法，隔以殊域，而更聘嫡室者，亦為絕矣。是以禮有繼母服，無前母制，是以前母非沒則絕也。以昌前母雖在，猶不應服；若昌父在，則唯命矣。依《禮記》，昌唯宜追服其兄耳。」

△尚書都令史虞溥言：「臣以為禮不二嫡，重正也。苟正嫡不可以二，則昌父更娶之辰，即前婦義絕之日，固不待言而可知矣。議者以昌父無絕遣之言，尚為正嫡，恐犯禮虧教，難以示後。按昌父既冊名魏朝，更納後室，豈得懷舊君於江表，存外妻於讐國乎？非徒時政之所禁，乃臣道所宜絕。設使昌父尚存，今始會同，必不使兩妻專堂，二嫡執祭。以此驗之，故知後嫡立，宜前嫡廢也。即父使有兩立之言，猶將以禮正之，況無遺命可以服乎？溥以為宜如猛議。」

△博士秦秀議云：「按議者以禮無前妻之名，依名絕之，不為之服，斯乃是也。今兄弟不同居，而各以路人相遇其母，恐一體之愛從此絕矣。古人之為，未必按文，唯稱情耳。以為二母之子，宜各相事，皆如所生，雖無成典，期於相睦，得禮意也。若前妻之子不勝母之哀，來言曰：『我母自盡禮於事夫，為夫先祖所歆享，為父志所嘉，為人倫所欽敬。』便迎父喪，歸於舊塋，以其母葬矣，則後妻之子，寧可以據儒者之言以距之邪？禮：二妾之子，父命令相慈，而三年之恩便同所生矣。昌父何義不令二嫡依此禮乎？然禮無明制，非末學者所敢用心，必不得已，與其意而絕之，不若意而事之。故以為昌宜追前母三年，二母之祔以先後為敘。」

△侍中程咸言：「諸侯無更娶致夫人之制，大夫妻死改室，不拘立嫡。昌父前妻，守德約身，幸值聞通，而固絕之，此禮不勝情，而漸入於薄也。昌母後聘，本非庶賤，橫加抑黜，復不然矣，若令二母之子，交相為報，則並尊兩嫡，禮之大禁。昔舜不告而娶，婚禮蓋闕，傳記以二妃夫人稱之，明不足立正后也。聖人之弘，猶權事而變，而諸儒欲聽立兩嫡，並未前聞。且趙姬讓叔隗，以為內子，黃昌之告新妻，使避正堂，皆欲以正家統而分嫡妾也。昌父已亡，無正之者，若追服前母，則自黜其親。交相為報，則固

非嫡就使，未達追爲之服，猶宜刑貶，以匡失謬，況可報梀施行

正爲通例，則兩嫡之禮始於今矣。開爭長亂，不可以訓。臣以爲

昌等當各服其母者。」

△著作郎陳壽等議：「《春秋》之義，不以得寵而忘舊，是以趙姬請

逆叔隗而已下之。若昌父及二母於今並存，則前母不廢，有明徵

矣。設使昌父昔持前婦所生之子來入中國，而尚在者恐不謂母已

黜遣，從出母之服。苟昌父無棄前妻之命，昌兄有服母之理，則

昌無疑於不服。」

△司馬李苞議：「禮重一統，所以正家，猶國不可二君，雖禮文殘缺，

大事可知。昌父遇難，與妻隔絕，夫得更娶，妻當更嫁，此通理

也。今之不去，此自執節之婦，不爲理所絕矣。適可嘉異其意，

不得以私善羈縻已絕之夫，議者以趙姬爲比，愚以爲不同也。重

耳適齊，志在必還，五年之間，未爲棄絕。衰納新寵，於禮爲廢

嫡，於義爲棄舊。姬氏固讓，得禮之正，是以《春秋》善之，明

不得並也。古無二嫡，宜如薄駁。」

△中書監荀勖議曰：「昔鄭子群娶陳司空從妹，從隔呂布之亂，不知

存亡，更娶蔡氏女。徐州平後，陳氏得還，遂二妃並存。蔡氏之

子元疊爲陳氏服嫡母之服，族兄宗伯曾責元疊，謂抑其親，鄉里

先達以元疊爲合宜。不知此事粗相似否？（案：末「不知」句蓋

據《晉書》〈禮志〉中篇補）」〔註39〕

案：以上所載凡八家，對「王昌是否當爲前母服喪三年」之事，顯分二派：

贊成者如謝衡、秦秀，認爲亂世流離，昌父雖再娶，卻未曾廢前妻，故二母

之子日後相見，宜各相事如所生，以合孝睦之禮意；反對者如許猛、虞溥、

程咸、陳壽、李苞等，則認爲並尊兩嫡，乃禮之大禁，故二母之子宜各服其

母即可，王昌毋須爲前母追服。《晉書》卷二十〈禮志〉中篇亦載述此事，唯

參與論爭者除七家外，尚有段暢、騶沖、劉智、李胤、山雄、卞粹、劉卞、

汝南王亮、張惲、崔諒、荀悝、和嶠、夏侯湛、衛恆、齊王攸等十餘家。因

魏晉世亂事殊，其逼以王法，隔以殊域，而更聘嫡室如王毖者，比比皆是。

如沛國劉仲武、吳國朱某、安豐太守程諒、征東長史吳綱等，均爲顯例。故

「王昌前母服議」，本從「後妻子應否爲前母服喪」之論出發，卻以「兩嫡可否並立」爲談辯焦點，而引起軒然大波。在一來一往的論辯中，兩方持論的理據，顯然已由形下事例發端，而漸及形上通則的考量。因此，「禮文與禮意」、「稱情與通理」、「尊經與權變」等課題，便成議論紛飛的主題。稍後，干寶仍爲文評析此事，張華及鄭沖皆造「甲乙之問」，袁準及虞喜並有「二嫡妻議」，賈充及任愷亦有類同之論。〔註40〕

（二）祭禮例──祫禘異同論

《晉書》卷十九〈禮志〉上篇云：「《周官》五禮──吉、凶、軍、賓、嘉。而吉禮之大，莫過祭祀，故〈洪範〉八政，三曰祀。祀者所以昭孝事祖，通于神明者也。漢興承秦滅學之後，制度多未能復古；歷東西京四百餘年，故往往改變；魏氏承漢末大亂，舊章殄滅。」清代秦蕙田《五禮通考》亦云：「吉禮爲五禮之冠，《記》曰『禮有五經，莫重於祭』。唐虞伯夷典三禮，周官大宗伯掌天神、地祇、人鬼之禮。第兩郊七廟儀文缺微，《儀禮》所傳，特牲、少牢皆大夫士之祭，故《漢志》有推士禮而致于天子之譏。讖緯繁興，康成雜入經注，辨難滋起。如天帝有六，地祇爲二；明堂之五室、九室，祈穀之建子、建寅；禘郊不分，地社莫別；宗廟大祭，淆于禘祫分年；昭穆祧遷，紊于兄弟繼序；他如服冕牲牢樂舞器數，歧說益紛。幾千年間，廢興創革，往往莫之適從。」〔註41〕由於祭祀乃吉禮之要者，而魏晉多亂、舊章殄滅，故於祭祀之論難，大都屬於解經見解之爭。例如魏初王肅與尚書共辯「祫」「禘」之義即是：

> 太和六年，尚書難王肅以「曾子問唯祫於太祖，群主皆從，而不言禘，知禘不合食。」肅答曰，以爲：「禘祫殷祭，群主皆合，舉祫則禘可知也。」〔註42〕

案：《周禮》云「三歲一祫，五歲一禘。」《春秋》文公二年《公羊傳》曰：「大祫者何？合祭也。毀廟之主，陳于大祖；未毀廟之祖皆升，合食於大祖。五年而再殷祭。」〔註43〕據此，「祫」指「合祭」無疑，但「禘」是否亦爲「合食之祭」，則不甚了然。因此，太和二年王肅與尚書之論「祫禘異同」，其爭

〔註40〕 袁準及虞喜「二嫡妻議」，見《通典》卷六十八，頁380。干寶、張華、鄭沖、賈充、任愷之議，見《晉書》卷二十〈禮志〉中篇，頁32～34。

〔註41〕 清秦蕙田《五禮通考》，新興書局據清代江蘇書局校刻本印，冊一，凡例頁3，總頁25。

〔註42〕 《通典》卷四十九，頁285。

〔註43〕 《春秋公羊傳》卷十三，藝文書局影印十三經注疏本，總頁165。

議重心即在此。唯此類解經之辯，因多承襲兩漢遺風而來，一難一答之間，精理妙意並不多見，尚不足爲魏晉談辯之典型代表。

（三）婚禮例——同姓婚論

在嘉禮方面，與人最切身者首推婚禮；而婚禮之中，「同姓可否通婚」的問題，則是魏晉時代的新興談題。因爲時局多變，其避國難或遁仇逃罪，而變名易姓者漸多，於是乃有表面同姓而實非同姓者，故同姓不婚之諱，日爲人所漠視。然則當時門第制度又鼎盛，於個人之家世背景及婚姻關係，皆在評論之列。例如《通典》卷六十載：

> 王伯輿，鄭玄高儁弟子也。爲子稚賓娶王處道女也。當得禮意，於
> 時清談盡無譏議，今難者雖苦，竟不能折其理。〔註44〕

案：此例雖非談辯實況之記錄，但由文中所述，「王稚賓娶同姓女是否合禮」的問題乃是當時清談的主題，應是無可置疑的。尤其，從「當得禮意」一語看，贊成同姓可婚者似乎已採「得意忘言」的方式作爲解經釋禮的憑據哩！

不但魏朝有此談，晉代也有同樣的例子。《通典》卷六十又載：

> 晉劉頌，漢廣陵王後。臨淮陳矯本劉氏子，與頌近親，出養，始改
> 姓陳。頌女適陳氏，時人譏之。若同姓得婚論，如虞陳之類，禮所
> 不禁；同姓不殖，非此類也。難者不能屈。

此言「難者不能屈」，則於「劉氏同姓通婚」的問題，顯然也是經過一番談戰的。同類的例子，《通典》卷六十所錄尚多，文煩不復贅舉。

（四）朝禮例——日蝕宜否廢朝論

《晉書》卷十九〈禮志〉中篇載：

> △漢建安中將正會，而太史上言「正旦當日蝕」，朝士疑會否？共諮
> 尚書令荀彧，時廣平計史劉卲在坐，曰：「梓慎、裨竈，古之良史，
> 猶占水火，錯失天時。禮：諸侯旅見天子，入門不得終禮者四，
> 日蝕在一。然則聖人垂制，不爲變異豫廢朝禮者，或災消異伏，
> 或推術謬誤也。」彧及眾人咸善而從之，遂朝會如舊，日亦不蝕，
> 卲由此顯名。

> △至康帝建元元年，太史上元日合朔，後復疑應却會與否。庾冰輔
> 政，寫劉卲議以示八坐。于時有謂卲爲不得禮意，荀彧從之，是

〔註44〕《通典》卷六十「同姓婚議」條，頁345～346。

勝人之一失。故蔡謨遂著議非之曰:「邵論災消異伏,又以梓慎、
禆竈猶有錯失,太史上言,亦不必審其理,誠然也。而云聖人重
制,不爲變異豫發朝禮,此則謬矣。災祥之發,所以譴告人君,
王者之所重誡,故素服廢樂,退避正寢,百官降物,用幣伐鼓,
躬親而救之,夫敬誡之事,與其疑而廢之,寧愼而行之。故孔子
老聃助葬於巷黨,以喪不見星而行,故日蝕而止柩,曰:『安知其
不見星也。』而邵廢之,是棄聖賢之成規也。(今史官言當蝕,亦
安知其不蝕乎?夫子老聃行見星之防。)魯桓公壬申有災,而以
乙亥嘗祭,《春秋》譏之。災事既過,猶追懼未已,故廢宗廟之祭,
況聞天眚將至,行慶樂之會,於禮乖矣。《禮記》所云『諸侯入門
不得終禮』者,謂日官不豫言,諸侯既入見蝕,乃知耳。非先聞
當蝕而朝會不廢也。引此可謂失其義旨。劉邵所執者《禮記》也,
夫子老聃巷黨之事亦《禮記》所言,復違而反之,進退無據。然
荀令所善,漢朝所從,遂使此言至今見稱,莫知其誤矣,後來君
子將擬以爲式,故正之云爾。」於是冰從眾議,遂以卻會。

△至永和中殷浩輔政,又欲從劉邵議不卻會,王彪之據咸寧建元故
事,又曰:「禮云諸侯旅見天子,不得終禮而廢者四,自謂卒暴有
之,非爲先存其事而僥倖,史官推術繆錯,故不豫廢朝禮也。」
於是又從彪之議。

案:上述資料,並見《三國志‧魏書》卷二十一〈劉邵傳〉及裴松之注,《通
典》卷七十八亦輯錄之,文字皆大同而小異。由其中,我們知道「日蝕宜否
廢朝」的問題,曾在魏晉之際引起士族們的談辯興趣:第一次發生在漢末建
安中,由劉邵與荀彧等數十人共辯;第二次發生在東晉建元元年,由蔡謨與
庾冰等共辯;第三次發生在東晉永和中,由王彪之與殷浩等共辯。其論辯往
返之經過,上文所述甚是簡略,但大體上看,乃是針對《禮記》所云「諸侯
入門不得終禮」之義,在領會上有所不同而起的爭端。劉邵、庾冰、殷浩等
主張「日蝕宜廢朝」,荀彧、蔡謨、王彪之等則反之。當時較具談才者,漢末
魏初乃推劉邵,故魏夏侯惠稱之曰:「覽其篤論,漸漬歷年,服膺彌久,實爲
朝廷奇其器量。」〔註45〕東晉建元之際,乃推蔡謨,故清‧秦蕙田云:「蔡謨

─────────────

〔註45〕《三國志‧魏書》卷二十一〈劉邵傳〉,頁46。

駁劉卲之議，甚當。宋宗元曰『案劉卲之議，一時巧辯，非禮意也。荀文若學術本疏，故爲強詞所奪，而典禮幾廢，得蔡謨此議，乃能駁正前違，開示眾惑。誰謂晉人清談遠遜漢儒歟？』」〔註46〕

　　的確，魏晉之清談《禮》學，何曾遠遜漢儒？尤其是喪服、喪期、喪制方面的討論，若一一枚舉，則繁篇累牘，亦難盡其全；這只消翻閱《晉書》的〈禮志〉、杜佑的《通典》、馬端臨的《通考》、秦蕙田的《五禮通考》或嚴可均的《全三國兩晉文》，即可見其大觀。歷代學者評述魏晉之清談，總認爲清談僅以玄言虛理爲範圍，殊不知當時談士對於《禮》學中的一些切身問題也有精彩的問難。今由上述「王稚賓同姓婚論」及「日蝕宜否廢朝論」，即知史傳已明言其爲「清談」。而如「王昌前母服論」，其談議人數之多與場面之大，儼然也是談界的一次大論戰。蓋魏晉人士對於疑難之處，每付諸談辯以待解決，故孔子所罕言的天道性命之理，固爲談家之興趣所在；而當舊禮已漸無法規範新時代之行爲舉止時，於吉、凶、軍、賓、嘉諸古禮究當如何遵循，乃引發士人之熱烈討論。因此，拘守禮文的舊派與妙從禮意的新派便屢有爭辯。無怪《世說新語·言語》第六十四條載：

　　　　劉尹（惔）與桓宣武（溫）共聽講《禮記》。桓云：「時有入心處，
　　　　便覺咫尺玄門。」劉曰：「此未關至極，自是金華殿之語。」

據此，桓溫聽講《禮記》，而有「咫尺玄門」之感，則談「禮」之精彩，雖所論未關至極妙道，恐亦不亞於談「玄」之盛哩！

二、書、詩、春秋論

　　除《易》學、《禮》學外，以清談論辯之形式，討論《書》、《詩》、《春秋》經上的問題者，雖然較不常見，但也不是沒有。今各舉一例爲證如下：

（一）尚書例──堯典論

　　《三國志·魏書》卷四〈高貴鄉公紀〉載：

　　　　△帝問曰：「鄭玄『稽古同天，言堯同於天也。』王肅云『堯順考古
　　　　道而行之。』二義不同，何者爲是？」博士庾峻對曰：「先儒所執，
　　　　各有乖異，臣不足以定之。然〈洪範〉稱『三人占，從二人之言。』
　　　　賈、馬及肅皆以爲『順考古道』，以〈洪範〉言之，肅義爲長。」

〔註46〕清秦蕙田《五禮通考》，新興書局據清代江蘇書局校刻本印，冊十一，總頁8209。

帝曰：「仲尼言『唯天爲大，唯堯則之。』堯之大美，在乎則天；順考古道，非其至也。今發篇開義以明聖德，而舍其大，更稱其細，豈作者之意邪？」峻對曰：「臣奉遵師說，未喻大義，至于折中，裁之聖思。」

△次及四嶽舉鯀！帝又問曰：「夫大人者，舉天地合其德，與日月合其明，思無不周，明無不照，今王肅云『堯意不能明鯀，是以試用。』如此，聖人之明有所未盡邪？」峻對曰：「雖聖人之弘，猶有所未盡，故禹曰『知人則哲，惟帝難之。』然卒能改授聖賢，緝熙庶績，亦所以成聖也。」帝曰：「夫有始有卒，其唯聖人。若不能始，何以爲聖？其言『惟帝難之』，然卒能改授，蓋謂知人，聖人所難，非不盡之言也。經云：『知人則哲，能官人。』若堯疑鯀，試之九年，官人失敘，何謂之聖哲？」峻對曰：「臣竊觀經傳，聖人行事不能無失，是以堯失之四凶，周公失之二叔，仲尼失之宰予。」帝曰：「堯之任鯀，九載無成，汨陳五行，民用昏墊。至於仲尼失之宰予，言行之間，輕重不同也。至于周公、管、蔡之事，亦《尚書》所載，皆博士所當通也。」峻對曰：「此皆先賢所疑，非臣寡見所能究論。」

△次及「有鰥在下曰虞舜」，帝問曰：「當堯之時，洪水爲害，四凶在朝，宜速登賢聖濟斯民之時也。舜年在既立，聖德光明，而久不進用，何也？」峻對曰：「堯咨嗟求賢，欲遜己位，嶽曰『否德忝帝位』，堯復使嶽揚舉仄陋，然後薦舜。薦舜之本，實由於堯，此蓋聖人欲盡眾心也。」帝曰：「堯既聞舜而不登用，又時忠臣亦不進達，乃使嶽揚仄陋，而後薦舉，非急於用聖恤民之謂也。」峻對曰：「非臣愚見所能逮及。」

案：《尚書》諸篇，大部分是古代的公文，原來並沒有太深奧的哲理。但在兩漢經學神聖化的觀點下，經師們總不相信經義會那麼淺顯，因此在解釋經義時，常往深邃玄奧處去想，盼能發揮古聖先賢寄託在經文之內的微言大意，對於其中所載述的堯、舜、禹、湯、文、武、周公之德，總認爲神聖無所缺失。然而，自從東漢古文經派興起，發展到漢魏之交，平實簡易而近情理的經說已漸崛起，於是對於經書神聖化的思想也就起了疑難。此從高貴鄉公與庾峻的對話即可見一斑。這裡，高貴鄉公一方面採信「發篇開義，以明聖德」及「大人者，思無

不周，明無不照」的漢儒老觀念，一方面卻又懷疑「堯德是否眞能上同於天，與日月合其明」？所以他問了幾個前人所未曾疑也不敢疑的問題：第一，〈堯典〉開篇所謂「稽古帝堯」，這「稽古」二字究竟是鄭玄解作「稽古同天」對呢？還是王肅解作「順考古道」對？若說王肅之解較爲正確，則孔子何以又說：「唯天唯大，唯堯則之」？第二，若說鄭玄之解較爲正確，則堯之任鯀，何以九載無成？竟然不能表現他的「知人則哲」嗎？第三，再說舜處其下，何以堯久不進用？難道他沒有用人唯才的眼光以及恤民急困的胸懷嗎？——這一類的懷疑一旦抒發出來，也就成了魏晉談辯史上爭論不休的問題了。當然，當他們首發這些疑難的時候，並不像日後之注重音辭語調，乃至麈尾風流，但其徬徨無宗的矛盾心緒以及多疑好問的論辯精神，卻是不相上下的。

（二）詩經例──風雅正變之義論

《晉書》卷五十〈庾峻傳〉載：

（晉）武帝踐祚，……帝講詩，中庶子何劭論風雅正變之義，（庾）峻起難往反，四坐莫能屈之。

又《北堂書鈔》卷五十八引臧榮緒《晉書》亦載：

峻起難往反，深有理致，四坐辯質，俱無能屈。

案：《詩》三百篇，分爲國風、小雅、大雅、頌四部分。其中國風和大、小雅，都有正變之說。〈毛詩序〉云：「至于王道衰、禮義廢、政教失、國異政、家殊俗，而變風變雅作矣！」鄭康成〈詩譜序〉便據而詳細地指明何者爲「正」，何者爲「變」。大體上，他認爲周文、武、成王時的治世之詩（如國風中的〈周南〉、〈召南〉，小雅中的〈鹿鳴〉至〈菁菁者莪〉，大雅中的〈文王〉至〈卷阿〉），皆是正詩；而懿王以後的亂世之詩（如國風中的〈邶〉至〈豳〉），小雅中的〈六月〉至〈何草不黃〉，大雅中的〈民勞〉至〈召旻〉，則是變詩。毛鄭所以如此說經，完全是漢代「以三百篇爲諫書」思想下的產物〔註47〕。因爲他們認爲《詩經》經過孔聖人的刪定與整理，則每一篇詩必然都含有一些美刺作用或倫理價值在；因此，正詩多半是頌美的詩篇，變詩便是諷刺的詩篇了。——這種說法，漢人信以爲眞，但在魏晉疑風大開，儒學正統式微之際，自然就引人發問了。故何劭與庾峻之論「風雅正變之義」，正是代表魏晉人對漢儒經說的檢討。

〔註47〕《漢書‧儒林傳》引王式之語云：「臣以三百五篇諫，是以亡諫書。」這乃是漢代經師的一般觀念。見藝文書局影印《漢書》補注本，卷八十八，頁17。

（三）春秋例——公羊左氏優劣論

《三國志‧魏書》卷二十三〈裴潛傳〉注引《魏略》：

（嚴）幹從破亂之後，更折節學問，特善《春秋‧公羊傳》。司隸鍾
繇不好《公羊》而好《左氏》，謂左氏為太官，而謂公羊為賣餅家，
故數與幹共辯析長短。繇為人機捷，善持論，而幹訥口，臨時屈無
以應。繇謂幹曰：「公羊高竟為左丘明服矣。」幹曰：「直故吏為明
使君服耳，公羊未肯也。」

案：《春秋‧公羊傳》與《左傳》優劣，乃東漢白虎奏議以來，爭論最劇烈的
主題。嚴幹、鍾繇皆漢末魏初人士，亦為此題大費脣舌，共辯短長，乃至涉
及人身攻擊，可見談辯《春秋》學的風尚還是流傳至魏晉時代。《三國志‧魏
書》卷十三〈王肅傳〉注引《魏略》載：「賈洪，好學有才，而特精於《春秋‧
左傳》，……善能談戲。」又載：「隗喜，少好學，既明經，又善星官，常仰
瞻天文，……（魚）豢又常從問《左氏傳》。」亦皆談論《春秋》經傳之實例。

《隋書‧經籍志》著錄魏晉時人的著作，於《書》、《詩》、《春秋》類中，
屬駁問論難體的作品有：

魏：

△鄭玄、王肅及孔晁《尚書義問》

△王粲《尚書釋問》

△王肅《毛詩義駁》、《毛詩問難》

△劉楨《毛詩義問》

△王基《毛詩答問駁譜》

△劉璠《毛詩箋傳是非》

△王朗《春秋左傳釋駁》

△荀爽問徐欽答《春秋公羊傳問答》

△韓益《三傳論》

吳：

△范順問劉毅答《尚書王氏傳問》、《尚書義》

△韋昭、朱育《毛詩答難問》

晉：

△孫毓《毛詩異同評》

△陳統《難孫氏毛詩評》

　　△楊乂《毛詩辨異》

　　△范堅《春秋釋難》

　　△孫毓《春秋左氏傳賈服異同略》

　　△庾翼問、王愆期答《春秋公羊傳論》

這些著作，既題爲「駁」、「問」、「難」、「是非」、「異同評」或「…問…答」等，顯係具有辨正、駁難、攻人立己的性質。雖此書大都亡佚，是否皆是時人談辯之後的產物，已未可斷言。但多少我們可以肯定：魏晉人對於《書》、《詩》、《春秋》三經，並未全然忘懷，前見論難體裁之論考，想必有以論難之形式口談者。只是這一類的談題，一因含具玄理的成份較少，不易大肆發揮或玄言不絕；二因漢儒對其精義已發揮殆盡，後人除非另闢蹊徑，否則必難別發勝義。三則《易》、《老》、《莊》、佛及人物論的新題材正方興未艾，則相形之下，喜從《詩》、《書》、《春秋》中去從事老題新論者自是不多了。尤當西晉武帝之後，純就此三部經義提出駁辯論題者更是少之又少。然而《詩經》中的優詞美句，以及《春秋》三傳中的史事史例，卻漸漸成爲談士們力求「辭勝」的言談資助哩！

三、《論語》、《孝經》論

　　《論語》與《孝經》，在魏晉時代，乃是士族們所常研讀的兩部經書，它的重要性並不亞於《易》、《禮》。例如鍾會年四歲，其母即授以《孝經》，七歲即誦《論語》；管輅年十五，至父官舍，即讀《論語》；王弼有《論語釋疑》，何劭有《孝經注》，何晏有《論語集解》並《孝經注》，郭象有《論語體略》〔註48〕。即或時至東晉，袁悅自述求學經過，亦云「少年時，讀《論語》、《老子》，又看《莊》、《易》。」〔註49〕《論語》乃與三玄同列。而孫綽、張憑、庾亮、王濛等東晉重要談家，也都有《論語》方面的著作〔註50〕。南朝劉義慶編《世說新語》，首分〈德行〉、〈言語〉、〈政事〉、〈文學〉四篇，亦仿自孔門之四科，

〔註48〕《三國志・魏書》卷二十八〈鍾會傳〉，注引會爲其母傳云：「夫人性矜嚴，明於教訓，會雖童稚，勤見規誨。年四歲授《孝經》，七歲誦《論語》……。」卷二十九〈管輅傳〉，注引〈輅別傳〉：「父爲琅邪即丘長，時年十五，來至官舍讀書，讀《詩》、《論語》及《易》本。」至於王弼、何劭、何晏、郭象等人有關《論語》《孝經》之著作，俱見《隋書・經籍志》〈經部〉著錄。

〔註49〕《世說新語・讒險》第二條。

〔註50〕參見《隋書・經籍志》〈經部・論語〉類著錄。

其中載述魏晉講論《論語》、《孝經》之例有：

　　△〈尤悔〉篇第十七條：

　　　　桓公（玄）初報破殷荊州，曾講《論語》，至「富與貴，是人之所欲，
　　　　不以其道得之不處。」玄意色甚惡。

　　△〈言語〉篇第九十條：

　　　　（東晉）孝武將講《孝經》，謝公兄弟與諸人私庭講習，車武子（胤）
　　　　難苦問謝，謂袁羊〔按：當作袁宏為是。〔註51〕〕曰：「不問，則德
　　　　音有遺；多問，則重勞二謝。」袁曰：「必無此嫌。」車曰：「何以
　　　　知爾？」袁曰：「何嘗見明鏡疲於屢照，清流憚於惠風？」

《論語》、《孝經》既開講座，為時所重，則由書中引發談題，共相論辯者，自
屬常事。尤其是「仁與孝」或「忠與孝」之間的關係問題，所談最多。例如：

　　△《太平御覽》卷四百十九引魏・陳思王曹植之「仁孝論」云：

　　　　且禽獸悉知愛其母，知其孝也。唯白虎騶虞稱仁獸者，以其明盛衰，
　　　　知治亂也。孝者施近，仁者及遠。〔註52〕

　　△《世說新語・輕詆》第十八條注引〈邴原別傳〉云：

　　　　魏五官中郎將，嘗與群賢共論曰：「今有一丸藥，得濟一人疾，而君
　　　　父俱病，與君邪？與父邪？」諸人紛葩，或父、或君。原勃然曰：「父
　　　　子，一本也。」亦不復難。

　　△《晉書》卷三十九〈荀顗傳〉云：

　　　　荀顗，……又與扶風王浚論仁孝孰先（案：浚為駿誤）。

　　△《三國志・魏書》卷二十二〈陳群傳〉注引《袁子》云：

　　　　或云「故少府楊阜豈非忠臣哉？見人主之非，則勃然怒而觸之，與
　　　　人言未嘗不道也，豈非所謂『王臣謇謇，匪躬之故』者歟！」（袁準）
　　　　答曰：「然可謂直士，忠則吾不知也。夫仁者愛人，施於君謂之忠，
　　　　施於親謂之孝。忠孝者，其本一也。故仁愛之至者，君親有過，諫
　　　　而不入，求之反覆，不得已而言，不忍宣也。今為人臣，見人主失

〔註51〕楊勇考證云：「袁喬從桓溫平蜀，尋卒，時在永和中，下迄孝武講經，相距二
　　　　十餘年。此袁羊當為袁虎之誤。……《御覽》六一七作「袁彥伯」，正是。宏
　　　　字彥伯，小字虎。」見楊勇《世說新語校箋》（臺北：明倫出版社印行，1971
　　　　年），頁114。
〔註52〕並見嚴可均輯《全三國文》卷十八，頁4。

道，直詆其非而播揚其惡，可謂直士，未爲忠臣也。故司空陳群則不然，其談論終日，未嘗言人主之非，書數十上而外人不知，君子謂群於是乎長者矣。」

△《晉書》卷九十良吏〈潘京傳〉云：

（潘京）爲州所辟，因謁見問策，探得不孝字，刺史戲京曰：「辟士爲不孝邪？」京舉版答曰：「今爲忠臣，不得復爲孝子。」其機辯皆此類。

△《世說新語・輕詆》第十八條云：

簡文與許玄度（詢）共語，許云：「舉君，親以爲難。」簡文便不復答。許去後而言曰：「玄度故可不至於此。」

《孝經》重言「孝」，《論語》重言「仁」，而有子云：「孝弟也者，其爲仁之本歟！」因此以上諸例之論辯重心——「仁孝孰先論」與「忠孝可否兩全論」二者，乃是本從《論語》、《孝經》所引發出來的談題。此題所以廣被魏晉人士所津津樂道，固與當代士族重門第背景而特別講究喪服禮制有關，其實對道德、名教、倫理、政治諸領域中的矛盾性議題，顯然已引起了更深刻的重視與討論。除上文所舉者外，夏侯玄與司馬宣王議論時政〔註53〕，董昭〈與袁春卿書〉〔註54〕，范弘之〈與王珣書〉〔註55〕，裴希聲爲嵇紹寫碑文等〔註56〕，具言及忠孝之義。《晉書》卷八十八〈李密傳〉注引《華陽國志》，載述吳主與群臣泛論道義，亦不外孝悌之道〔註57〕。《世說新語》輯錄時人之品題人物，亦每以孝道爲評議標準〔註58〕。《晉書》亦特有〈孝友傳〉及〈忠義傳〉。可見忠孝仁悌之論，實爲當時極熱門的清談主題之一。

〔註53〕《三國志・魏書》卷九〈夏侯玄傳〉，頁49～53。
〔註54〕《三國志・魏書》卷十四〈董昭傳〉，頁17。
〔註55〕《晉書》卷九十一〈儒林傳〉附〈范弘之傳〉，頁24～25。
〔註56〕《藝文類聚》卷四十八；並見嚴可均輯《全晉文》卷三十三，頁9。
〔註57〕《晉書・孝友傳》附〈李密傳〉，注引《華陽國志》十一曰：「吳主與群臣汎論道義，謂：『寧爲人弟。』密曰：『願爲人兄矣。』吳主曰：『何以爲兄？』密曰：『爲兄供養之日長。』吳主及群臣稱之。」見卷八十八，頁2。
〔註58〕《世說新語》輯錄魏晉人士品題人物，以「孝道」爲評議標準者極多，最爲人所熟知者如：〈德行篇〉第十七條載：「王戎、和嶠同時遭大喪，俱以孝稱。王雞骨支牀，和哭泣備禮。武帝謂劉仲雄曰：『卿數省王和不？聞和哀苦過禮，使人憂之！』仲雄曰：『和嶠雖備禮，神氣不損；王戎雖不備禮，而哀毀骨立。臣以和嶠生孝，王戎死孝；陛下不應憂嶠，而應憂戎。』」

第四章 史學上的談題

第一節 引言——人物論的倡行

　　魏晉南北朝是傳統中國史學的昌明時代，甚至可說是黃金時代。如本文第二章第四節所述，以量言，此期之史學著作，何只千數百家；以質言，足爲史中翹楚者，亦不在少。尤其，人物傳記之豐碩，更是此期史學的特有現象。以《隋志》〈史部·雜傳類〉觀之，著錄凡二百一十七部一千二百八十六卷（計亡佚爲二百一十九部一千五百零三卷）；除五分之一左右是志怪記或鬼神傳類的作品外，其餘皆屬人物傳記。其中有分類作傳者，如〈聖賢高士傳〉、〈逸士傳〉、〈逸民傳〉、〈止足傳〉、〈孝子傳〉、〈忠臣傳〉、〈良吏傳〉、〈文士傳〉、〈列女傳〉、〈列士傳〉、〈童子傳〉、〈知己傳〉、〈美婦人傳〉、〈竹林七賢傳〉、〈高才不遇傳〉、〈高隱傳〉、〈法師傳〉、〈高僧傳〉等；有分地作傳者，如袞州、徐州、交州、汝南、濟北、會稽、零陵、吳國、魯國⋯⋯諸地〈先賢傳〉，益部、續益部、陳留、東萊⋯⋯諸地〈耆舊傳〉，〈廬江七賢傳〉，〈會稽後賢傳記〉等；有分家族作傳者，如李氏、桓任、王朗王肅、太原王氏、褚氏、薛常侍、江氏、庾氏、曹氏、范氏、紀氏、韋氏、昕氏、孔氏、暨氏、周氏、周齊王、尒氏、令狐氏、何氏、崔氏⋯⋯諸〈家傳〉等；有分時作傳者，如〈正始名士傳〉、〈江左名士傳〉等；並有一人專傳，如〈曹參傳〉、〈管輅傳〉、〈東方朔傳〉、〈法顯傳〉等。清代章宗源《隋書經籍志考證》，又據《三國志》注、《世說新語》注、及諸類書中，補得人物別傳一百八十四家。凡此皆見當代實甚注重人物的個別性及類同性，故人物別傳極多，而依時、地、

家族之異同及才德智能之類型而作比較研究者，也比比都是。

此一史學上的特異景況，固由《史記》紀傳體以「人」為主的寫作方式發展而來，但其昌盛的最大原因，卻與東漢清議人物及魏晉九品中正的講究知人官人之術有關。因為漢代取士，首為察舉；察舉則重識鑒，魏晉因之而為九品官人，九品官人亦不離識鑒。而識鑒又以評價「人物品格智能之優劣」為主，於是月旦人物流為俗尚，品鑑之理甚受標榜，人物別傳也就跟著發達起來。今從人物別傳的發達，自可反觀清談界對人倫品鑑的興趣。

《後漢書》記載東漢雅好人倫品鑑者極多，例如卷六十八，稱郭太「善談論，美音制，……性明知人，……善人倫，而不為危言覈論。」稱謝甄「與陳留邊讓並善談論，俱有盛名。每共候林宗（郭太），未嘗不連日達夜。」稱符融「幅巾奮袖，談辭如雲，膺（李膺）每捧手歎息。」稱田盛「與郭林宗同好，亦名知人，優遊不仕，並以壽終。」稱許劭「少峻名節，好人倫，多所賞識。……與靖（許劭之兄）俱有高名，好共覈論鄉黨人物，每月則更其品題，故汝南俗有月旦評焉。」據此足見漢末談界甚倡人倫品鑑之習。此習發展到魏晉，好談人物者，更是有過之而無不及。《三國志‧魏書》卷十五〈司馬朗傳〉稱「朗雅好人倫典籍。」卷二十三〈楊俊傳〉稱「俊自少及長，以人倫自任。」《蜀書》卷三十七〈龐統傳〉稱「（統）性好人倫。」《吳書》卷五十二〈顧雍傳〉稱「雍子邵，……博覽群書，好樂人倫。」卷五十七〈陸瑁傳〉稱「瑁子喜，……涉文籍，好人倫。」《晉書》卷三十五稱裴楷、裴瓚「好臧否人物。」卷四十五稱劉毅「好臧否人物。」又稱武陔、陸喜「好人倫。」卷六十一稱周浚「以人理見知，有人倫鑒識。」卷六十九稱劉訥「有人倫識鑒。」卷七十四稱桓彝「有人倫識鑒。」卷八十九稱虞悝、虞望「俱好臧否，以人倫為己任。」《世說新語》〈賞譽篇〉第二十二條注引《晉後略》稱劉漠「少以清識為名，與王夷甫友善，並好以人倫為意，故世人許以才智之名。」〈品藻篇〉第十五條注引〈八王故事〉稱胡毋輔之「少有雅俗鑒識。」又〈賞譽篇〉第十三條載王戎稱阮文業「清倫有鑒識，漢元以來，未有此人。」——凡此所謂「人倫識鑒」或「臧否人倫」，皆指品藻人物之高下或鑑別其人格類型而言。此類記載，魏晉史書隨處可見，而名士互談，涉及人物評論者，也極多見。不僅雅好才性名理者如傅嘏、荀顗輩談之；崇慕《老》《莊》玄理者，如何晏、嵇康輩也談之（見下節舉證）。這可說是當時談界極普遍的課題，若要一一枚舉，實難盡其詳。

　　然而，這一方面的談論，有的是爲了提供政治上考課人才的參考，有的
純是一種趣味性的人格美之鑑賞。故其所談之範圍，不僅包括古人，也包括
時人，而且還涉及品鑑方法的討論。雖然這一類的談題，除品鑑方法論外，
不像玄學那麼容易發生攻辯論難達到數番以上的情形，但在品藻人物之際，
談士們爲了避免觸犯政治是非，又要申辯才性風格之美，故出言高妙、超然
玄著、而特具理趣者，乃極多見。例如《世說新語・言語》第二十三條載：

> 諸名士共至洛水戲，還，樂令（廣）問王夷甫（衍）曰：「今日戲樂
> 乎？」王曰：「裴僕射（頠）善談名理，混混有雅致；張茂先（華）
> 論《史》、《漢》，靡靡可聽；我與王安豐（戎）說延陵、子房，亦超
> 超玄著。」〔註1〕

又如〈賞譽〉篇第一百五十二條載：

> 王彌有雋才美譽，當時聞而造（張天錫）焉，既至，天錫見其風神
> 清令，言話如流，陳說古今，無不貫悉；又語人物氏族，中來皆有
> 證據，天錫訝服。

此中，洛下之聚，眾名士如裴頠、張華、王衍、王戎輩，蓋以《史》《漢》人
物（如延陵季子、張子房等），爲談辯重心。而王彌、張天錫之論，並不外以
古今人物爲主。所謂「混混有雅致」、「靡靡可聽」、「超超玄著」，或「言語如
流」、「皆有證據」等，即指談論甚具理趣而言。可見人物論實是當時清談論
辯的重要課題。故魏晉雜傳、別傳的發達，即是此一談風的反映。

　　今依《三國志》、《晉書》、《世說新語》、以及《御覽》、《書鈔》、《類聚》
等類書所見，廣爲蒐尋，再作分類，則當時人物論方面的談題，要可分爲：(1)
古今人物論，(2)聖賢高士論，(3)品鑑方法論等三大項。其中，第一、二
項是屬於人物風格的比較批評，第三項是屬於品鑑方法的分析討論，茲見第
二節詳述。

　　當然，史學上的課題，除人物論外，範圍仍廣。尤當談辯之風遍及整個士
族社會的時候，國家政務上的一些策略，朝廷親付臣屬以作決議，而以清辯論

〔註 1〕《晉書》卷四十三〈王戎傳〉亦載述此事，文字與《世說新語》大同小異，
　　　　茲錄於下，以作參較：「王戎……善發談端，賞其要會朝賢。嘗上巳禊洛，或
　　　　問王濟：『昨游有何言談？』濟曰：『張華善說《史》《漢》；裴頠論前言往行，
　　　　袞袞可聽；王戎談子房季札之間，超然玄著。』」案：此與《世說》所載之最
　　　　大不同處，在答言者爲「王濟」，而非「王衍」。恐傳聞互異，故有記載出入
　　　　的現象。

難的方式來進行商榷者，自亦不少。譬如《晉書》卷四十二〈王濟傳〉載：

> 武帝嘗會公卿藩牧於式乾殿，顧濟（王濟與楊濟）、恂（孔恂與王恂）
> 而謂諸公曰：「朕左右可謂恂恂濟濟矣！」每侍見，未嘗不諮論人物
> 及萬機得失。濟（王濟）善於清言，修飾辭令，諷議將順，朝臣莫
> 能尚焉，帝益親貴之。

可見當時君臣之間，「諮論人物及萬機得失」，乃是很平常的事。其中，談辯
最多者，不外「考課之法以何為要」、「肉刑之制宜否廢除」及「出兵之術如
何作決」等問題。故第三節乃就此三方面——考課論、肉刑論、兵事論——
舉例以述。

第二節　以人物為主的談題

一、古今人物論

魏晉談論人物之習極盛，有就個別之人物，品藻其才情風格者；有就各
類、各期、各地之人物，比較其優劣短長者。前者蓋為東漢清議人倫的延續，
談語雖不乏理趣，唯具攻辯論難的形式並不多見；後者乃是魏晉名理學家或
史學家所喜尚的話題，其互難往返、舉證豐富的情況，有時則不亞於談玄。
故後者之中，其因人物地位流業之異同而作比較者，於帝王則有「周成、漢
昭論」、「夏少康、漢高祖論」、「漢高、漢光武論」、「劉玄德、魏武帝論」等；
於將相則有「韓信、白起論」、「管叔、蔡叔論」、「管仲、鮑叔論」、「諸葛亮、
樂毅論」等；於文士則有「司馬遷、班固論」、「揚雄、劉向論」等。其因人
物時代背景之異同而作比較者，則有「吳朝俊士論」、「中朝人士論」、「江左
群士論」等。其因人物籍貫風土之異同而作比較者，則有「汝潁人物論」、「青
楚人物論」、「冀州論」等。茲就（1）品藻當代人論、（2）各類人物優劣論、
（3）各期人物優劣論、（4）各地風土人物論舉例說明如下。

（一）品藻當代人倫

魏晉人倫品藻的形式，大抵上是順承東漢鄉黨人物之習而來。所謂人倫，《後
漢書》卷六十八〈郭太傳〉李賢注引鄭玄之語云：「倫猶類也。」所謂品藻，《漢
書》卷五十七〈揚雄傳〉顏師古注云：「定其差品及文質也。」故品藻人倫，即
指評定各類人物的差品與文質而言。唯東漢之品藻人倫，本為察舉人才而發，

故其臧否人物多半帶有「品類功用」的觀點，而以「檢形定名、量材授官」爲宗。或就政治才幹立論，或就道德實踐爲說，其所品評之內容可謂實而不虛。〔註2〕但這一種品鑑方式，值漢末時勢多變，黨錮之禍迭起，設若直言無諱地公然評斷當代人物之高下，實易惹上身家性命的不安。故至魏晉之交，具人倫識鑒之明者，大都不敢危言覈論，於是轉而議論識鑒之原理原則，或評價古代之英雄名士，藉此寓託以古諷今之意。而品藻當代人倫者，其評論重點亦由褒貶才德之等次，轉而表揚人物風格之特質。《世說新語》〈德行篇〉第三條載：

> （郭）林宗曰：「叔度（黃憲）汪汪，如萬頃之陂；澄之不清，擾之不濁，其器深廣，難測量也。」

又同篇第七條載：

> 客有問陳季方（諶）「足下家君太丘（陳寔），有何功德，而荷天下重名？」季方曰：「吾家君譬如桂樹生泰山之阿，上有萬仞之高，下有不測之深，上爲甘露所霑，下爲淵泉所潤。當斯之時，桂樹焉知泰山之高，淵泉之深，不知有功德與無也。」

這裡，以萬頃之陂喻器重之深廣；以樹生山阿，喻無意於功德；正是所謂出言高妙，超然玄著者。魏晉品藻人倫，大都循此一途。例如：

> △王戎有人倫鑒識，嘗目山濤如璞玉渾金，人皆欽其實，莫知名其器。王衍神姿高徹，如瑤林瓊樹，自然是風塵外物。謂裴頠拙於用長，荀勗工於用短，陳道寧緩緩如束長竿。〔註3〕

> △有問秀才（蔡洪），吳舊姓何如？答曰：「吳府君（平），聖王之老成，明時之俊乂。朱永長（誕），理物之至德，清選之高望；嚴仲弼，九皋之鳴鶴，空谷之白駒；顧彥先，八音之琴瑟，五色之龍章；張威伯，歲寒之茂松，幽夜之逸光；陸士衡、士龍，鴻鵠之裴回，縣鼓之待槌。……」〔註4〕

〔註2〕 東漢之品藻人論，多半從「品類功用」的觀點出發，而以政治上「量材授官」爲目的。例如《太平御覽》卷四百四十五引謝承《後漢書》載：「桓帝徵徐穉等不至，因問陳蕃曰：『徐穉袁閎韋著，誰爲先後？』蕃對曰：『閎生公族，聞道漸訓，長於三輔仁義之俗，所謂不扶自直，不鏤自雕。至於穉者，爰自江南卑薄之城，而角立傑出，宜當爲先。』」案：此載陳蕃之評徐穉、袁閎，即以道德實踐爲說，且評語亦皆實而不虛。

〔註3〕 見《太平御覽》卷四百四十六，頁1。

〔註4〕 見《世說新語‧賞譽》第二十條。

所謂「璞玉渾金」、「瑤林瓊樹」、「緵緵如束長竿」、「九皋之鳴鶴，空谷之白駒」、「八音之琴瑟，五色之龍章」、「歲寒之茂松、幽夜之逸光」、「鴻鵠之裴回，縣鼓之待槌」等，不但出言玄遠，令人難以捉摸，而且品評人物的方向，顯然也寡於評論其道德工夫或政治才華，而重在標舉其閒逸脫俗的風格美。

以上這一類的例子極多，只消翻閱《世說新語》或《太平御覽》的〈品藻〉、〈知人〉二門（卷四百四十二至四百四十七），即可見其一斑。尤其，輯錄魏晉遺文軼事的《世說新語》，最可代表當時清談家所作的人物評論。在一千一百四十四條的語錄中，直接或間接對人物的品題，至少佔一半以上，特別是在〈識鑒〉、〈品藻〉和〈賞譽〉三篇，即記載了許多魏晉時代的人倫品藻。下文就從《世說新語‧品藻》篇中再舉數例作爲參證：

> △司馬文王問武陔：「陳玄伯何如其父司空？」陔曰：「通雅博暢，能以天下聲教爲己任者，不如也；明練簡至，立功立事，過之。」（〈品藻〉第五條）

> △正始中，人士比論，以五荀方五陳：荀淑方陳寔，荀靖方陳諶，荀爽方陳紀，荀彧方陳群，荀顗方陳泰。又以八裴方八王：裴徽方王祥，裴楷方王夷甫，裴康方王綏，裴綽方王澄，裴瓚方王敦，裴遐方王導，裴頠方王戎，裴邈方王玄。（〈品藻〉第六條）

> △桓玄問劉太常曰：「我何如謝太傅？」劉答曰：「公高，太傅深。」又曰：「何如賢舅子敬？」答曰：「楂、梨、橘、柚，各有其美。」（〈品藻〉第八十七條）

> △王夷甫云：「閭丘沖優於滿奮、郝隆；此三人並是高才，沖最先達。」（〈品藻〉第九條）

> △王孝伯道謝公：「濃至」，又曰：「長史虛，劉尹秀，謝公融。」（〈品藻〉第八十四條）

> △謝遏諸人共道竹林優劣，謝公云：「先輩初不臧貶七賢。」（〈品藻〉第七十一條）

凡此之例，〈品藻〉篇中比比皆是。其品鑑方式，要不外如例一所云：某一才質雖「不如」，另一才質則「過之」。既各舉其短，亦各標其長，如第一、三、十三、十七、二十二、二十三、三十、四十、四十八、五十三、五十四、五十九、六十一、六十二、六十三、六十六諸條均是。或如例二所云：某甲可

「方」某乙，蓋以二人相比，而言其品類相當者，如第二、七、十、十一、十四、十八、十九、二十、二十一、二十九、三十三、四十三、五十一、六十八、六十九、七十二、七十七、八十三、八十七、八十八諸條均是。或如例三所云：「櫨、梨、橘、柚，各有其美」，乃概舉諸家之長，且肯定各具其美者，如第八、二十七、三十一、四十二、八十一諸條均是。或如例四所云：某甲「優於」某乙或某丙，然此諸人「並是高才」，雖已明其品差高下，卻未否認諸家之長者，如第十五、十六、二十、三十四、三十五、三十七、三十八、四十一、四十五、五十七、六十七、七十、七十六、八十、八十一、八十二、八十五諸條均是。或如例五，只以簡至虛美的話，略示其才質特色者，如第二十四、五十八、六十五諸條均是。或如例六，頗置臧貶優劣於不顧者，如第四十四、四十七、五十五、七十八諸條均是。

　　總之，這種品鑑作風，乃從欣賞人格美的觀點著眼，而不從批評高下的角度入手，故標舉所長者多，而論定差品者少，且評語亦皆飄逸簡潔，不僅針對人物內在的個性才質，甚且針對外形的神彩風度，都予以不同的象徵式的品評。這一種注重人格美的鑑賞方式，乃是魏晉（尤其是晉代）人倫品藻的通例，其與《漢書・古今人物表》純用儒家道德實踐之標準，以評定人物九等高下者，實大異其趣。我們可以說《漢書・古今人物表》是儒家道德規範下的產物，而《世說新語》的人倫品藻，則是魏晉清談風流的表露。

（二）各類人物優劣論

　　如上所述，品藻當代人物，若出言不慎，實易涉及政治是非，故評及當代人物者，言必玄遠，且須避免論定高下。但如此實不能令談士各逞思致，暢所欲言。因此，雅好人論識鑒者，乃群趨於古代人物——尤其是《史》、《漢》人物——的論列。凡古來聖主、明君、功臣、將相、文人、名士，其才德相當，遭遇類似，或功過近同者，時人即好作優劣之辯或異同之爭，茲依帝王優劣論，將相優劣論、及文士優劣論三類，各舉實例以述。

1、帝王優劣論

　　帝王優劣論，見諸記載者甚多，如：

　　　　△魏文帝曹丕〈周成、漢昭論〉（《類聚》卷十二、《御覽》四百四十七）

　　　　△魏陳思王曹植〈周成、漢昭論〉（《御覽》卷四百四十七）

　　　　△魏丁儀〈周成、漢昭論〉（《類聚》卷十二、《御覽》八十九）

　　△魏孔融〈周成王、漢高祖論〉(《類聚》卷十二)

　　△魏文帝曹丕〈太宗論〉(《三國志‧魏書》卷二〈魏文帝紀〉注引王沈
　　　《魏書》)

　　△魏文帝曹丕〈孝武論〉(《類聚》卷十二、《御覽》八十八)

　　△魏陳思王曹植〈漢二祖優劣論〉(《類聚》卷十二、《御覽》四百四十
　　　七)

　　△魏鍾會述太極東堂〈夏少康、漢高祖論〉(《三國志‧魏書》卷四〈高
　　　貴鄉公紀〉注引《魏氏春秋》)

　　△晉張輔〈劉玄德、魏武帝論〉(《類聚》卷二十二、《御覽》四百四十
　　　七)

　　△晉皇甫謐〈光武論〉(《御覽》卷九十)

　　△晉皇甫謐〈帝王世紀漢高祖論〉(《御覽》卷八十七)

此中，首三條為辨周成王與漢昭帝之優劣，第四條為辨周武王與漢高祖之優劣，
第五條為辨漢孝文與賈誼之優劣，第六條為辨漢孝武帝之功過，第七條為辨漢
高祖與漢光武之優劣，第八條為辨夏少康與漢高祖之優劣，第九條為辨蜀漢昭
烈帝與魏武帝之優劣，第十條為辨夏少康與漢光武之優劣，第十一條為辨漢高
祖之功過。其中，前七條皆發生於漢魏之交或魏朝初年，第八條發生於魏齊王
芳甘露年間，第九、十、十一條則代表晉人的談論。以目前見存之資料看，記
載較詳而可觀其談辯內容者，首推「周成王、漢昭論」及「夏少康、漢高祖論」。

　　（1）周成王、漢昭帝論

　　　周成王與漢昭帝俱以幼年踐祚，周成王受託於周公，漢昭帝受託於霍光，
此乃兩君處境之類同處。唯成王之於周公，曾因二叔之謗，而對周公起疑，
至發金縢之書，然後乃悟己非；昭帝之於霍光，則自始至終，篤信不疑，縱
有流言讒興，亦能立發其詐；則是兩君「知人之明」似有軒輊。因此，魏晉
名士每將周成王與漢昭帝相提並論，而爭辯其異同優劣。魏初，丁儀、曹植、
曹丕三家皆有「周成、漢昭論」，可見當時他們必因此題而發生過激烈的論戰。
《藝文類聚》卷十二載有丁儀之論云：

　　　成王、昭帝，俱以襁褓之幼，託於冢宰，流言讒興，此其艱險相似
　　　者也。夫以發金縢然後垂泣，與計日力便覺詐書，明之遲速，既有
　　　差矣！且叔父兄子非相嫌之處，異姓君臣非相信之地；霍光罹人謗
　　　而不出，周公賴天變而得入；推此數者，齊本而論末，計重而況輕，

漢昭之優周成，甚明者也。成王秀而獲實，其美在終；昭帝苗而未秀，其得在始。必不得已而論二主，余與夫始者！〔註5〕

據此，丁儀蓋以知人之明遲速有別，認為漢昭遠勝周成。但曹植卻不以為然，故為周成王申辯道：

周公以天下初定，武王既終，而成王尚幼，未能定南面之事，是以推己忠誠，稱制假號。二弟流言，召公疑之，發金縢之匱，然以用痊，亦未決也。至於昭帝所以不疑於霍光，亦緣武帝有遺詔於光。使光若周公踐天子之位，行周公之事，吾恐叛者非徒二弟，疑者非徒召公也。且賢者固不能知聖賢，自其宜耳。昭帝固可不疑霍光，成王自可疑周公也。若以昭帝勝成王，霍光當踰周公耶？若以堯舜為成王，湯禹作管蔡，邵公周公之不見疑，必也。〔註6〕

曹植認為周公之聖，所作所為，遠非賢者所能測度；故「成王之疑周公」，實不可與「漢昭之信霍光」同提相比，而因之斷言「漢昭勝周成」。他說：「昭帝固可不疑霍光，成王自可疑周公也。若以昭帝勝成王，霍光當逾周公耶？」此論甚具駁辯力。唯以「特例」視周成，似難饜人心，因此曹丕又有「周成、漢昭論」以駁曹植之說：

或方周成王于漢昭帝，僉高成而下昭。余以為周成王體上聖之休氣，稟賢妣之貽誨，周召為保傅，呂尚為太師；口能言則行人稱辭，足能履則相者導儀，目厭威容之美，耳飽仁義之聲；所謂沉漬玄流而沐浴清風者矣。猶有咎悔，聆二叔之謗，使周公東遷，皇天赫怒，顯明厥咎，猶啟諸金縢，稽諸國史，然後乃悟。不亮周公之聖德，而信金縢之教言，豈不暗哉。夫孝昭父非武王，母非邑姜，養惟蓋主，相則桀光，體不承聖，化不胎育，保無仁孝之質，佐無隆平之治，所謂生于深宮之中，長于婦人之手。然而德與性成，行與體并，年在二七，早智夙達，發燕書之詐，亮霍光之誠，豈將有啟諸金縢信國史而後乃寤哉！使夫昭成均年而立，易世而化，貿臣而治，換樂而歌，則漢不獨少，周不獨多也。〔註7〕

〔註5〕見《太平御覽》卷八十九，並見嚴可均輯《全後漢文》卷九十四，頁213。

〔註6〕見《太平御覽》卷四百四十七，頁五。並見嚴可均輯《全三國文》卷十八，頁1。

〔註7〕此見《藝文類聚》卷十二，並見《太平御覽》卷四百四十七，頁4。又見嚴可均輯《全三國文》卷八，頁12～13，唯所敘文字略有不同。

曹丕之論特從兩君受教之背景而發，他認為周成王受教優越，卻有誤信讒謗之咎；漢昭帝受教差劣，卻有揭發詐書之明；可見漢昭之明遠非周成可及。

案：上述三家，持論各別，丁儀乃就兩君知人之明為說，曹植則就兩相聖德不同立論，曹丕則從二君受教背景為辯。或高昭而下成，或高成而下昭，所言皆極富辯說性，故可作為魏晉談論帝王優劣的代表。

（2）夏少康、漢高祖論

夏少康乃是夏朝中興之帝，漢高祖則為漢代開國之君。二人才殊略異，所處環境亦各有別。考較功德何者為先，自屬見仁見智的事。魏高貴卿公甘露元年，高貴鄉公與荀顗、袁亮、崔贊、鍾毓、虞松等人便因此題引發出一場精彩的談辯。《三國志・魏書》卷四〈高貴鄉公紀〉注引《魏氏春秋》曾載述此事云：

△二月丙辰，帝宴群臣於太極東堂，與侍中荀顗、尚書崔贊、袁亮、鍾毓、給事中中書令虞松等並講述禮典，遂言帝王優劣之差。帝慕夏少康，因問顗等曰：「有夏既衰，后相殆滅，少康收集夏眾，復禹之績。高祖拔起隴畝，驅帥豪儁，芟夷秦項，包舉宇寓內，斯二主可謂殊才異略，命世大賢者也。考其功德，誰宜為先？」

△顗等對曰：「夫天下重器，王者天授，聖德應期，然後能受命創業，至於階緣前緒，興復舊績，造之與因，難易不同。少康功德雖美，猶為中興之君，與世祖同流可也。至如高祖，臣等以為優。」

△帝曰：「自古帝王，功德言行，互有高下，未必創業者皆優，紹繼者咸劣也。湯武高祖，雖俱受命，賢聖之分，所覺懸殊。少康殷宗、中興之美；夏啟周成，守文之盛。論德較實，方諸漢祖；吾見其優，未聞其劣。顧所遇之時殊，故所名之功異耳。少康生於滅亡之後，降為諸侯之隸，崎嶇逃難，僅以身免；能布其德而兆其謀，卒滅過戈，克復禹績，祀夏配天，不失舊物，非至德弘仁，豈濟斯勳？漢祖因土崩之勢，仗一時之權，專任智力以成功業，行事動靜，多違聖檢；為人子則數危其親，為人君則囚繫賢相，為人父則不能衛子；身沒之後，社稷幾傾，若與少康易時而處，或未能復大禹之績也。推此言之，宜高夏康而下漢祖矣。諸卿具論詳之。

△翌日丁巳，講業既畢，顗、亮等議曰：「三代建國，列土而治，當

其衰弊，無土崩之勢，可懷以德，難屈以力。逮至戰國，強弱相兼，去道德而任智力。故秦之弊可以力爭。少康布德，仁者之英也；高祖任力，智者之儔也。仁智不同，二帝殊矣。《詩》《書》述殷中宗、高宗，皆列〈大雅〉；少康功美過于二宗，其爲大雅明矣。少康爲優，宜如詔旨。」

△贊、毓、松等議曰：「少康雖積德累仁，然上承大禹遺澤餘慶，內有虞、仍之援，外有靡、艾之助，寒浞讒慝，不德于民，澆、豷無親，外內棄之，以此有國，蓋有所因。至於漢祖，起自布衣，率烏合之士，以成帝者之業。論德則少康優，課功則高祖多；語資則少康易，校時則高祖難。」

△帝曰：「諸卿論少康因資，高祖創造，誠有之矣。然未知三代之世，任德濟勳，如彼之難；秦項之際，任力成功，如此之易。且太上立德，其次立功。漢祖功高，未若少康盛德之茂也。且夫仁者必有勇，誅暴必用武。少康武烈之威，豈必降于高祖哉？但夏書淪亡，舊文殘缺，故勳美闕而罔載，唯有伍員粗述大略。其言復禹之績，不失舊物，祖述聖業，舊章不愆，自非大雅兼才，孰能與於此？向令墳、典具存，行事詳備，亦豈有異同之論哉？」於是群臣咸悅服。……於是侍郎鍾會退論次焉。

案：此文載述高貴鄉公與群臣之間的論難，可謂既詳且明。高貴鄉公以「德」立論，故言少康之任德，乃遠勝高祖之任力。荀顗等以「功」立論，故言少康之中興，實不若高祖之創業。因二方持論標準不同，故評價二帝之優劣判然有別。兩方對難達二日之久，終則崔贊、鍾毓、虞松等云：「論德則少康優，課功則高祖多；語資則少康易，校時則高祖難。」似可作爲此一談戰調平折衷之結論。

2、將相優劣論

功臣將相優劣論，見諸記載者，其數亦不亞於帝王優劣論，較著者有以下數論：

　　△魏·何晏〈韓信、白起論〉(《書鈔》卷一百五、《類聚》五十九、《御覽》二百七十三)

　　△魏·嵇康〈管、蔡論〉(《嵇康集》卷六)

△蜀・費褘〈甲乙論〉（即〈曹爽、司馬懿論〉）（《三國志》卷四十四〈蜀書〉〈費褘傳〉注引殷基通語。）

△蜀・張儼〈諸葛亮、司馬懿論〉（《御覽》卷四百四十五）

△吳・嚴畯、裴玄、張承〈管仲、季路論〉（《三國志》卷五十三〈吳書・嚴畯傳〉）

△吳・姚信、蔡子〈延陵季子論〉（馬國翰《玉函山房輯佚書》子編）

△吳・姚信、陸恭仲〈陳蕃、李膺論〉（同上）

△吳・姚信〈周勃、霍光論〉（同上）

△晉・司馬駿、劉寶、郭沖等〈諸葛亮論〉（《三國志》卷三十五〈蜀書・諸葛亮傳〉注引《蜀記》）

△晉・王衍、王戎〈延陵、子房論〉（《晉書》卷四十二〈王戎傳〉、並見《世說新語》〈言語篇〉第二十三條）

△晉・習鑿齒〈周瑜、魯肅、諸葛亮論〉（《御覽》卷四百四十七）

△晉・張輔〈管仲、鮑叔論〉（《晉書》卷六十〈張輔傳〉）

△晉・張輔〈樂毅、諸葛亮論〉（《類聚》卷二十二、並見《御覽》四百四十七）

除上述諸論外，他如夏侯玄、庾闡、傅玄、袁準、袁宏、孫楚、華嶠、夏侯湛、楊戲等，亦皆著有功臣將相之人物評贊〔註8〕，可見針對古來將相之功過優劣提出評比與檢討，實為魏晉談士所喜論之課題。下文且舉二例以為代表：

（1）韓信、白起論

《藝文類聚》卷五十九載有何晏〈韓白論〉云：

> 此兩將者，殆蚩尤之敵對，開闢所希有也。何者為勝也？或曰「白起為秦將，攻城略地，功多不可勝數，所向無敵，前史以為出奇無窮，欲窺滄海，白起為勝。」若夫韓信，斷幡以覆軍，拔旗以流血，其以取勝非復人力也，亦可謂奇之又奇者哉！白起之破趙軍，詐奔而斷其糧道，取勝之術皆此類也；所謂可奇于不奇之間矣，安得比

〔註8〕夏侯、庾、傅、袁、姚、孫、華、楊……諸氏之人物評贊，俱見《全三國文》卷二十一，《全晉文》卷三十八、五十、五十五、五十六、五十七、六十、六十二、六十六、六十九所引。

其奇之又奇哉？〔註9〕

又《史記》卷七十三〈白起傳〉，《裴駰集解》亦引有何晏之〈白起論〉，大略云：

> 白起之降趙卒，詐而阬其四十萬，豈徒酷暴之謂乎？後亦難以重得
> 志矣！……可謂善戰而拙勝。……戰殺雖難，降殺雖易，然降殺之
> 爲害，禍大于劇戰也。

案：韓信與白起，乃是《史》、《漢》所載之大將。白起爲秦將，攻城掠地，所向無敵，功多不可勝數；而韓信爲漢將，下魏破代、降燕、平齊，使劉邦三分天下有其二，功亦偉不勝說。故二將之軍才武略，頗難定其高下，唯如此乃更引發魏晉名士爭辯其優劣短長之興趣。據上文看，當時談士頗多以白起爲勝，何晏則反駁此見。蓋就「才」論，何晏認爲韓信乃奇之又奇者，白起不過介乎奇與不奇之間而已；就「德」論，韓信帶兵多以智勝，罕見廝殺；白起卻詐阬趙卒四十萬，實爲酷暴之尤。今觀何晏此論，足見何氏不僅以清談玄理稱世，其於人物名理之學，亦頗精到。

（2）諸葛亮論

《三國志》卷三十五《蜀書・諸葛亮傳》注引《蜀記》載：

> 晉初扶風王駿鎮關中，司馬高平劉寶、長史滎陽桓隰、諸官屬士大
> 夫，共論諸葛亮。于時譚者多譏亮託身非所，勞困蜀民，力小謀大，
> 不能度德量力。金城郭沖以爲亮權智英略，有踰管、晏，功業未濟，
> 論者惑焉，條亮五事隱沒不聞於世者，寶等亦不能復難，扶風王慨
> 然善沖之言。（案：郭沖所條舉之諸葛亮隱事五件，具見裴松之注所
> 引，文長不錄於此。）

案：諸葛亮乃三國時代蜀漢之功臣名相，曾佐劉備以抗魏、吳，又輔後主六出祁山，惜身心勞瘁，功業未濟而卒。其一生「功運」實與「才智」頗不相稱，故魏晉名士每論其才，則好與樂毅、管仲、晏嬰，或周瑜、魯肅、司馬懿等比量高下〔註10〕；然一論其功，則毀譽紛然，或譏其勞困蜀民，力小謀

〔註9〕此文並見嚴可均輯《全三國文》卷三十九，《太平御覽》二百七十三。

〔註10〕諸葛亮是魏晉名士所喜歡談論的一位三國人物。司馬駿、劉寶、郭沖的〈諸葛亮論〉，言其有逾管仲、晏嬰。張輔的〈名士優劣論〉中，曾比較其與樂毅之優劣。習鑿齒有〈諸葛亮周瑜魯肅論〉，張徵有〈諸葛亮司馬懿論〉，則以其與三國名人周瑜、魯肅、司馬懿比量高下。——以上諸文可見《三國志》卷三十五〈諸葛亮傳〉注，並《太平御覽》卷四百四十五，頁6；卷四百四十七，頁6～7。

大，或讚其權智英略，舉世無雙。上文所述司馬駿、劉寶、郭沖之間的辯難，即是一例。

3、文士優劣論

魏晉名士談論《史》、《漢》人物，凡有才、有德、有功、有名者，皆為談論之對象，故於帝王將相外，時人亦喜論文士。見諸記載者有以下二例：

（1）司馬遷、班固論

《太平御覽》卷四百四十七引張輔〈名士優劣論〉云：

> 世人論司馬遷班固才之優劣，多以固為勝，余以為失。遷之著述辭約而事舉，敘三千年事唯五十萬言；固敘二百年事八十萬言，煩省不敵，固之不如遷，一也。良史述事，善足以獎勸；惡足以鑒誡，人道之常，中流小事，亦無取焉，而班皆書之，不如二也。毀敗量錯，傷忠臣之道，不如三也。遷既造創，固又因循，難易益不同矣。又遷為蘇秦張儀范睢蔡澤作傳，逞詞流離，亦足以明其大才也。故述辯士則辭藻華靡，敘實錄則隱核名檢，此真所以為良史也。

案：此為張輔與世人共論「司馬遷與班固才情優劣」之記錄。世人多以班固為優，張輔獨以司馬遷為勝。其論難之重心乃集中在《史記》與《漢書》的繁簡優劣上。主班固優者，持論內容今已不存；主司馬遷優者，就張輔所見，則不論文辭、體裁或史識，《史記》皆遠駕《漢書》之上。一則《史記》之文辭，能約又能辯，故敘實錄則隱核名檢，述辯士則辭藻華靡；二則《史記》之體例，分本紀、表、書、世家、列傳，實為後世紀傳體之鼻祖；三則《史記》之識見，重在懲惡獎善，故述史事，取捨之間，獨具卓裁。此皆良史之明證，亦即司馬遷遠勝班固之所在。

（2）劉向、揚雄論

《晉書》卷九十四〈范粲傳〉附〈子喬傳〉載：

> 光祿大夫李銓嘗論「揚雄才學優於劉向。」喬（范喬）以為「向定一代之書，正群籍之篇，使雄當之，故非所長。」遂著〈劉揚優劣論〉。

案：范喬有〈劉揚優劣論〉一文，今已亡佚。但據上文觀之，當是他與李銓共辯漢世之大學者——劉向與揚雄二人才學優劣的記錄。

（三）各期人物優劣論

上述「各類人物優劣論」，乃指地位流業類同者——如帝王與帝王、將相

與將相、或文士與文士之間的優劣比較；其所比較者，時代可以不同，唯人物類型則需近似。而此處所擬述之「各期人物優劣論」，則指時代背景相同者——如吳朝俊士、西晉名士，或東晉群士之間的優劣比較；其所比較者，時代必須相近，而人物類型則可不同。這一種以「分期」、「分代」的方式來論列人物的，見諸記載者有以下三例：

（1）吳朝俊士論

《御覽》四百四十五引《魏氏春秋》載：

> 胡綜論吳朝俊士：英才卓越，超踰倫疋，則諸葛恪。清識知機，達究幽微，則顧譚。淑辯宏達，言能釋結，則謝景。究學甄微，游夏同科，則范慎、羊衜。恪才而疎，譚精而俱，景辯而核。後恪譚果以強吳，人論綜言而有徵。

（2）中朝人士論（即西晉人士論）

《晉書》卷三十六〈衛玠傳〉載：

> 劉惔、謝尚共論中朝人士，或問：「杜乂可方衛洗馬不？」（案：衛洗馬即衛玠，字叔寶，小字虎。）尚曰：「安得相比，其間可容數人。」惔又云：「杜乂膚清，叔寶神清。」

《世說新語》品藻篇第四十二條，亦載述此事，文字略有不同：

> 劉丹陽（惔）、王長史（濛）在瓦官寺集，桓護軍（彝）亦在坐，共商略西朝及江左人物。或問：「杜弘治何如衛虎？」桓答曰：「弘治膚清，衛虎弈弈神令。」王、劉善其言。

（3）江左群士論（即東晉群士論）

《晉書》卷八十八〈顏含傳〉載：

> 或問江左群士優劣，（顏含）答曰：「周伯仁之正，鄧伯道之清，卞望之之節，餘則吾不知也。」

案：例一為胡綜之論「吳朝俊士」，是否有互難者，史未明言。例二為東晉名士之論「西晉人物」，據《晉書》所載，乃劉惔、謝尚二人共論，而《世說新語》所載，則劉惔、王濛、桓彝三人共論。且有關杜衛二人優劣之評語，《晉書》以為出自劉惔口；《世說新語》以為出自桓彝口。兩書記載所以如此不同，想是當時參與談座者原不止二、三人，故有此傳聞互異的現象。至於例三所載，則是顏含與時人共辯「東晉群士之優劣」。茲由以上三例，可見魏晉談士

對一期一代的人物也有綜合評論的興趣。

（四）各地風土人物論

除因「類」、因「時」之不同，而有人物優劣之辯外，魏晉談士亦有因「地」之不同而作人物高下之論者。茲舉二例為證：

（1）汝潁人物論

《世說新語‧言語》第七條載：

> 荀慈明（爽）與汝南袁閬相見，問潁川人士。慈明先及諸兄。閬笑曰：「士但可因親舊而已乎？」慈明曰：「足下相難，依據者何因？」閬曰：「方問國士，而及諸兄；是以尤之耳。」慈明曰：「昔者祁奚內舉不失其子，外舉不失其讎，以為至公；公旦，文王之子，不論堯、舜之德，而頌文武者，親親之義也。《春秋》之義，內其國而外諸夏；且不愛其親而愛他人者，不為悖德乎？」

又《三國志》卷十〈荀彧傳〉注引《荀氏家傳》載：

> 陳群與孔融論汝潁人物，群曰：「荀文若（彧）、公達（攸）、休若（衍）、友若（諶）、仲豫（悅），當今並無對。」

案：汝南與潁川，約在現在河南省的中部及南部一帶，魏晉時期乃是許多名士出生之地。尤其是魏朝初期潁川潁陰的荀氏，以及潁川長社的鍾氏，都可說是赫赫一時的豪門望族，不但其家權貴者多，且具才望者亦夥。譬如荀彧之父叔輩——儉、緄、靖、燾、汪、爽、肅、敷等八人，即號為「八龍」；其堂叔荀昱，亦與李膺、王暢、杜密……等並稱「八俊」〔註11〕。因此，魏晉名士若論及潁川人物，總免不了談起荀氏家族來。上舉二例：一是荀爽與袁閬間的討論，一是陳群與孔融間的對話，即皆以潁川荀氏為談辯重心。可見因「地」以論人物，亦往往涉及家族背景之比較。

（2）青楚人物論

《世說新語‧言語》第七十二條載：

> 王中郎（坦之）令伏玄度（滔）、習鑿齒論青楚人物，臨成，以示韓康伯，康伯都無言。王曰：「何故不言？」韓曰：「無可無不可。」

劉孝標注引《滔集》載其論略云：

> 滔以「春秋時：鮑叔、管仲、隰朋、召忽、輪扁、寧戚、麥丘人、

逢丑父、晏嬰、涓子。戰國時：公羊高、孟軻、鄒衍、田單、荀卿、
鄒奭、莒大夫、田子方、檀子、魯連、淳于髡、盼子、田光、顏歜、
黔子、於陵仲子、王斗、即墨大夫。前漢時：伏徵君、終軍、東郭
先生、叔孫通、萬石君、東方朔、安期先生。後漢時：大司徒伏三
老、江革、逢萌、禽慶、承少子、徐防、薛方、鄭康成、周孟玉、
劉祖榮、臨孝存、侍其、元矩、孫寶碩、劉仲謀、劉公山、王伯儀、
郎宗、禰正平、劉成國。魏時：管幼安、邴根矩、華子魚、徐偉長、
任昭光、伏高陽。此皆青土有才德者也。」

鑿齒以「神農生於黔中，邵南詠其美化，春秋稱其多才：廣漢之風，
不同雞鳴之篇。子文、叔敖，羞與管、晏比德。接輿之歌鳳兮，漁
父之詠滄浪，漢陰丈人之折子貢，市南宜僚、屠羊說之不爲利回，
魯仲連不及老萊夫妻，田光不及屈原，鄧禹、卓茂無敵於天下，管
幼安不勝龐公，龐士元不推華子魚，何、鄧二尚書獨步於魏朝，樂
令無對於晉世。昔伏羲葬南郡，少昊葬長沙，舜葬零陵。比其人，
則准的如此；論其土，則群聖之所葬；考其風，則詩人之所歌；尋
其事，則未有赤眉、黃巾之賊。此何如青州邪？」滔與往反，鑿齒
無以對也。

案：此載伏滔與習鑿齒共論青州與楚地人物之優劣。伏滔以青州爲優，鑿齒
以楚地爲勝，兩人各舉古往今來之實例以對。伏滔所舉青州名士計達六十一
人之多，鑿齒所舉楚地名士亦不在少，可見他們對於古人古事均極熟稔。伏
滔所以能與鑿齒「相往反」而「鑿齒終無以對」者，乃在伏滔所舉例證較多
而確鑿故也。

　　由於魏晉談家好以「地域」之別，較論人物優劣，故各地之風土、民情
或物產等亦往往兼而談之。例如《世說新語‧言語》第二十四條即載：

王武子（濟）、孫子荊（楚）、各言其地人物之美。王云：「其地坦而
平，其水淡而清，其人廉且貞。」孫云：「其山崔嵬以嵯峨，其水㳘
淥而揚波，其人磊砢而英多。

此即重在談論各地之風土民情。何晏有〈冀州論〉、〈九州論〉，盧毓亦有〈冀
州論〉等，據《全三國文》所輯錄者觀之，亦屬此一性質之著作〔註12〕。

〔註12〕見《全三國文》卷三十九，頁9～10；卷三十五，頁7～8。

綜上所述，人物優劣異同之辨，實是魏晉時代極爲普遍的談題。不但魏人談之，兩晉人亦談之；不但史學名家如伏滔、習鑿齒等談之，玄學名家如何晏、嵇康等亦談之。且其談論之內容亦甚精彩博通：有專就個別之人物品藻其風格者，亦有分類、分期、或分地而作綜合之比較者。這種談論人物風氣的流行，實與魏晉史學中「雜傳」、「別傳」、「地理記」及「譜牒世系」的發達，具有密切的關係。

二、聖賢高士論

在品藻人物風格短長，論辯人物優劣高下的風氣大開之後，「聖賢高士」——所謂理想人物的風範問題，自然成爲世人甚爲關心的主題。到底聖賢有沒有喜怒哀樂的感情？他對「道」的體驗如何？他做人處世的態度又如何？聖人是顯身廊廟者？還是隱居山林者？他是獻身於服務人群的社會工作者，還是遺世獨立的貴己重生者？聖人與賢人的區別何在？聖人或賢人均可致天下於太平嗎？古來的歷史人物中，誰才算得上是上上等的聖人？是孔子嗎？還是老聃？時下一些沙門道人，也算得上是高士嗎？……這一連串的問題，都是困擾時人心胸的大問題，故在清談論辯的場中，也討論得相當激烈。從其中，我們不難發現魏晉談士評價人物的基本觀念，也可進窺當時士人內心深處的懸疑和迷惘。固然這一類的問題，有些已經超越了人物學的範圍，而涉及孔老兩家思想異同的爭辯，甚至觸探到人生理想，道德情操，才性同異等課題。但因其所論者，原是爲了探討理想人物的典型風格而發，故亦不妨置於此章論列。

（一）聖賢有情無情論

聖人或是賢人，究竟跟一般人的差別何在？他們有沒有喜怒哀樂的感情？這是魏晉清談界所探討的一大主題。直領當代談風的兩位正始大師——何晏與王弼，即曾參與此一問題的論難；而東晉的著名談家——王脩，亦與僧意及時人論辯過同樣的課題。現在就舉此二例加以說明：

（1）聖人有無喜怒哀樂論

《三國志・魏書》卷二十八〈鍾會傳〉注引何劭〈王弼傳〉載：

> 何晏以爲聖人無喜怒哀樂，其論甚精，鍾會等述之。弼與不同，以爲：「聖人茂於人者神明也，同於人者五情也。神明茂，故能體沖和以通無；五情同，故不能無哀樂以應物。然則聖人之情，應物而無累於物者也。今以其無累，便謂不復應物，失之多矣。」

又載：

> 弼注《易》，潁川人荀融難弼「大衍論」，弼答其義，白書以戲之曰：
> 「夫明足以尋極幽微，而不能去自然之性。顏子之量，孔父之所預在，
> 然遇之不能無樂，喪之不能無哀。又常狹斯人，以爲未能以情從理者
> 也，而今乃知自然之不可革。是足下之量，雖已定乎胸臆之內，然而
> 隔逾旬朔，何其相思之多乎？故知尼父之於顏子，可以無大過矣。」

案：這兩段記載，第一段是王弼與何晏、鍾會等人共論「聖人有情與否」的
節錄；第二段是王弼自比尼父，戲答荀融的一封信，信的內容乃在說明「聖
人有情」。湯錫予先生說：「按諸此文，當時論者顯分二派。二方均言聖人無
累於物。但何、鍾等以爲聖人無情，王弼以爲聖人有情，並謂有情無情之別，
則在應物與不應物。」〔註13〕可以說是這兩段文字的大意。何晏的說法，史
未詳載，據湯氏的揣度：「當是繼承漢人的『聖人象天』之舊說，再參以漢魏
之交的自然哲學（以天謂自然，而非有意志的天）所形成。」（註同117）但據馮
友蘭先生的推測：「其大意，大概是先秦道家所持『以理化情』或『以情從理』
之說。」〔註14〕究竟何晏的見解是如湯氏所謂「聖人法天故無情」呢？還是
如馮氏所謂「聖人以理化情故無情」呢？實難斷言。至於王弼的說法，由上
列二文看，顯然有意於調會儒道思想的衝突。他認爲聖人超人的特性是神明，
與一般人相同的則也有五情。由於聖人具有超人的神明，所以能「體沖和以
通無」；但卻和一般人一樣同是具有五情，所以對於外物亦會產生喜怒哀樂的
反應。在他看，神明與五情是並行而不相悖的，就如現代人所謂理智與感情
可以互相協調制衡一樣。但何謂「神明」？根據上下文意，當指「體沖和以
通無的能力」。此一能力，以聖人爲高，故聖人能憑靠此一體悟形上道體的能
力，使其情感昇華至超然無累的境界。「無累」是指人雖有喜怒哀樂的自然情
感，卻不受此一情感纏累。他舉孔子爲例說：「顏子之量，孔父之所預在，然
遇之不能無樂，喪之不能無哀。」言下，豈不是一方面想在儒家聖人的修爲
功夫上賦予「體無」的概念，以拉近於玄學的範疇中；一方面又想把儒家的
「情」發揮，以補充道家對形下世界的處理嗎？可見王弼所推尊的聖人，表
面上雖是儒家的孔子，但其精神內容卻是道家化了的理想人物。

〔註13〕見湯錫予〈王弼聖人有情義釋〉一文，收在《魏晉玄學論稿》(臺北：廬山出
版社印行，1972 年)，頁 77～89。
〔註14〕馮友蘭《新原道》(臺北：明倫出版社印行)，頁 133～134。

（2）聖賢有情與否論

《世說新語・文學》第五十七條載：

> 僧意在瓦官寺中，王苟子（脩）來，與共語，便使其唱理。意謂王
> 曰：「聖人有情不？」王曰：「無。」重問曰：「聖人如柱邪？」王曰：
> 「如籌算，雖無情，運之者有情。」僧意云：「誰運聖人邪？」苟子
> 不得答而去。

案：此文載述東晉王脩與僧意之間的論難，亦以「聖人有情與否」為主題。
而此際之清談方式顯然與正始時代不同：正始時代，何晏、王弼多就理論上
申說；此際，王脩與僧意則以比喻式曉辨。且王脩認為聖人「雖無情，運之
者有情。」蓋以未發時為無情，已發時為有情，乃採「體無用有」的思想型
態，將「無情論」與「有情論」調和，同時也已揭示了「未發」與「已發」
問題的玄思。這也可說是依循王弼折衷儒道的思想路線，又企圖融通形而下
與形而上的觀念而來的。

王脩不只與僧意論辯過「聖人有情與否」的問題，據《世說新語・文學》
第八十三條注引其〈賢人論〉所述，他也跟時人談辯過「聖人有情與否」的
問題。其文略云：

> 或問「《易》稱賢人黃裳元吉，苟未能闇與理會，何得不求通？求通
> 則有損，有損則元吉之稱將虛設乎？」答曰：「賢人誠未能闇與理會，
> 當居然體從（案：「體」當作「人」。）比之理盡，猶一豪之領一梁。
> 一豪之領一梁，雖于理有損，不足以撓梁。賢有情之至寡，豪有形
> 之至小，豪不至撓梁，于賢人何有損之者哉？」

案：聖人乃人倫之至者，賢人則僅次於聖人。若以聖人為「無情」，為「能闇
與理會」者，則賢人之「情」與「理」又如何？為答辯此一問題，王脩乃云
「賢者有情之至寡」，「雖于理有損，不足以撓梁，……何有損之者哉！」可
見他心目中的賢人，其「情」其「理」還是遠超常人之上的。據此，有關人
類「情性」的問題，也討論到「情」與「理」的關係了。

（二）聖賢隱顯之道論

聖賢之「情」或「理」既然超乎常人，則其立身之道自然異於尋常。究
竟聖賢的處世態度如何？是重在隱處以修身，或修煉以養生？還是重在出仕
為公、己立立人、己達達人？茲舉西晉・石崇的〈許巢隱讓論〉及東晉謝萬、
孫綽的〈八賢出處論〉為例。

（1）許巢隱讓論

《藝文類聚》卷三十七載引石崇之〈許巢論〉云：

> 客有問于余曰：「昔許由巢父距堯之讓，逍遙頤神，寶已貴世（案：
> 世疑生之誤）。司馬遷以假託之言，必無此實，竊以爲然。」余答之
> 曰：「是何言歟？蓋聞聖人在位，則才必舉，官才任能，輕重允宜。
> 大任已備，則不抑大材使居小位；小材已極其分，則不以積久而合
> 處過材之位。然則稷播嘉穀，契敷五教，皋陶夔龍各已授職，其聯
> 屬之官，必得其材，則必不重載，兼置斯可知也。巢許則元愷之儔，
> 大位已充，則宜敦廉讓以勵俗，崇無爲以化世，然後動靜之教備，
> 隱顯之功著，故能成巍巍之化，民莫能名，將何疑焉。」

案：許由與巢父，在傳說中，均是陶唐時代的逸人高士，堯讓天下，不受而
隱，逍遙頤神，寶己貴生，《莊子》〈逍遙遊〉及〈讓王〉篇均稱美之。魏晉
時代由於《老》《莊》思想風行，故許巢退隱之德甚受標榜，譬如嵇康〈聖賢
高士論〉、皇甫謐〈高士傳〉，即嘉讚其行，潘岳亦有〈許由頌〉〔註15〕。可
見許由、巢父乃魏晉人士所常談論的人物典型，石崇〈許巢論〉即是一證。
文中，客所難者，本在懷疑許、巢之是否實有其人；而石崇所答，則純仿《莊
子》〈逍遙遊〉篇所謂「聖人無名」、「堯治天下，天下既已治矣。……許由自
無所用天下爲」之義加以駁辯〔註16〕，其尊隱尚退的思想色彩實很濃厚。

（2）八賢出處論

《世說新語・文學》第九十一條載：

> 謝萬作〈八賢論〉，與孫興公（綽）往反，小有利鈍。謝後出以示顧
> 君齊（夷），顧曰：「我亦作，知卿當無所名！」

注引《中興書》云：

> 萬善屬文，能談論。萬集載其敘四隱四顯，爲八賢之論。謂漁父、

〔註15〕 嵇康〈聖賢高士傳〉，撰錄上古以來聖賢隱逸遁心遺名者，凡一百一十九人，
許由、巢父皆所傳者之一，見《全三國文》卷五十二，頁1～2引。皇甫謐〈高
士傳〉亦嘉讚許由之行，見《史記》卷六十一〈伯夷列傳〉，張守節《正義》
引。潘岳〈許由頌〉，見《全晉文》卷九十二，頁5。

〔註16〕 《莊子・逍遙遊》載：「堯讓天下於許由。……許由曰：『子治天下，天下既
已治也；而我猶代子，吾將爲名乎？名者，實之賓也，吾將爲賓乎？鷦鷯巢
於深林，不過一枝；偃鼠飲河，不過滿腹。歸休乎君，予無所用天下爲！庖
人雖不治庖，尸祝不越樽俎而代之矣。』」石崇〈許巢論〉中所謂「大位已充，
則宜敦廉讓以勵俗。」即仿《莊》文之意。

> 屈原、季主、賈誼、楚老、龔勝、孫登、嵇康也。其旨以處者爲優，
>
> 出者爲劣。孫綽難之，以謂「體玄識遠者，出處同歸。」

案：謝萬與孫綽皆東晉名士，其往返共論「八賢」，辯難重心亦在出處隱顯的
優劣問題。謝萬「以處者爲優，出者爲劣」，道家的意味自是很重；孫綽難之，
以「體玄識遠者，出處同歸」，言下仍是較重道家的隱處精神。故孫綽有〈至
人高士傳讚〉，而所讚者，亦不外原憲的玄默、老子的無爲，以及商丘子的渴
飲寒泉、飢食昌蒲等。〔註17〕

（三）聖賢致太平論

　　魏晉名士喜好品第人倫，對於理想中的人物，都尊之爲聖；僅次於聖者，
則謂之賢。「聖」既爲德充功至之人，其致天下於太平，實無可疑。然賢者是
否亦能致天下於太平？則疑者頗多。《三國志・魏書》卷十五〈司馬朗傳〉載：

> 鍾繇、王粲著論云：「非聖人不能致太平。」朗（司馬朗）以爲「伊、
>
> 顏之徒雖非聖人，使得數世相承，太平可致。」

案：此即有關「賢人能否致太平」的爭論。鍾繇、王粲認爲「非聖人不能致
太平」，其論甚爲絕對，好似致太平者皆非聖人莫屬；故司馬朗乃糾正道：賢
者之徒，如伊、顏者流，雖非聖人，若得數世相承，太平仍屬可致。相信此
一問題既經他們提出，必曾引起談界相當的迴響，故至東晉，孫盛乃特著論
重評此事。《三國志・司馬朗傳》注即轉載孫盛之說云：

> 繇既失之，朗亦未爲得也。昔「湯舉伊尹，而不仁者遠矣！」《易》
>
> 稱「顏氏之子，其殆庶幾乎！有不善未嘗不知，知之未嘗復行。」
>
> 由此而言，聖人之與大賢，行藏道一，舒卷斯同，御世垂風，理無
>
> 降異；升泰之美，豈俟積世哉？「善人爲邦百年，亦可以勝殘去殺。」
>
> 又曰「不踐跡，亦不入于室。」數世之論，其在斯乎！方之大賢，
>
> 固有閒矣。

據此，孫盛蓋反鍾、王，而採司馬氏。但於司馬氏之說仍頗有所正。他認爲
賢者如伊尹、顏淵等人，其行藏之道，蓋與聖人所差無幾，故致太平亦無庸
相承數世之久。

　　以上諸例所討論者，不外爲聖賢高士的性情、德行、出處，或功業等問
題。但究竟聖賢高士何所指？古代人物中誰才是眞聖眞賢？誰才配得稱爲高

〔註17〕見《全晉文》卷六十一，頁 7～8。

士？《漢書・古今人物表》將人分為上上、上中、上下、中上、中中、中下、下上、下中、下下九等。其中上上等之聖人，乃指三皇、五帝、禹、湯、文、武、周公、孔子、老子等人；上中等之仁人，則指伯夷、叔齊、許由、巢父、伊尹、管仲、季子、顏淵、漁父、屈原等人。《漢書》評價人物等次的標準及其目的，據班固自言，乃在「顯善昭惡，勸戒後人」，故特表揚古聖古賢仁治之功或忠孝節義謙讓諸德。魏晉名士所指謂的聖賢高士，由前舉諸例觀之，實與《漢書・古今人物表》所列的第一等人、第二等人出入無多；但其所標榜的精神內容則大有軒輊。譬如何晏、王弼、王脩心目中的聖人，即指孔子；但何晏以其「無喜怒哀樂」，王弼以其「能體冲和以通無」，王脩以其「雖無情，運之者有情」，顯然都給聖人賦上一個「體無」或「無情」之類的精神內涵。謝萬與孫綽共論八賢，亦有崇「隱」貶「顯」的意味；而石崇、嵇康、皇甫謐等人頌美許由、巢父，亦在類似觀念下。可見魏晉時代所推重的理想人物，重視其淡泊無為、體玄識遠的超越情操，實遠勝於標榜其具仁愛忠孝、公正節義諸美德。

由於理想人物的性格，在時潮的激盪下，已逐漸不再那麼強調儒家的「好仁」、「崇禮」的道德情操，卻相當重視道家型態的「自然」、「無為」、「體無」「無累」等精神特質。因此，彭、老之徒可否稱為大賢？沙門道人可否配作高士？孔子是不是至聖無缺？聖人是不是有優劣之別？……這些問題也就跟著引起了時人的注意。例如：

△《三國志・魏書》卷十〈荀攸傳〉注引《荀氏家傳》載：

（荀）惲與孔融共論聖人優劣。

△《三國志・魏書》卷十四〈劉曄傳〉注引《傅子》載：

劉陶，字季治，善名稱，有大辯。……其人意陵青雲，謂（夏侯）玄曰：「仲尼不聖，何以知其然？智者圖國；天下群愚，如弄一丸于掌中，而不能得天下？」玄以其言大惑，不復詳難也。謂之曰：「天下之質，變無常也。今見卿窮！」

△《廣弘明集》卷五載引孫盛〈老聃非大賢論〉云：

夫大聖乘時，故迹浪于所因；大賢次微，故與大聖而舒卷。……至于中賢第三之人，去聖有間，故冥體之道未盡，自然運用，自不得玄同。然希古存勝，高想頓足，仰慕淳風，專詠至虛；故有棲岫林藝，若巢許之倫者；言行抗彎，如老彭之徒者，亦非故然，理自然

也。〔註18〕

　　△《全晉文》卷二十九載引王坦之〈沙門不得為高士論〉云：

　　　　高士必在于縱心調暢，沙門雖云俗外，反更束于教，非情性自得之
　　　　謂也。

此舉四例，單就其題意觀之，即知時人對於儒釋道三家所塑造出來的人物典
型，已生爭論，莫衷一是。蓋聖人既可辨優劣，則對聖人人格典型之釐定，
必有紛歧。孔子之尊，既有人敢公然評其非聖，則時下對於「聖」的定義必
已大逆傳統。孫盛、王坦之所以有駁老聃及貶沙門的理論，相對之下則知當
時崇《老》慕佛的風氣諒必很盛，似乎還頗有凌駕傳統儒學的趨勢。所以儘
管大多數人口頭上仍然推尊五帝、三王、孔子，但「真正的聖賢究竟是何種
典型」的問題，卻在魏晉人的心目中產生了一連串的懸疑和困惑。

三、品鑑方法論

　　有關品鑑人物的方法，原非魏晉所獨創。《論語・為政》有「視其所以，觀
其所由，察其所安，人焉廋哉」之言；《孟子・離婁上》有由人眸子以觀人心正
邪之語；《逸周書・官人》有觀人以六徵之義，謂觀誠、考志、視聲、觀色、觀
隱、揆德；《大戴禮・文王官人》有觀人以官人之論；《呂氏春秋・論人》有八
觀、六驗、六戚、四隱之說；王充《論衡・骨相論》謂緣骨相足以知人性。凡
此諸說，看來只是粗略涉及觀人之道而已，尚未有成系統的論述，亦未見有理
論式的解說。故真能集大成而作系統之論列者，當首推魏初劉卲的《人物志》；
其見諸談座而析辯其原理原則的，亦為魏晉學術界的特有現象。

　　品鑑方法論所以在魏晉引起世人研究和論辯的興趣，自然是與品評古今
人物的風尚大有關聯。尤當東漢以來的品藻人倫，注重人物風格情韻的既然
愈來愈多，討論抽象的識鑑之理的也就漸趨熱門。漢魏之交，郭林宗已「自
著一書，論取士之本。」惜未通行，即遭世亂而亡佚。〔註19〕至魏晉而此類
著作乃日益增多：曹植、王朗皆有〈相論〉之作〔註20〕；山濤呈奏甄拔人物
即各為題目，時稱「山公啟事」〔註21〕。任嘏有《道論》十卷，採五行之說

〔註18〕唐・釋道宣《廣弘明集》，臺北：中華書局印行，卷五，頁4～5。
〔註19〕見《後漢書》卷六十八〈郭太傳〉注引〈郭林宗（太）別傳〉。
〔註20〕見《全三國文》卷十八，頁四；卷二十二，頁13。
〔註21〕見《晉書》卷四十三〈山濤傳〉。

以論識鑑之理〔註22〕；裴頠本擬撰述《辯才論》，可惜未及成書即遇禍〔註23〕。
《隋書・經籍志》名家類亦著錄有人物方法學的作品多種，如：（1）魏文帝
《士操》一卷，（2）魏・劉邵《人物志》三卷，（3）魏・盧毓《九州人士論》
一卷，（4）吳・姚信《士緯新書》十卷，及《姚信新書》二卷，（5）另有不
明撰者之《形聲論》一卷，及《通古人論》一卷。——通觀此類著作之名目
與數量，即知識鑑人物之原理原則，在魏晉確爲學術界所熱切討論的主題之
一。惜今存者，唯劉邵《人物志》一書；姚信《士緯》一書則殘見《意林》、
《太平御覽》、《藝文類聚》所引十數條；餘書均佚。〔註24〕

　　雖然《人物志》的寫作目標，據劉邵〈自序〉所云，乃在求得一套知人
用人的法則，以達成「眾材得其序，而庶績之業興」的政治理想〔註 25〕。但
除開此一政治上的實用目的外，此書也未始不可說是劉邵對於當代談界「清
辯人物」的一種綜合研究。《三國志》卷二十一劉邵本傳中載夏侯惠推薦劉邵
道：「臣數聽其清談，覽其篤論，漸漬歷年，服膺彌久，實爲朝廷奇其器量。」
則劉邵平素與人「清談」、「篤論」的課題，《人物志》所述的「品鑑之術」，
想必就是最重要的一環，因此下文特爲此書作一簡介。至於劉邵之後，「品鑑
方法論」之見於談座而引起精彩之辯難者，主要有二：一是嵇康與呂子的〈明
膽論〉，一是鍾會、傅嘏、李豐、王廣的「才性四本論」。

（一）人物志

　　《人物志》凡三卷十二篇，是魏晉時代獨存的一部以人物品鑑爲主的專著。
因它著成於魏朝初年〔註26〕，既順承漢代的品鑑之風與政治名實論而來，故論
人物乃出自「品類功用」的觀點，而與魏晉正始以下重個性玄遠的鑑賞觀點不

〔註22〕　《意林》卷五引任嘏〈道論〉云：「木氣人勇，金氣人剛，火氣人強而燥，土
　　　　氣人智而寬，水氣人急而賊。」此蓋以「五行說」論述識鑑之理。馬國翰《玉
　　　　函山房輯佚書》〈子編・道家類〉亦引載此文 （文海出版社印行） 。
〔註23〕　《晉書》卷二十五〈裴頠傳〉云：「（頠）又著辯才論，古今精義皆辨釋焉，
　　　　未成而遇禍。」
〔註24〕　見馬國翰《玉函山房輯佚書》〈子編・名家類〉 （文海出版社印行，第五冊），
　　　　總頁 2658～2660。
〔註25〕　劉邵《人物志》，臺北：中華書局印行，頁 1〈自序〉。
〔註26〕　《三國志・魏書》卷二十一〈劉邵傳〉云：「劉邵，建安中，爲計吏，詣許。……
　　　　景初中，受詔作『都官考課』。……正始中，執經講學，賜爵關內侯。」可見
　　　　劉邵乃漢末至魏正始之際人士，其《人物志》當爲景初、正始年間的作品，
　　　　足以代表魏初的識鑑方法學。

同。然而，《人物志》之重名實，也未盡同於漢代臧否人物的實用主義。它不評議具體人事，只是泛論識鑑之理而已。而且劉邵講觀人知人之術，一方面固然側重量能授官、因材施職的實用目的；另方面卻也未曾忽視各類人物的殊別材情及其內涵特質。我們可以從以下兩方面來進探劉邵品論人物的觀點和趨向。

（1）控名責實的觀點

《人物志‧效難》篇云：「蓋知人之效有二難：有難知之難，有知之而無由得效之難」。又云：「夫名非實，用之不效。故曰名猶口進（案：猶當作由），而實從事退」。這些話包含了兩層意義：第一，觀人之道，必須求得形名相符，而後可謂知人。第二，既知其人，則須薦於朝政，因材適用，才有名實相符的績效可言。劉邵論知人之方、官人之術，可謂本此觀念而出。

第一，論知人之方——觀人欲求形名之相符，當用何法？《人物志》之〈九徵〉、〈八觀〉、〈七繆〉、〈效難〉諸篇所論甚詳。〈九徵篇〉云：

> 性之所盡，九質之徵也。然則平陂之質在於神，明暗之實在於精，勇怯之勢在於筋，彊弱之植在於骨，躁靜之決在於氣，慘懌之情在於色，衰正之形在於儀，態度之動在於容，緩急之狀在於言。其為人也：質素平澹，中叡外朗，筋勁植固，聲清色懌，儀正容直，則九徵皆至，則純粹之德也。九徵有違，則偏雜之材也。

此言本乎九質之徵——神、精、筋、骨、氣、色、儀、容、言，則人物情性之所蘊，必不逃乎其中，而純雜之材亦可由此得識。然則人物之理，精微而難明；群材異品，亦多似是而非，或似非而是者；故若單憑九徵以觀人，必難免為形似所誤，則必不能達成名實相符的效果。因此，〈效難篇〉云：

> 故其接遇觀人也，隨行信名，失其中情。故淺美揚露，則以為有異；深明沉漠，則以為空虛；分別妙理，則以為離婁；口傳甲乙，則以為義理；好說是非，則以為臧否；講目成名，則以為人物；平道政事，則以為國體；猶聽有聲之類，名隨其音。夫名非實，用之不效。故曰名猶（由）口進，而實從事退。中情之人，名不副實，用之有效，故名由眾退，而實從事章，此草創之常失也。故必待居止，然後識之。故居視其所安，達視其所舉，富視其所與，窮視其所為，貧視其所取，然後乃能知賢否。

故欲求得知人之效，尤當驗諸行事，觀其通否，以正其名目。〈八觀篇〉所揭舉的八種觀人方式，即不外乎睹其質氣形色，觀其長短得失，察其辭質應贊，

考其動機反應，驗其所作所爲等。

> 八觀者：一曰觀其奪救以明間雜，二曰觀其感變以審常度，三曰觀
> 其志質以知其名，四曰觀其所由以辨依似，五曰觀其愛敬以知通塞，
> 六曰觀其情機以辨恕惑，七曰觀其所短以知所長，八曰觀其聰明以
> 知所達。(〈八觀篇〉)

果能依此八種方式以觀人，則求形名之相符，自亦近矣！但欲求八觀之精當，猶須力避七繆之失，才能免除主觀的成見以及客觀的限制：所謂七繆，即指觀人之際所可能產生的七種誤謬：

> 一曰察譽有偏頗之繆，二曰接物有愛惡之惑，三曰度心有大小之誤，
> 四曰品質有早晚之疑，五曰變類有同體之嫌，六曰論材有申壓之詭，
> 七曰觀奇有二尤之失。(〈七繆篇〉)

七繆能免，知人必察。一則需避免察舉偏頗，徵實不明；二則需避免個人好惡、接物偏私；三則需避免大小不辨、度心失衡；四則需避免對早智之才與晚智之才的判斷錯誤；五則當避免譽同體、毀對反的主觀裁斷；六則需避免對處於「申」勢的富貴者與處於「壓」勢的貧賤者間產生不公平的評鑑；七則需避免鑑賞力被「尤虛」之人唬住，而忽略了真才實學的「尤妙」之人。總之，觀人之方，不外本乎九質之徵，博采八觀之道，力避七繆之失；如此乃能知賢否、定名分，使形與名完全相符。

第二、論官人之術——既由九徵、八觀之術，可以正確得知各類人才之專長，進一步則須因材施職、量能授官，以成庶績而興政教，這才是觀人的最終目的。所謂「能出於材，材不同量，材能既殊，任政亦異」(〈材能〉篇)，《人物志》的〈體別〉、〈流業〉、〈材能〉等篇均言明此意。〈體別篇〉云：

> 彊毅之人，狠剛不和，……可以立法，難與入微。柔順之人，緩心
> 寬斷，……可與循常，難與權疑。雄悍之人，氣奮勇決……可以涉
> 難，難與居約。懼慎之人，畏患多忌，……可以保全，難與立節。
> 凌楷之人，秉意勁特，……可以持正，難以附眾。辨博之人，論理
> 贍給，……可與汎序，難與立約。弘普之人，意愛周洽，……可與
> 撫眾，難以屬俗。狷介之人，砭清激濁，……可與守節，難以變通。
> 休動之人，志慕超越，……可以進趨，難與持後。沉靜之人，道思
> 回復，……可與深慮，難與捷速。樸露之人，中疑實陷，……可與
> 立信，難與消息。韜譎之人，原度取容，……可與讚善，難與矯違。

如此品評各類材性之得失，討論捨短用長之道，要不外爲官人用材之所資。故《人物志》於〈體別篇〉後，則次以〈流業〉、〈材能〉、〈利害〉諸篇，特言各等人材見用於政教界，所堪勝任之職責，認爲各等人材皆各有所宜，故互異其品類，因此乃有清節家、法家、術家、國體、器能、臧否、伎倆、智意、驍雄、文章、儒學、口辨諸流業之分。且因所長各別而流業互異，故各類人材之窮達用捨，亦各有其順逆利害。今則綜此三篇之義，列表以觀《人物志》所論用人官人之法的概要：

	流 業	材 能	宜任之職	所行之政	代表人物	為政之得失功弊
1.	清節家	有自任之能——德行高妙，容止可法。	師氏之任	矯直	延陵 晏嬰	宜於統大，以之治小則迂。——其功足以激濁揚清，師範僚友；其爲業也，無弊而常顯，故爲世所貴。
2.	法家	有立法之能——建法立制，彊國富人。	司寇之任	公正	管仲 商鞅	宜於治侈，以之治弊則殘。——其功足以立法成治，其弊也爲群枉之所仇，其爲業也有敝而不常用，故功大而不終。
3.	術家	有計策之能——思通道化，策謀奇妙。	三孤之任	變化	范蠡 張良	宜於治難，以之治平則無奇。——其功足以運籌通變，其退也藏於隱微，故或沉微而不章。
4.	國體	兼有三材，三材皆備——能言能行。	三公之任	誠信	伊尹 呂望	其德足以厲風俗，其法足以正天下，其術足以謀廟勝。
5.	器能	兼有三材，三材皆微。	冢宰之任	辨護	子產 西門豹	其德足以率一國，其法足以正鄉邑，其術足以權事宜。
6.	臧否	有司察糾摘之能——好尚譏訶，但不能弘恕。 爲清節家之流。	師氏之佐	刻削	子夏之徒	宜於糾姦，以之治邊則失眾。

7.	伎倆	有權奇之能——錯意施巧，但不能創思遠圖。 爲法家之流。	司空之任	藝事	張敞 趙廣漢	宜於治富，以之治貧則勞而下困。——其功足以理煩糾裹，其弊也民勞而下困，其爲業也細而不泰，故爲治之末也。
8.	智意	有人事之能——不能創制垂則，而能遭變用權。權智有餘，公正不足。 爲術家之流。	冢宰之佐	諧合	陳平 韓安國	宜於治新，以之治舊則虚。——其功足以讚明計慮，其弊也知進不知退，其爲業也難以持久，故或先利而後害。
9.	驍雄	有威猛之能——膽力絕眾，材略過人。	將帥之任	嚴厲	白起 韓信	宜於討亂，以之治善則暴。
10	文章	有屬文著述之能。	國史之任		司馬遷 班固	
11	儒學	有德教施人以傳聖業之能。	安民之任		毛公 貫公	能傳聖人之學，而不能幹事施政。
12	口辨	有應對資給之能。	行人之任		樂毅 曹邱生	

　　由上表所列之內容，可以看出劉劭的用心。他分析各類人才的專長，論定其名目品類，並言明各家所宜任之官職及所能執行之行政能力，以觀其功弊得失。所以，這個圖表實在可以作爲人君設官分職、任人以材的藍圖。此外，尚有兩點可堪注意：（1）《人物志》言人物流業，概有十二家。其中前八家，皆以三材爲本。所謂三材，指道德、法制及策術而言。其道德高超者謂之清節家，法制公正者謂之法家，策術奇妙者謂之術家，德法術兼備者謂之國體，德法術皆微者謂之器能，略有德行者謂之臧否，略有法制者謂之伎倆，略有策術者謂之智意。依此，法術二者與道德並列，顯見《人物志》頗重名法色彩。故〈接識篇〉亦以論道德、論法制、論策術三者，作爲接物識人的依據。（2）凡此十二家，皆屬人臣之才，而不包含人君在內。因爲人君之能，不在能言或能行，乃在能知人、用人、聽人、或賞罰人，而使眾材各得其所。所以，〈流業篇〉說：「主德者，聰明平淡，總達眾材而不以事自任

者也」，唯其不以事自任，故超乎尋常，能任眾材，而不在十二流業之列。《人物志》別有〈釋爭〉一篇，即專論人君之德者。蓋在劉邵的眼光中，「聰明平淡」、「變化無方」、「無爲而治」的聖人，才是人君的最佳人選。天下誠有此一聰明平淡而不以事自任的聖君出，則必能以人物名實之相符，應官司名分之差別，而如上表所示：眾材各展己長，百官皆當其宜，發揮出行政上的最高效率，這就是劉邵所說的：「主道得而臣道序，官不易方而太平用成」了（〈流業篇〉）。

（2）重殊重內的傾向

依上所述，《人物志》講知人官人之術，概由控名責實的觀點出發，以達成「官不易方而太平用成」爲目的。但是，這並不是說劉邵只對政治上的實用問題發生興趣，而不重視各類人材的內在情性及其特殊價值。我們只消打開〈九徵篇〉，就會發現《人物志》論人的深度，乃是透過一個人的表現及材能，而遠探其內在性情、品格及心質的。《四庫提要》云：

> 其書主於論辨人才，以外見之符驗內藏之器。〔註27〕

「以外見之符驗內藏之器」，就是〈九徵篇〉的要義。所以該篇論人的性情，則有平淡、平陂、明暗、勇怯、彊弱、躁靜、慘懌、衰正、緩急諸名目；論品德，有弘毅、文理、貞固、勇敢、通微諸名目；論心質，有亮直、休決、平理諸名目。從這些名目，就可證明：劉邵寫作《人物志》未必只求實用上的滿足，還對內在於人格本身的性情發生了品鑑上的興趣。這種「重內」的傾向，發展到正始以後，就逐步從人物風格情韻的鑑賞，探索到人物情、理、才、性的內涵或本質了。

《人物志》既有「重內」的傾向，勢必看重每個個人天生的特質；所以他不隨便臧否人物以定高下，也未主張以道德的感化來改變人性，只是強調順著各類材質的特長，成全他在政治上的表現。因爲劉邵認爲：除了聖人特具中庸之德以外，天下沒有十全十美的人；抗者過之，拘者不逮；總是優點所在，而缺點隨之；聰明的執政者或品鑑家只要懂得取長捨短之道就得了。〈體別篇〉就明白表現了這種客觀的品鑑立場：

> 夫中庸之德，其質無名，故鹹而不鹻，淡而不䐹，質而不縵，文而不繢，能威能懷，能辨能訥，變化無方，以達爲節，是以抗者過之，

〔註27〕《四庫全書總目》卷一百十七，〈子部・雜家類〉一，頁18，藝文書局影印本。

而拘者不逮。夫拘抗違中，故善有所章，而理有所失。是故屬直剛
毅，材在矯正，失在激訐；柔順安恕，每在寬容，失在少決；雄悍
傑健，任在膽烈，失在多忌；精良畏慎，善在恭謹，失在多疑；彊
楷堅勁，用在楨幹，失在專固；論辨理繹，能在釋結，失在流宕；
普博周給，弘在覆裕，失在溷濁；清介廉潔，節在儉固，失在拘局；
休動磊落，業在攀躋，失在疏越；沉靜機密，精在玄微，失在遲緩；
樸露徑盡，質在中誠，失在不微；多智韜情，權在謀略，失在依違。

與這段話相類的，還有〈材理篇〉的「情有九偏」。劉卲對各式人物類型的特
徵及其優劣短長敘述得如此詳盡，表示他所注重的，是「人各有長」的特殊
才質，而不是「人皆有之」的普遍性情。這種「重殊」的品鑑立場，與《世
說新語》的〈品藻〉、〈識鑑〉、〈賞譽〉等篇所表現的，實在相當接近。

　　據此可知，《人物志》雖從品類功用的觀點出發，卻有重視才性之美的傾
向。不但〈體別篇〉表達出「善有所章，理有所失」、「美在此，失在彼」的
品鑑態度；〈流業篇〉也依十二種人物類型，舉出值得賞美的各型代表，〈英
雄篇〉及〈釋爭篇〉更標榜出「英雄」和「聖人」這兩類人物型範，凡此均
成爲魏晉名士熱衷談論的項目。因此，我們可以進一步地說：《人物志》是由
漢代月旦人物的實用精神，發展到魏晉唯美之風興起的中間期作品；也是人
倫品鑑從實質轉向空靈，從評議才能高下走向鑑賞情性風格的過渡。

（二）明膽論

　　有關品鑑方法的學理式研究，自劉卲的《人物志》之後，隨著評論古今
人物優劣的風習，也逐漸在清談界引起了名士們的興趣。嵇康與呂子的互辯
「明膽」之論（案：呂子或係呂安〔註28〕），即是一例。《嵇康集》中曾實錄
兩人對難的內容：

　　△有呂子者，精義味道，研覈是非，以爲人有膽可樂明，有明便有
　　　膽矣。嵇康以爲明膽殊用，不能相生。

　　△論曰：「夫元氣陶鑠，眾生稟焉。賦受有多少，故才性有昏明。唯
　　　至人特鍾純美，兼周內外，無不畢備。降此已往，蓋闕如也。或明
　　　於見物，或勇於決斷，人情貪廉，各有所止，譬諸草木，區以別矣。

〔註28〕《世說新語‧簡傲》第四條載：「嵇康與呂安善，每一相思，千里命駕。」可
　　　見嵇呂之間定有書札往返或清談聚集。嵇康〈明膽論〉中的「呂子」，或即呂
　　　安。

兼之者博於物，偏受者守其分，故吾謂明膽異氣，不能相生。明以
見物，膽以決斷；專明無膽，則雖見不斷；專膽無明，違理失機。
故子家軟弱，陷於弒君；左師不斷，見逼華臣；皆智及之，而決不
行也。此理坦然，非無疑滯，故略舉一隅，想不重疑。」

△「敬覽來論，可謂海亦不加者矣。析理貴約而近情，何尚浮穢而
迂誕哉！今子之論，乃引渾元以爲喻，何遼遼而坦謾也！故直答
以人事之切要焉。漢之賈生，陳切直之策，奮危言之至，行之無
疑，明所察也；忌鵩作賦，暗所惑也。一人之膽，豈有盈縮乎？
蓋見與不見，故行之有果否也。子家、左師，皆愚惑淺弊，明不
徹達，故惑於曖昧，終於禍害，豈明見照察而膽不斷乎？！故霍
光懷沈勇之氣，履上將之任，戰乎王賀之事。延年文生，夙無武
稱，陳義奮辭，膽氣凌雲，斯其驗歟！及於期授首，陵母伏劍，
明果之儔，若此萬端，欲詳而載之，不可勝言也。況有睹夷塗而
不敢投足，偕雲路而疑於迄泰清者乎！若思弊之倫爲能自託幽昧
之中，棄身陷井之間，如盜跖竄身於虎吻，穿窬先首於溝瀆，而
暴虎憑河，愚敢之類，則能有之。是以余謂明無膽無，膽能偏守，
易了之理，不在多喻，故不遠引繁言，若未返三隅，猶復有疑，
思承後誨，得一騁辭。」

△「夫論理情性，析引異同，固尋所受之終始，推氣分之所由，順
端極末，乃不悖耳。今子欲棄置渾元，捃摭所見，此爲好理綱目，
而惡持綱領也。本論二氣不同，明不生膽。欲極論之，當令一人
播無刺諷之膽，而有見事之明，故當有不果之害，非中人血氣無
之，而復資之以明，二氣存一體，則明能運膽，賈誼是也。賈誼
明膽，自足相經。故能濟事，誰言殊無膽獨任明以行事者乎！子
獨自作此言以合其論也。忌鵩闇惑，明所不周，何害於膽乎？明
既以見物，膽能行之耳。明所不見，膽當何斷？進退相扶，可謂
盈縮。就如此言，賈生陳策，明所見也；忌鵩作賦，闇所惑也。
爾爲明徹於前，而闇惑於後，有盈縮也。苟明有進退，膽亦何爲
不可偏乎？子然霍光有沈勇，而戰於廢王，有所撓也。而子言一
人膽豈有盈縮，此則是也。賈生闇鵩，明有所塞也；光懼廢立，
勇有所撓也。夫唯至能無所虧耳。苟自非若此，誰無弊損乎！但

當總有無之大略而致論之耳。夫物以實見爲主，延年奮發，勇義
淩雲，此則膽也；而云夙無武稱，此爲信宿稱，而疑成事也。延
年處義，明所見也；壯氣騰屬，勇之決也；此足以觀矣。子又曰，
言明無膽無，膽能偏守。案子之言，此則有專膽之人，亦爲膽特
自一氣矣。五才存體，各有所生，明以陽曜，膽以陰凝，豈可爲
有陽而生陰可無陽邪？雖相須以合德，要自異氣也。凡餘雜說，
於期、陵母、暴虎云云，萬言致一，欲以何明邪？幸更詳思，不
爲辭費而已矣。」〔註29〕

爲便於分析計，今將上文分爲四段：第一段有如序論，總述嵇、呂二說之要義；
第二段自「論曰」以下，乃嵇難呂論；第三段自「敬覽來論」以下，由文意觀
之，則爲呂答嵇難；第四段自「夫論理情性」以下，則又嵇氏重答呂難之言。
雙方交相駁難，一往一返，若非清談實況之記載，也必是書札互難之輯錄。第
一段首標兩人立論之大別處：呂氏以爲「有膽可樂明，有明便有膽」，蓋主明膽
相生之說；嵇氏則以爲「明膽殊用，不能相生。」可見兩人爭辯的重心乃在「明
膽是否相生」的問題上。所謂明，乃指見識；所謂膽，乃指決斷。二者之間的
關係究竟如何？嵇、呂各發己見，遍引史證，所舉之要例有三：一是子家之例，
一是賈誼之例，一是霍光、田延年之例。

（1）子家例

《春秋·左傳》宣公四年載：「（鄭靈公元年），楚人獻黿於鄭靈公，公
子宋（即子公）與子家（即公子歸生）將見，子公之食指動，以示子家曰：
『他日我如此，必嘗異味。』及入，宰夫將解黿，相視而笑。公問之，子家
以告。及食大夫黿，召子公而弗與也。子公怒，染指於鼎，嘗之而出。公怒，
欲殺子公。子公與子家謀先。子家曰：『畜老猶憚殺之，而況君乎？』反譖
子家，子家懼而從之。夏，弒靈公。書曰：『鄭公子歸生弒其君夷。』權不
足也。」此載子家與子公謀弒鄭靈公夷之始末，可知子家原無弒君之心，且
曾勸子公以弒君之非；唯因子公之譖謗，終無道德勇氣而懼從之。孔子責以
春秋大義，故書云『鄭公子歸生弒其君。』此事據嵇氏看，即是「智及之，
而決不行」（有明無膽）之證。但據呂氏看，則是「明不徹達，故惑於曖昧」
（無明乃無膽）之證。

〔註29〕見《嵇康集·明膽論》，魯迅輯校，香港：中華書局，1974年初版。

（2）賈誼例

賈誼乃漢文帝朝之洛陽才子，據《史記》卷八十四及《漢書》卷四十八本傳所載，他二十餘歲爲太中大夫時，即嶄然見頭角，上疏「改正朔、易服色制度、定官名、典禮樂」，且「草具其儀法」，可謂既有見識，又有氣魄者。後因朝廷諸老讒害之，貶爲長沙王太傅。在其爲傅之時，據載：「有鴞飛入賈生舍，止於坐隅，楚人命鴞曰服（即今字鵬），賈生既以謫居長沙，長沙卑溼，自以爲壽不得長，傷悼之，乃爲賦以自廣。」則當時因見鵬鳥而心忌傷悼，其膽力見識顯然大異先前。呂氏認爲賈誼所以果行於前而膽怯於後，蓋有見於先而無見於後之故，足證「明」「膽」二氣實是齊消齊長的。但嵇氏則認爲見識有明惑之時，膽氣亦有盈縮之狀，「明」「膽」雖有「相須以合德」之情狀，唯要自「異氣」也。故賈誼所以明膽兼備於前，卻又明膽俱失於後，只是「二氣存一體，明能運膽」之理，卻不可據以論斷「明膽相生」。

（3）霍光、田延年例

霍光受命輔佐漢昭帝，公忠謀國。元平元年，昭帝崩，諸臣迎立昌邑王賀。但賀一即位，即行淫亂，霍光深覺憂慮，乃商諸所親故吏大司農田延年。延年大膽直言：「將軍爲國柱石，審此人不可，何不建白太后，更選賢而立之？」又曰：「將軍若能行此，亦漢之伊尹也。」故霍光經其再三鼓勵，才敢謀合眾臣，齊廢王賀，另立漢宣。此事具載《漢書》卷六十八〈霍光傳〉。依呂氏之見，霍光雖履上將之任，卻懼於廢王之事；延年雖一介文生，卻陳義奮辭，膽氣凌雲；可見二人之「膽」，俱生於「明」與「不明」而已。但依嵇氏所見，霍光所以害怕廢立，只因「勇有所撓」；延年處議騰厲，只因「勇之決也」；可見「膽」亦能「自持一氣」，未必定與「明」相生相長。

綜上三例，呂言明膽同氣相生，嵇言明膽異氣殊用。故呂氏認爲有膽必有明，有明必有膽，斷無有膽無明或有明無膽之理；而嵇氏則認爲除至人明膽畢備之外，常人或明於見物，或勇於決斷，總是各有偏受，唯明膽二者有時亦可相須爲用耳。——嵇、呂如此互難，所舉例證又上自先秦之子家、左師、於期、陵母，下迄漢朝之賈誼、霍光、田延年；誠可謂持之有故，言之成理，不愧爲清談人物名理之一範例。

（三）才性四本論

「才性四本」，眾所週知，也是清談人物名理的一大主題，討論的重心幾

乎專就人物的「才」與「性」的關係而發。《三國志・魏書》卷二十一〈傅嘏傳〉說：

> 嘏常論「才性同異」，鍾會集而論之。

《世說新語・文學》第五條稱鍾會云：

> 鍾會撰《四本論》始畢，甚欲使嵇公一見。

第三十四及五十一條稱殷中軍（名浩，字淵源）云：

> 殷中軍雖思慮通長，然於才性偏精；忽言及「四本」，便若湯池鐵城，無可攻之勢。（第三十四條）

> 支道林、殷淵源俱在相王（即日後之東晉簡文帝司馬昱）許。相王謂二人：「可試一交言；而才性殆是淵源崤函之固，君其慎焉！」支初作，改轍遠之；數四交，不覺入其玄中。相王撫肩笑曰：「此自是其勝場，安可爭鋒！」（第五十一條）

第六十條稱殷仲堪云：

> 殷仲堪精覈玄論，人謂莫不研究，殷乃歎曰：「使我解『四本』，談不翅爾。」

又《晉書》卷四十九〈阮裕傳〉稱阮裕與謝萬，云：

> 裕雖不博學，論難甚精，嘗問謝萬云：「未見《四本論》，君試爲言之。」萬敍說既畢，裕以傅嘏爲長，於是構辭數百言，精義入微，聞者皆嗟味之。

由此諸例，可知「才性四本」在魏晉乃是極重要，也較艱深的論題。通之者，如傅嘏、鍾會、殷浩、謝萬等，每被推爲談界翹楚；不通者，如殷仲堪、阮裕等，則自引爲憾而企羨知之。故時至南朝，談者仍夥，《南齊書》卷三十三〈王僧虔傳〉引其《誡子書》云：「才性四本、聲無哀樂，皆言家口實，如客至之有設也。」而《南史》卷七十五〈隱逸・顧歡傳〉亦載：「會稽孔珪嘗登嶺尋歡，共談『四本』，歡曰：『蘭石（傅嘏）危而密，宣國（李豐）安而疏，士季（鍾會）似而非，公深（王廣）謬而是。』」則「才性四本」無疑爲流行極久的一大談題。

然而，有關此論之詳細內容，已不復可見。據〈文學篇〉第五條注引《魏志》之文，稍能知其綱要：

> （鍾）會論才性同異傳於世。四本者，言才性同、才性異、才性合、才性離也。尚書傅嘏論同，中書令李豐論異，侍郎鍾會論合，屯騎

校尉王廣論離。

是所謂才性四本者，概指才性同、異、離、合四說。然欲辨知「才」、「性」之別，及「同」、「異」、「離」、「合」四說之異，實難就此尋其蛛絲馬跡。唯袁準有一篇〈才性論〉的文章，見於《藝文類聚》卷二十一，實可備作參考：

> 凡萬物之生於天地之間，有美有惡。物何故美？清氣之所生也。物何故惡？濁氣之所施也。……曲直者，木之性也；曲者中鉤，直者中繩，輪楩之材也。賢不肖者，人之性也；賢者爲師，不肖者爲資，師資之材也。然則性言其質，才名其用明矣！

就此，袁準視賢愚美惡爲人之「本性」，視「才」爲本性表現於外之作用。賢者之性役人，故可爲師；愚者之性役於人，故僅爲賢。性是指「質」而言，才是指「用」而言，質用互爲表裡，則「性」、「才」二者應可共濟同合，不能絕然離異。此說與盧毓所謂「才所以爲善也，故大才成大善，小才成小善。」〔註30〕似皆「才性同」或「才性合」說之例。

　　至若「才性離」或「才性異」之說，或可從曹操所頒佈的〈求賢才令〉中探知消息。茲就《三國志・魏書》卷一〈武帝紀〉中簡錄相關者數條：

> △建安八年注引《魏書》庚申令云：「治平尚德行，有事賞功能。」
>
> △建安十五年令：「今天下尚未定，此特求賢之急時也。……若必廉士而後可用，則齊桓其何以霸世？……二三子其佐我明揚仄陋，唯才是舉。」
>
> △十九年十二月令：「夫有行之士未必能進取，進取之士未必能有行也。……由此言之，士有偏短，庸可廢乎？」
>
> △二十二年注引《魏書》八月令：「若文俗之吏，高才異質，或堪爲將守；負汙辱之名，見笑之行，或不仁不孝而有治國用兵之術；其各舉所知，勿有所遺。」

此處，雖未明言「才」、「性」之別，但就文意觀之，則似以仁孝諸德行釋「性」，而以治國用兵之術釋「才」。並認爲有仁、有孝、有行者，未必能進取；而不仁、不孝、無行者，或有治國用兵之術。——這種論調，顯然有「才性離」或「才性異」說之傾向，故主「才」與「性」有別，且未必互爲表裡。

　　案：「才性同」與「才性合」二派相近，主張體用應可合同共濟；而「才

〔註30〕《三國志・魏書》卷二十二〈盧毓傳〉。

性離」與「才性異」二派亦相近，認爲內外未必絕然一致。故四派實即兩派，只不過同中有異，異中有同而已；猶如杯子與杯蓋可「合」而未必「同」，手足各「異」其用而未必「離」乎身。才性同異離合之辨，或亦如此。

　　近人研究「才性四本」說者漸多，較著者有陳寅恪先生的〈書世說新語文學類鍾會撰四本論始畢條後〉及唐長孺先生的〈魏晉才性論的政治意義〉二文。他們認爲「四本論」所以成爲魏初傅、李、鍾、王等人的談辯重心，乃與實際的選舉制度有關。因爲東漢之察舉，一爲孝廉，一爲秀才，前者重操行（性），後者重才能（才），在東漢名教之治猶具權威時，才與性的關係尚能一致；唯時日一久，飾僞萌生，名不符實或有才無行，有行無才的情況乃日趨嚴重。靈帝中平之後，「用才」或「用德」之論自成政治選舉上的切身問題。故至曹操頒布重「才術」不重「德性」的求賢令後，「才性離」或「才性異」之說便倡導開來，以與保守派的「才性合」或「才性同」說相抗，而成談界激烈討論的課題。因此，此題的產生，實與政治舉措有關，尤其是與曹操的「唯才是舉令」有關；可見它原本不是空談，而是從實際政治出發，又歸宿到實際政治的命題。〔註31〕

　　陳、唐二氏從政治的立場解說「四本論」的產生，固具卓見，但若就談辯史的演變來看，「四本論」的發生亦如「明膽論」的發生，乃是品鑑之風的自然發展。蓋由東漢品藻人倫之重實才、實德、實功，至魏晉之重人物情韻風格；品鑑方法即由臧否高下走向名理玄虛，則「見識與膽氣」的關係或「才能與性行」的關係，自然成爲審定人物風格的切要問題了。再說，此一問題既然離實就虛的味道那麼重，則騁辭駁辯的情況也就容易達到高潮。尤當東晉以還，清談既成逞才炫博之資，「才性四本」之論則更成爲談座必設之口實哩！

第三節　以政事爲主的談題

　　因爲清談論辯是魏晉時代極爲風行的時尚，而參與談辯者又多是身懷國責重任的士族大臣，因此有關國家政務的一些策略，朝廷召議或群臣互商，而以清談論難的方式來進行洽議者，亦非罕事。譬如《晉書》卷三十五〈裴

〔註31〕陳文見《陳寅恪先生論文集（下）》（九思出版社印行，1977 年），頁 1299～1305。

　　　唐文見《魏晉南北朝史論叢》（中研院傅斯年圖書館藏本，1955 年），頁 298～310。

楷傳〉載：

> 平吳之後，帝方修太平之化，每延公卿與論政道，（裴）楷陳三五之
> 風，次叙漢魏盛衰之迹。帝稱善，坐者歎服焉。

此乃西晉武帝時，朝廷召議公卿共論政道之例。而《晉書》卷四十三〈王澄
傳〉載：

> 惠帝末，衍（王衍）白越（東海王）以澄（王澄）爲荊州刺史持節
> 都督，領南蠻校尉，敦（王敦）爲青州。衍因問以方略，敦曰：「當
> 臨事制度不可豫論。」澄辭義鋒出，算略無方，一坐嗟服。

此則西晉惠帝末，王衍與王澄、王敦互商方略之例。他如《晉書》卷六十五
〈王導傳〉載：

> 晉國既建，以導爲丞相軍諮祭酒。桓彝初過江，見朝廷微弱，謂周
> 顗曰：「我以中州多故，來此欲求全活，而寡弱如此，將何以濟？」
> 憂懼不樂，往見導，極談世事。還謂顗曰：「向見管夷吾，無復憂矣！」
> 過江人士每至暇日，相邀出新亭飲宴，周顗中坐而歎曰：「風景不殊，
> 舉目有江河之異。」皆相視流涕。惟導愀然變色曰：「當共戮力王室，
> 克復神州，何至作楚囚相對泣邪？」眾收淚而謝之。

《晉書》卷六十七〈溫嶠傳〉亦同載此事：

> 王導、周顗、謝琨、庾亮、桓彝等並與（溫嶠）親善。于時江左草
> 創，綱維未舉，嶠殊以爲憂。及見王導，共談歡然，曰「江左自有
> 管夷吾，吾復何慮！」

世皆知王導、庾亮爲東晉過江後之玄談領袖，殊不知其新亭飲宴、平日共談，
又何嘗忘懷國政？又何嘗不極談世事？

恒溫乃東晉北伐名將。永和二年（西元三四六年）伐蜀成功後，亦與諸
參僚共叙古今成敗存亡之由。《世說新語·豪爽》第八條載：

> 桓宣武（溫）平蜀，集參僚置酒於李勢殿，巴蜀縉紳莫不悉萃。桓
> 既素有雄情爽氣，加爾日音調英發，叙古今成敗由人，存亡繫才，
> 奇拔磊落，一坐讚賞不暇。坐既散，諸人追味餘言，于時尋陽周馥
> 曰：「恨卿輩不見王大將軍！」

所謂「音調英發」、「奇拔磊落，一坐讚賞不暇」者，豈非顯見清談論辯之奇
趣與氣氛嗎？據此可知，共論政道、極談世事、互商方略，乃是談座中常有
的事。據考，當時所談的世事要略，蓋以考課、肉刑、兵事三者爲要。茲舉

證簡述如下：

一、考課論

　　考課是與選舉或考覈人才有關的一種課題，其與上節所述的「人物論」頗有不同：人物論蓋以品鑑古今人物優劣風格爲主，故是談士們互逞史觀史識而趣味性較濃的論談；考課論則與實際政治具有比較直接的關聯，故無趣味性可言。當時在這一方面的論辯，概以「九品中正制」的實存價值作爲討論重心。

　　因東漢建安以後，天下興兵，三國鼎立，衣冠士族多離本土；欲徵源流，嚴行察舉，已不甚可能。故延康元年（當年十月起即魏文帝黃初元年），吏部尙書陳群乃倡立「九品官人」之法。其制於州郡縣皆置大小中正，選擇諸府公卿及台省郎吏中德高才盛者爲之。區別所管人物，品第高下，定爲九等。其言行著名者則升進之，或以五升四，以六升五；儻或德行有虧，則降下之，或自五退六，自六退七。可以說「中正」既管選拔，又管銓敍；於是吏部審覈人才的權力便幾乎轉移到中正官的身上去了。自魏明帝太和之後，俗用浮靡，遞相標目，各地中正兼採浮華虛譽，而少取決於功績，其弊端乃被吏部尙書盧毓提出來檢討。他說：「古者敷奏以言，明試以功；今考績之法久廢，而毀稱相進退；故眞僞混雜也。」〔註32〕明帝遂詔散騎常侍劉劭作「都官考課」之法，以考覈百官，制下三府百僚，而當時駁難者甚多，據《三國志‧魏書》卷二十一及卷二十四載：

　　　　△黃初中，……時散騎常侍劉劭作考課法，事下三府。嘏難劭，論曰：「……案劭考課論，雖欲尋前代黜陟之文，然其制度略以闕亡。……以古施今，事雜義殊，難得而通也。……夫建官均職，清理民物，所以立本也；循名考實，糾勵成規，所以治末也。本綱末舉而造制未呈，國略不崇而考課是先，懼不足以料賢愚之分，精幽明之理也。……案品狀則實才未必當，任薄伐則德行未爲敍，如此則殿最之課，未盡人才。述綜王度，敷贊國式，體深義廣，難得而詳也。」（卷二十一〈傅嘏傳〉）

　　　　△散騎常侍劉劭作考課法，制下百僚，林（崔林）議曰：「……五帝三王未必如一，而各以治亂，《易》曰『易簡而天下之理得矣。』太祖隨宜設辟，以遺來今，不患不法古也。以爲今之制度，不爲

疏闊，惟在守一勿失而已。」（卷二十四〈崔林傳〉）

依上文看，劉劭的考課論蓋以恢復前代的黜陟法為主，故傅嘏難以「古制難通」；崔林則舉「易簡」之理，謂「守一勿失」（把握原則）為上策。他們之間的論難，實可代表魏朝初年（黃初中）有關「考課法」的談辯。至魏齊王芳嘉平元年，曹爽既誅，司馬懿秉政，詳求理本，夏侯玄又重評此事云：

△「夫官人用才，國之柄也。故銓衡專於台閣，上之分也；孝行存
乎閭巷，優劣任之鄉人，下之敘也。……奚必使中正干銓衡之機
於下，而執機柄者有所委仗於上，上下交侵，以生紛錯哉？……
豈若使各帥其分，官長則各以其屬能否獻之台閣，台閣則據官長
能否之第，參以鄉閭德行之次，擬其倫比，勿使偏頗。中正則考
其行迹，別其高下，審定輩類，勿使升降。台閣總之，如其所簡，
或有參錯，則其責負自在有司。」〔註33〕

夏侯玄的議論本乎東漢的察舉制。他認為大小中正只要負責考察人物的行迹，以定其高下即可；至於銓敘上的升遷陟黜，則當委之眾職所屬之官長，使官長各以其屬之能否獻之台閣（吏部），而由吏部作最後的銓敘。這一種說法，應是針對當時九品中正制的流弊而發的。杜恕也有類同之論，見於《三國志・魏書》卷十六〈杜恕傳〉。

當時談論考課法流弊者甚多，因司馬氏正思謀篡竊，自然遜謝未納。到晉朝以後，九品官人制行之既久，大小中正「但能知其閥閱（門第），非復辨其賢愚」的情形也就愈趨嚴重，其品第人物高下幾乎全以意定。凡是衣冠士族，無不可達二品；自此以下，遂成卑寒。所以傅玄、皇甫謐、劉毅、衞瓘、李重、劉寔、段灼、陳頵諸人皆力斥其弊，此在《晉書》諸家本傳及《通典》卷十四，皆有詳載。

考課之論，不僅朝廷論政時，臣屬以義正辭嚴的態度提出研議；即或私下聚集，而以「考課制」為談題者亦復不少。例如《晉書》卷六十二〈祖納傳〉即載：

納（祖納）嘗問梅陶曰：「君鄉里立月旦評何如？」陶曰：「善褒惡
貶，則佳法也。」納曰：「未益。」時王隱在坐，因曰：「《尚書》稱
『三載考績；三考，黜陟幽明。』何得一月便行褒貶？」陶曰：「此
官法也。月旦，私法也。」隱曰：「《易》稱『積善之家必有餘慶，

〔註33〕《三國志・魏書》卷九〈夏侯玄傳〉。

積不善之家必有餘殃。』稱家者，豈不是官必須積久，善惡乃著，
公私何異？古人有言『貞良而亡，先人之殃；酷烈而存，先人之勳。』
累世乃著，豈但一月？若必月旦，則顏回食埃，不免貪污；盜跖引
少，則為清廉；朝種暮穫，善惡未定矣。」時梅陶及鍾雅數說餘事，
納輒困之。因曰：「君汝潁人士，利如錐；我幽冀之士，鈍如槌。持
我鈍槌，捶君利錐，皆當摧矣。」陶、雅並稱「有神錐，不可得槌」。
納曰：「假有神錐，必有神槌。」雅無以對。

此即祖納、梅陶、王隱、鍾雅數人經由談辯「月旦人物」之法，而漸論及「汝
潁人士與幽冀人士之優劣短長」。案《晉書・祖納傳》云：「納最有操行，能
清言。……既閑居，但清談披閱文史而已。」可見考課論壇，當為祖納同夥
友人的清談論題之一。

二、肉刑論

　　肉刑論是當時刑政課題上爭議最激烈的一個主題，茲羅列參與此論之重
要人物如下：

魏：

　　△孔融「反肉刑論」（《御覽》卷三百五十六、《通典》卷一百六十八）

　　△魏武帝「復肉刑令」（《三國志・魏書》卷二十二〈陳群傳〉、《全三國
　　　文》卷二）

　　△陳群「復肉刑論」（同上）

　　△鍾繇「復肉刑論」（《三國志・魏書》卷十三〈鍾繇傳〉）

　　△魏文帝「議輕刑詔」（《三國志・魏書》卷二〈文帝紀〉注引《魏書》）

　　△魏明帝「議服肉刑詔」（《三國志・魏書》卷十三〈鍾繇傳〉）

　　△王朗「反肉刑論」（同上）

　　△袁宏「反肉刑論」（同上，注引袁宏語）

　　△李勝「難夏侯玄肉刑論」（《通典》卷一百六十八）

　　△夏侯玄「反肉刑論」（同上）

　　△曹羲「肉刑論」（《類聚》卷五十四）

　　△曹參「復肉刑論」（《御覽》卷六百四十八引王隱《晉書》）

　　△劉廙「難丁廙」「答丁儀刑禮書」（《全三國文》卷三十四、頁四）

　　△丁謐「反肉刑論」（《通典》卷一百六十八）

晉：

　　△劉頌「復肉刑論」(《晉書》刑法志、《通典》卷一百六十八)

　　△裴頠「陳刑法過當表」(《晉書》刑法志、《通典》一百六十八)

　　　　「上言刑法」(《群書志要》卷二十九引《晉書》刑法志)

　　△曹志「肉刑議」(《藝文類聚》卷五十四)

　　△傅玄「問刑」(復肉刑論)(《群書志要》卷二十九)

　　△汝南王司馬亮「奏議刑法」(《晉書》刑法志)

　　△衞展「復肉刑論」(《晉書》刑法志、《通典》卷一百六十八)

　　△王導「復肉刑論」(同上)

　　△刁協「肉刑論」(同上)

　　△周顗「復肉刑論」(同上)

　　△王沈「刑禮論」(《藝文類聚》卷五十四)

　　△桓玄「復肉刑論」(《通典》卷一百六十八)

　　△蔡廓「肉刑論」(同上)

　　△孔琳「反肉刑論」(同上)

肉刑是古代酷刑之一，《書》云：「惟敬五刑，以成三德。」《易》著劓、刖、滅趾之法。此蓋依罪犯之犯罪類型及其情節輕重，施以殘截身體之刑。其中包括去其鼻、臏其腳、滅其趾、去其勢，或黥其面……等。此法自漢文帝十三年下廢除令時即擬易之以鞭笞。唯至漢魏之交，天下紛擾，姦淫偷盜者日甚，漢代刑法實不足以懲罪，於是名儒大才如崔寔、鄭玄、陳紀等，乃主張再恢復肉刑之制。及曹操下令，荀彧博訪百官，孔融首發反辯，均認為不宜復肉刑，於是乃未改制。但當魏武一秉漢政，即又下令欲復肉刑，御史中丞陳群、相國鍾繇皆表贊成，唯王朗等則持相反意見，於是「復肉刑」之事便又再度作罷。至魏齊王芳正始中，征西將軍夏侯玄、河南尹李勝、以及丁謐等人又再爭辯此事，李勝贊同之，夏侯玄則反對之。直到晉朝，此一爭論仍是不止，西晉武帝時廷尉劉頌即有「復肉刑」之議。東晉元帝時，衞展、王導等主張復刑，周顗反之，刁協則採折衷意見云：「行刑之時，先明申法令，樂刑者刖，甘死者殺，則心服矣！」安帝元興末，桓玄輔政，又議欲復肉刑、斬左右趾之法，然蔡廓、孔琳皆持相反論調，故仍不行其制。〔註34〕

_____

〔註34〕有關魏晉「復肉刑論」之爭議，《通典》卷一百六十八，載述最為詳明扼要。本段蓋據之立論。

綜此可知，「肉刑」之論實是由魏至晉紛爭不休的一個重要課題。據《晉書‧刑法志》及《通典》卷一百六十八所載，當時兩派互逞口舌、破敵立己之盛況，實爲歷代罕見。茲舉正始中李勝與夏侯玄兩人的論難爲例，以觀其盛：

△至齊王芳正始中，征西將軍夏侯玄、何南尹李勝又議肉刑，竟不能決。夏侯太初（玄）著論曰：「……必以肉刑施之，是仁於當殺而忍斷割，懼於易死而安於爲暴，哀泣奚由而息，堂上焉得泰邪？……」又曰：「苟子之不欲，雖賞之不竊，何用斷截乎？」下愚不移，以惡自終，所謂窮妖也。若饑寒流溝壑，雖大辟不能制也，而況肉刑哉？赭衣滿道，有鼻者醜，終無益矣！

△李勝曰：「且肉刑之作，乃自上古。《書》載五刑有服，又曰『天討有罪，而五刑五用哉！』割劓之屬也。《周官》之制亦著五刑。歷三代，經至治，周公行之，孔子不議也。今諸議者惟以斷截爲虐，豈不輕於死亡邪？云『妖逆是窮，以除大災』，此明主治世之不能無也。夫殺之與刑，皆非天地自然之理，不得已而用之也。傷人者不改，則刖劓何以改之？何爲疾其不改，便當陷之於死地乎？妖逆者懲之而已，豈必除之邪？刑一人而戒千萬人，何取一人之能改哉？盜斷其足，淫而宮之，雖欲不改，復安所施？而全其命，懲其心，何傷於大德？今有弱子，罪當大辟，問其慈父，必請其肉刑代之矣！慈父猶施之於弱子，況君加之百姓哉？且蝮蛇螫手，則壯士斷其腕；系蹄在足，則猛獸絕其踽；蓋毀支而全生也。夫一人哀泣，一堂爲之不樂，此言殺戮者之不當也，何事於肉刑之閒哉？赭衣滿道，有鼻者醜。此時也，長城之役，死者相繼；六經之儒，填谷滿坑；何恤於鼻之好醜乎？此吾子故猶哀刑而不悼死也。」

△夏侯答曰：「聖賢之治世也，能使民遷善而自新，故《易》曰『小懲而大戒』。陷夫死者，不戒者也。能懲戒，則無刻截；刻截則不得反善矣！」

△李又曰：「《易》曰『屨校滅趾無咎』，仲尼解曰『小懲而大戒』，此小人之福也。滅趾謂去足，爲小人懲明矣！」

△夏侯答曰：「暴之取死，此自然也。傷人不改，縱暴滋多，殺之可也。傷人而能改悔，則豈須肉刑而後止哉？殺人以除暴，自然理也；斷截之政，末流之所云耳。孔少府曰『殺人無所，斫人有小瘡，故刖趾不可以報施，而髡不足以償傷。』傷人一寸，而斷其支體，為罰已重，不厭眾心也。」

△李又曰：「暴之取死，亦有由來，非自然也。傷人不改，亦治道未洽，而輕刑不足以大戒。若刑之與殺，俱非自然，而刑輕於殺，何云殘酷哉？夫刖趾不可報尸，誠然。髡輸固不足以償傷。傷人一寸，而斷其支體，為罪已重。夷人之面，截其手足，其以髡輸償之，不亦輕乎？但慮其重，不惟其輕，不其偏哉？孔氏之論，恐未足為雅論也。」〔註35〕

夏侯玄蓋本仁者之懷，不忍刻截之刑奪人自新之意，故力反肉刑。李勝則以刑輕不足以戒人，且肉刑乃三代古制，故力主復刑。雙方脣槍舌劍，可謂不相上下。《通典》於上述引文之末，附加注云：「凡往復十六，文多不載。」據此，夏侯玄與李勝共論「肉刑」，所以能往返對難十六回合而不倦怠者，難道不是清談精神的充分表現嗎？

由於肉刑起廢之事，在朝廷掀起了軒然大波，名士們私下關心此題者也就不再掩口不言了。故亦有因肉刑之辯而引發相關人物之品鑑者。譬如《御覽》卷六百四十八引王隱《晉書》即載：

尚書梅陶問先祿大夫祖納：「漢文帝故當為英雄？既除肉刑，而五六百歲無能復者。」納答曰：「諸聖制肉刑，而漢文擅除已來，無勝漢文帝者，故不能復。非聖人者無法，何足為英雄？」於是陶不能對。

此載梅陶與祖納互辯「漢文除肉刑，是否配稱英雄？」可以說是因「肉刑論」而起的附帶談題。

三、兵事論

在「考課」與「刑法」問題之外，與國家存亡關係最大者，莫過於軍事問題。其因此題互發己見，以致產生攻辯論難之情況者，亦不在少。例如《晉書》卷四十二〈唐彬傳〉載：

（唐彬）初為郡門下掾，轉主簿。刺史王沈集諸參佐，盛論「距吳

〔註35〕見《通典》卷一百六十八，刑六。

> 之策」，以問九郡吏。彬與譙郡主簿張惲俱陳吳有可兼之勢。沈善
> 其對，又使彬難，言吳未可伐者，而辭理皆屈。

案：王沈在晉初，不過一員刺史，伐吳之權並不取決於他。故其召集諸參佐，盛論「距吳之策」，可以說是一種「藉題逞辯」的聚會。起先，唐彬與張惲原皆認為「吳有可兼之勢」。王沈善其談論口才，乃令唐彬改變立場，反過來主張「吳未可伐」。以與張惲互難，甚至談到「辭理俱屈」而後已。顯然這是清談「兵事」之一實例。

《晉書》卷四十三〈山濤傳〉亦載：

> 吳平之後〔註36〕，帝詔天下罷軍役，示海內大安，州郡悉去兵，大郡置武吏百人，小郡五十人。帝嘗講武于宣武場，濤（山濤）時有疾，詔乘步輦從，因與盧欽論用兵之本，以為不宜去州郡武備，其論甚精。于時咸以濤不學孫吳，而闇與之合，帝稱之曰『天下名言也』，而不能用。

案：《世說新語‧識鑒》第四條，及注引〈竹林七賢傳〉並〈名士論〉，皆同載此事，文字大同小異。此即西晉武帝親臨宣武場所主持的談座。由所述山濤與盧欽互論「用兵之本」的情況看，亦係當時清辯兵事之另一實例。

　　此類談「兵事」之例，見諸記載者仍多。如《御覽》卷四百四十五引《魏志》即載：魏文帝問賈翊以「一天下，吳蜀何先？」《晉書》卷八十〈王羲之傳〉又載：王羲之與會稽王司馬昱言「陳浩不宜北伐。」同書卷八十五〈何無忌傳〉亦載：劉毅與何無忌互談「桓玄能否興復中原？」一問一答，皆頗精彩。

　　與政事有關的談題，除上述「考課論」、「肉刑論」、「兵事論」三類外，「禮論」已見第三章第三節述析；「箴俗」之論，有一部分是針對九品中正制所帶下的交遊浮華之習而發，前文論考課時已大致提及；另有一部分則是針對慕《老》崇《莊》之徒的虛無放曠之風而發，除第一章第二節所述者外，如韓伯的〈辯謙論〉，裴頠的〈崇有論〉、〈貴無論〉，王坦之的〈釋莊論〉等，因與《莊》、《老》之學關係較大，故於下章論列。

〔註36〕《晉書》卷四十三〈山濤傳〉，吳士鑑斠注云：「案武帝紀云：帝臨宣武觀大閱事，在咸寧三年，尚在平吳之前，〈七賢論〉誤謂吳既平也。盧欽卒於咸寧四年，亦不逮平吳之後。」故〈山濤傳〉述濤與盧欽論「用兵之本」，謂在「吳平之後」，當亦有誤。

第五章　子學上的談題

第一節　引言——老莊學的勃興

　　黃老思想在漢初是當政派的思想，唯自漢武獨尊儒術之後，黃老思想也不免被黜，而成爲學術上的一道伏流。但私慕之或研究之者並未中竭，例如武帝時，楊王孫即學黃老之術，死而求能裸葬，以返其眞〔註1〕；淮南王劉安亦著〈原道訓〉、〈道應訓〉，雜引《老子》之文以爲解說〔註2〕；稍後，鄰氏、傅氏、徐氏、劉向、毋丘望之、嚴君平等，亦皆以注《老》、《莊》成家（特別是《老子》）〔註3〕嚴君平甚至私下授徒，例如成、哀、平年間的大學者揚雄，即是他的學生〔註4〕。可見道家雖非學術主流，但暗中受其影響者却是不少；到了東漢，這種情勢更是日益顯明。據《後漢書》所載，任隗、鄭均、楊厚、樊瑞、范升、楚王英、向長、梁鴻、矯愼、張純、淳于恭、翟輔、高恢、班嗣、馮衍、張霸、趙咨，乃至馬融、王充、仲長統、張衡等人，併皆企慕玄遠，頗好《老

〔註1〕　《漢書》卷六十七〈楊王孫傳〉云：「楊王孫者，孝武時人也。學黃老之術。家業千金，厚自奉，養生亡所不致。及病且終，先令其子曰：『吾欲臝葬，以反吾眞，必無易吾意。……』」

〔註2〕　淮南王劉安〈原道訓〉，見《淮南子》卷一；〈道應訓〉，見《淮南子》卷十二。

〔註3〕　《漢書》卷三十〈藝文志・諸子略〉，載西漢爲《老子》解義者有：《老子鄰氏經傳》四篇、《老子傅氏經說》三十七篇、《老子徐氏經說》六篇、《劉向說老子》四篇。陸德明《經典釋文・序錄》則添入「毋丘望之」、「嚴遵」二人。此皆成、哀以前述《老》之學者。

〔註4〕　《漢書》卷七十二〈王貢兩龔鮑傳〉序云：「蜀有嚴君平，……閑肆下簾而授《老子》。博覽亡不通，依嚴周（莊周）之指，著書十餘萬言。揚雄少時從游學，已而仕京師顯名，數爲朝廷在位賢者稱君平德。」

子》之學，或仰其自然無爲之理，或學爲養生邂隱之道〔註 5〕。可以說《老》學默長至此，就如同伏流之漸露地表，且有愈衍愈壯的趨勢。

魏朝初年，荀粲即思慕孔子所罕言的「性與天道」，何晏、王弼以《老》解經，又在談座中大談「孔老有無」的問題，一時風響雲從，好《老》者多，好《莊》者亦興起；自向秀、郭象爲《莊子》作注，發明奇趣後，玄風更爲之大振，頗有「聃周當路，與尼父爭塗」的架勢。綜觀魏晉史傳，通《老》能《莊》者，真是俯拾皆是，順手拈來即可尋得數十例證：

　　△何晏：「少以才秀知名，好《老》、《莊》言，作〈道德論〉及諸文賦，
　　　　著述凡數十篇。」(《三國志・魏書》卷九〈曹爽傳〉附〈晏傳〉)

　　△王弼：「好論儒道，辭才逸辯，注《易》及《老子》。」(《三國志・魏書》
　　　　卷二十八〈鍾會傳〉)

　　△裴徽：「才理清明，能釋玄虛，每論《易》及《老》、《莊》之道，未嘗
　　　　不注精於嚴瞿之徒也。」(《三國志・魏書》卷二十九〈管輅傳〉注引〈輅
　　　　別傳〉)

　　　　又載稱：「有高才遠度，善言玄妙。」(《三國志・魏書》卷二十三〈裴潛
　　　　傳〉注)

　　△鍾會：「雅好書籍，涉歷眾書，特好《易》、《老子》。」(《三國志・魏書》
　　　　卷二十八〈鍾會傳〉注)

〔註 5〕據《後漢書》載述，任隗「少好黃老，清靜寡欲」(卷二十一)；鄭均「少好黃老書」(卷二十七)；楊厚「歸家修黃老，教授門生，上名錄者三千餘人」(卷三十)；樊瑞「好黃老言，清靜少欲」(卷三十二)；范升「習梁丘《易》、《老子》，教授後生」(卷三十六)；楚王英「晚節更喜黃老，學爲浮屠，齋戒祭祀」(卷四十二)；向長「隱居不仕，性尚中和，好通《老》、《易》」(卷八十三)；梁鴻「少好《老子》，隱於華陰山中」(卷八十三)；矯慎「少學黃老，隱邂山谷」(卷八十三)；張純爲大司空，「在位，……務於無爲」(卷三十五)；淳于恭「善說《老子》，清靜不慕榮名」(卷三十九)；翟酺「好《老子》，尤善圖緯天文歷算」(卷四十八)；高恢「少好《老子》」(卷八十三)；班嗣「雖修儒學，然貴老嚴之術」(《漢書》卷一百上，敘傳)；馮衍自謂「觀覽乎孔老之論，庶幾乎松喬之福。」其〈顯志賦〉且多明《老》、《莊》之道(卷二十八下)；張霸有感於《老子》「知足不辱」之言，故上表請病(卷三十六)；趙咨臨終遺言，多悟莊生「反素復始，歸於無端」之旨(卷三十九)；馬融有《老子注》二卷(卷六十上)；仲長統作論云「安神閨房，思老氏之玄虛」(卷四十九)；張衡作〈思玄賦〉、〈歸田賦〉，蓋本老氏之玄言；……」凡此皆見東漢貴玄宗《老》之風已漸盛。

△董遇：「善治《老子》，爲《老子》作訓注。」（《三國志·魏書》卷十三〈王肅傳〉注引《魏略》）

△荀融：「興弼（王弼）、會（鍾會）論《易》、《老》義，傳於世。」（《三國志·魏書》卷十〈荀彧傳〉注引《荀氏家傳》）

△寒貧（石德林）：「於眾輩中最玄默。……常讀《老子》五千文及諸內書，晝夜吟詠。」（《三國志·魏書》卷十一〈胡昭傳〉注引《魏氏春秋》）

△嵇康：「好言《老》、《莊》，而尚奇任俠。」（《三國志·魏書》卷二十一〈王粲傳〉附〈嵇康傳〉）

　又載：「託好《莊》、《老》，賤物貴身，志在守樸，養素全真。」（《晉書》卷四十九〈嵇康傳〉）

△阮籍：「倜儻放蕩，行己寡欲，以莊周爲模則。」（《三國志·魏書》卷二十一〈王粲傳〉附〈阮籍傳〉）

　又載：「博覽群籍，尤好《莊》、《老》。」（《晉書》卷四十九〈阮籍傳〉）

△向秀：「雅好《老》、《莊》之學。莊周著內外數十篇……秀乃爲之隱解，發明奇趣，振起玄風。……惠帝之世，郭象又述而廣之，儒墨之迹見鄙，道家之言遂盛焉。」（《晉書》卷四十九〈向秀傳〉）

△盧諶：「清敏有理思，好《老》、《莊》，善屬文。……注《莊子》及《文集》，皆行於世。」（《晉書》卷四十四〈盧諶傳〉）

△謝鯤：「好《老》《易》，能歌，善鼓琴。」（《晉書》卷四十九〈謝鯤傳〉）

△裴楷：「明悟有識量，弱冠知名，尤精《老》《易》。」（《晉書》卷三十五〈裴秀傳〉附〈楷傳〉）

△山濤：「性好《老》《莊》，每隱身自晦。」（《晉書》卷四十三〈山濤傳〉）

△江惇：「性好學，儒玄並綜。」（《晉書》卷五十六〈江統傳〉附〈惇傳〉）

△王濟：「少有逸才，……善《易》及《莊》、《老》。」（《晉書》卷四十二〈王渾傳〉附〈王濟傳〉）

△王衍：「妙善玄言，唯談《老》、《莊》爲事。」（《晉書》卷四十三〈王戎傳〉附〈王衍傳〉）

△阮脩：「好《易》、《老》，善清言。……嘗作〈大鵬贊〉。」（《晉書》卷四十九〈阮籍傳〉附〈阮脩傳〉）

△阮放：「常説《老》、《莊》，不及軍國。」（《晉書》卷四十九〈阮籍傳〉附〈阮放傳〉）

△諸葛宏：「諸葛宏，……後看《莊》、《老》，更與王（夷甫）語，便足相抗衡。」（《世説新語・文學》第十三條）

△衛玠：「少有名理，善通《莊》、《老》。」（《世説新語・賞譽》第四十五條注引〈玠別傳〉）

△郭象：「少有才理，好《老》、《莊》，能清言。」（《晉書》卷五十〈郭象傳〉）

△庾鼓：「嘗讀《老》、《莊》曰：正與人意闇同。」（《晉書》卷五十〈庾峻傳〉附〈鼓傳〉）

△孫綽：「余少慕《老》、《莊》之道，仰其風流久矣！」（《世説新語・言語》八十四條注引孫綽〈遂初賦〉）

△劉柳：「唯讀《老子》而已。」（《晉書》卷六十一〈劉喬傳〉附〈劉柳傳〉）

△李充：「嘗著學箴，稱《老子》云……。（又著《釋莊論》上下二篇）。」（《晉書》卷九十二〈李充傳〉）

△鄧粲：「注《老子》，並行於世。」（《晉書》卷八十二〈鄧粲傳〉）

△羊祜：「祜所著文章及爲《老子傳》，並行於世。」（《晉書》卷三十四〈羊祜傳〉）

△庾亮：「亮美姿容，善談論，性好《莊》、《老》。」（《晉書》卷七十三〈庾亮傳〉）

△石秀：「博涉群書，尤善《老》、《莊》。」（《晉書》卷七十四〈桓彝傳〉附〈石秀傳〉）

△劉惔：「雅善玄理，……尤好《老》、《莊》，任自然趣。」（《晉書》卷七十五〈劉惔傳〉）

△周嶷：「（周嶷）居喪廢禮，崇尚《莊》、《老》，脱落名教。」（《晉書》卷七十五〈韓伯傳〉）

△殷浩：「弱冠有美名，尤善玄言，與叔父融俱好《老》、《易》。融與浩口談則辭屈，著篇則融勝，浩由是爲風流談論者所宗。」（《晉書》卷七十七〈殷浩傳〉）

　　△支遁：「孫綽〈道賢論〉以遁方向子期，論云：支遁、向秀，雅尚《莊》、《老》二子。」（《高僧傳》卷四〈支遁傳〉）

以上三十餘證，不過是《三國志》或《晉書》中明載「好《老》、《莊》」的例子，其未如此記載而實好《老》、《莊》者，更不計其數了。而在上文中，何晏、王弼乃是魏晉的清談泰斗；何晏以「附會文辭」取勝，王弼則「自然出拔」過人〔註6〕。王衍、衛玠乃是西晉清談界的代表：王衍麈尾風流，世號「口中雌黃」；衛玠發言入微，平子「爲之三倒」〔註7〕。庾亮、殷浩則爲東晉的清談領袖：庾亮南樓理詠，風格峻整，足爲一時風範；殷浩妙善玄言，並有陳局，乃爲談者所宗〔註8〕。其餘如裴徽、鍾會、荀融、嵇康、阮脩、阮放、謝鯤、裴楷、王濟、郭象、庾鼓、孫綽、劉惔、支遁等，也都是當代首屈一指的談家〔註9〕。然而他們的學問根柢，均與《莊》《老》極具關係，可見《莊》《老》之學實是談辯題材的主要來源。無怪乎殷仲堪「三日不讀《道德經》（《老子》），便覺舌本間強。」〔註10〕諸葛宏「後看《莊》、《老》，更與王（衍）語，

〔註6〕《三國志・魏書》卷二十八〈鍾會傳〉注引何劭〈王弼傳〉云：「其論道，附會文辭不如何晏，自然有所拔得多晏也。」又《世說新語・文學篇》第七條注引《魏氏春秋》亦云：「弼論道約美不如晏，自然出拔過之。」據此，何晏論道，蓋以附會文辭取勝，王弼則自然出拔過人。

〔註7〕《晉書》卷四十三〈王衍傳〉云：「（王衍）妙善玄言，唯談《老》、《莊》爲事。每捉玉柄麈尾，與手同色。義理有所不安，隨即改更，世號口中雌黃，朝野翕然，謂之一世龍門矣！」可見王衍麈尾風流，實爲一世之清談代表。《世說新語・賞譽》第四十五條注引〈玠別傳〉云：「玠少有名理，善通《莊》、《老》。琅邪王平子（澄）高氣不群，邁世獨傲，每聞玠之語議，至于理會之間，要妙之際，輒絕倒坐；前後三聞，爲之三倒。時人遂曰：『衛君談道，平子三倒。』」據此，衛玠蓋亦西晉之能言者，故《晉書》卷三十六本傳引王敦稱美之曰：「昔王輔嗣吐金聲於中朝，此子復玉振於江表，微言之緒，絕而復續，不意永嘉之末，復聞正始之音。何平叔若在，當復絕倒！」

〔註8〕《晉書》卷七十三〈庾亮傳〉云：「亮美姿容，善談論，性好《莊》、《老》。風格峻整，動由禮節。……時王敦在蕪湖，帝（東晉元帝）使亮詣敦籌事，敦與亮談論，不覺改席而前，退而歎曰：『庾元規賢於裴頠遠矣！』」又《世說新語・容止》第二十四條亦載庾亮與殷浩、王胡之之徒登南樓理詠，「後王逸少下與丞相（王導）言及此事，丞相曰：『元規（庾亮）爾時風範，不得不小頹。』」可見庾亮乃東晉初年之清談大師。而殷浩則是東晉中期的清談代表，故《世說新語・賞譽》第一一三條載：「簡文云：『淵源（殷浩）語不超詣簡至，然經綸思尋處，故有局陳。』」又第一一五條載：「王長史（濛）與大司馬書，道淵源『識致安處，足副時談。』」

〔註9〕參本文篇末所附「傳略表」。

〔註10〕見《世說新語・文學》第六十三條。

便足相抗衡。」〔註 11〕而《顏氏家訓‧勉學》稱《易》、《老》、《莊》爲「三玄」，《莊》、《老》便佔其二；王僧虔《誡子書》列敍言家口實，《莊》、《老》乃居其要。

　　然則，《莊》、《老》之學何以會如此吸引談士們的興趣，甚至成爲當時談辯的重心和思潮的主流？學術的自然流變，固是一因；而《老》、《莊》哲理遠較經史實學更令魏晉人傾心，也是一大因素。這可分兩方面來說：一者，經史之學較切人事或實務，其中可資談辯的問題固然不少，但當戰亂連綿、人事播遷之際，縱有論辯之者，總是議而不決、決而不行的情況居多，因此感懷時事的人，不免漸對現狀產生不滿，終而失望。王導過江左，眾人共飲聚談，所以終作「楚囚對泣」者，其因即在於此〔註12〕。《世說新語‧豪爽》第十一條載：「陳林道（逵）在西岸，都下諸人共要至牛渚會。陳理既佳，人欲共言析；陳以如意拄頰望雞籠山，嘆曰：『孫伯符（策）志業不遂！』於是竟坐不得談。」當時所以「竟坐不得談」者，其因亦在此！這一種無以貢獻心力，無以宣洩感傷的情懷，自然隨著時間之日久、國局之無望，更使多數原本關注時政或實學的人士也慢慢轉移興趣到《老》、《莊》的玄理中了。再者，有關經史學的論辯，總需具有相當的學識素養；但在播遷流離之際，不僅靜思苦學的環境不易獲得，就是沉潛《詩》、《書》、《史》、《漢》的情緒也不易培養；因此一般人多半好作眼前工夫，而「《老》、《莊》之學」正是一個理想的、有待開墾的哲學領域，只要略具機智、口才及析辯能力者，無不能言之。此易自樹一格，在駁辯中取勝，固是一快；而對時局的不滿，對人生的迷惘，也可藉此抒發出來。其中，如七賢八達者流，即因此而尋得「無措於名教」的理據，於是逕作放曠之徒去了。但如戴逵、孫盛、王坦之等人，則對儒道兩家思想的不同深感衝突，於是一連串的論難便展開了。至如何晏、王弼、郭象等人，則藉談辯尋繹自己的思想出路，不但企圖解決孔、老兩家的歧異，也替自己的立身法則找到根據，終於建構了一套儒道融通的哲學理論。……總之，清談《老》、《莊》玄理、論辯儒道異同，實是清談家宣洩情感、整理思路的最佳方式，因此流連於其中而樂不思蜀的，也就愈來愈多了。

〔註11〕見《世說新語‧文學》第十三條。

〔註12〕《世說新語‧言語》第三十一條：「過江諸人，每至暇日，輒相要出新亭，藉卉飲宴。周侯（顗）中坐而歎曰：『風景不殊，舉目有江河之異！』皆相視流淚。唯王丞相（導）愀然變色曰：『當共勠力王室，克復神州；何至作楚囚相對泣邪？』」

當《莊》、《老》之學初被談議之際，一般說來，論辯的重心大半集中在「自然與名教的關係」上（包含孔老「有」、「無」或孔老「地位高下」的問題），因爲這是有關儒道之爭的大問題，所以參與談論者多爲一代大師，而且談辯的時間也由魏一直延續到東晉以後。次則直就《莊》《老》書中要旨提出論辯的也不少。例如《老子》方面，則有〈無名論〉、〈無爲論〉的研究；《莊子》方面，則有〈逍遙論〉、〈齊物論〉、〈漁父論〉、〈旨不至論〉的析辯。至於《莊》、《老》之學與實際人生最有關係的，便是〈養生論〉、〈公謙論〉之類的課題。下節乃擬就此四方面：（1）自然名教之辨、（2）《老》、《莊》要旨論、（3）養生論、（4）公謙論，舉例以述。

除《老》《莊》外，在子學上的談題，還可一提的，就是天文學了。此蓋基於時人對天道玄理的興趣而來，故研究之而談辯之者亦頗有人在，第三節則將概略述之。

第二節　以老莊爲主的談題

一、自然名教之辨

兩漢以名教治天下，在政治上或學術上都標榜儒家的名節禮教。唯行之一久，虛僞不實、繁文縟節的流弊乃生，而道家返樸歸眞、自然無爲的思想便漸爲人所希慕。尤自魏武帝的貴刑名、魏文帝的慕通達、曹子建的尚玄虛、魏明帝的尊法術之後，儒家的名教標準更是產生鬆動，道家的自然主義則在潛存默長中由伏流的地位日趨主流。何晏、王弼之徒，處在這個儒道思想交替的關鍵時代，對於傳統名教的本質及其意義，不免產生質疑。因爲他們原都出自禮教家庭，早讀儒書，所推崇而常研習的經典總少不了《易經》、《論語》或《孝經》等〔註13〕；然而他們卻目睹名教煩瑣不實的流弊，而私慕道家自然主義的精神。因此「儒」、「道」兩家，究竟何者才是眞正可以成爲主導政治、學術與人生的法則呢？這是他們心目中的困惑。於是便藉著談辯把這個問題公開提出討論，而問題一經提出，紛紛發表己見的也就絡繹不絕了。只要政治未趨正軌，這似乎永遠是個疑而難解的大問題。或主張「名教出於自然」，或主張「越名教而任自然」，或主

〔註13〕參見第二章第三節之「（三）」。

張「名教即自然，自然即名教」。據記載，由魏到晉有關此題之論辯實多，其著者：於魏，則有裴徽、王弼的「孔老有無論」，何晏、王弼的「聖人有情無情論」；於魏晉之交，則有嵇康、張遼叔的「自然好學論」；於西晉，則有裴頠、王衍的「崇有論與貴無論」，阮瞻、王戎、郭象、樂廣諸人的「自然名教異同論」；於東晉，則有孫盛的「老子疑問反訊」、李充的「儒道本末論」、戴逵的「放達非道論」等。茲依時代先後，就以下四項：（1）孔老有無論、（2）自然好學論、（3）崇有論與貴無論、（4）放達非道論，舉例以述。凡時代相同而立論近似者，則附提之。

（一）孔老有無論

在上章第二節談及「聖賢高士論」時，曾提及何晏、王弼互辯「聖人有情無情」的問題。此題雖與人物論有關，但其內容則已涉及孔、老思想的異同。其中，直就孔、老「有」「無」之別提出區辨的，正始中裴徽與王弼間的一次論難則是一個典型的例子。此見《三國志・魏書》卷二十八〈鍾會傳〉注引何劭〈王弼傳〉載：

> 時裴徽爲吏部郎，弼未弱冠往造焉，徽一見而異之，問弼曰：「夫無者，誠萬物之所資也；然聖人莫肯致言，而老子申之無已者何？」
> 弼曰：「聖人體無，無又不可以訓，故不說也。老子是有者也，故恆言無所不足。」

《世說新語・文學》也引了這段對話〔註 14〕，文字大同小異，唯此處「恆言無所不足」，當據《世說》改爲「恆言（訓）其所不足」，較爲可通。這段記載的重點，在「聖人體無」與「老子是有」二句。這裡不僅涉及孔、老地位的分辨，也可看出王弼調和儒道思想的努力。

從裴徽的問話中，我們知道「夫無者，誠萬物之所資」，看來已是裴徽、王弼乃至當代人士心中持有的理念。他們都承認「無」才是萬物的根本，所採信的正是《老子》「天地萬物生於有，有生於無」（四十章）的宇宙觀和本體觀。就因爲他們已經採信了《老子》的觀點，但在傳統「儒教至尊」的觀念下，孔子的聖人地位還是高高在上，於是便產生「孔子何以不言無，而老子卻申之無已」的困惑。這不只代表裴徽本人對孔、老「言有」或「體無」

〔註 14〕《世說新語・文學》第八條載：「王輔嗣弱冠詣裴徽，徽問曰：『夫無者，誠萬物之所資，聖人莫肯致言，而老子申之無已，何邪？』弼曰：『聖人體無，無又不可以訓，故言必及有；老、莊未免於有，恆訓其所不足。』」

的懸疑，也代表魏晉人士在抉擇儒道思想上的矛盾；相信王弼也曾發生同樣的疑難。但經過一番論難與思索，王弼終於採用「本/末」論和「體/用」論的思維方式，把孔、老思想融通爲一，並且取得裴徽等人的認同。

王弼指出：孔、老兩家應該都知道「無」是萬物所資取的本源本體，只是老子說出，孔子不說出而已。至於老子的「說出」，爲何比不上孔子的「不說出」呢？王弼認爲：老子的思想可說是還停留在「有」、「無」對立的層次，他往往從「有」的角度希慕達到「無」，所以常將其所希慕的「無」掛在口頭上說個不停。然而，孔子卻不是「口頭無」，乃是生命「體證無」了。故就其生命境界言，「有」、「無」的對立已超越了，也可說是達到「與無同體」之境了。而這個「與無同體」的生命境界因爲無法言說，所以孔子只能針就其形下層面的現象而一再提到「有界」（現象界）的事理。如果用『極高明而道中庸』的標準來看，在王弼的眼光中，應該以爲：老子不『道中庸』，正因他尚未『極高明』；孔子則已『極高明』，所以『道中庸』。」〔註15〕茲以此一解說方式觀之，表面看來既不貶低孔子的聖人地位，卻又把老子的「本無」思想抬高，因此很能紓解人們對於「孔老地位高下」及「儒道思想異同」的疑難。於是在談座上，裴徽一見王弼，即大異其才；何晏一見，亦嘆爲「後生可畏。」又說：「若斯人者，可與言天人之際乎！」〔註16〕無怪在當時的談座上，「晏聞弼名，因條向者勝理語弼曰：『此理，僕以爲極，可得復難不？』弼便作難，一坐人便以爲屈。於是弼自爲客主數番，皆一坐所不及。」〔註17〕年輕才子王弼崢嶸頭角的風采，於此可以想見一斑。

王弼不僅在談座上力申孔子「體無而言有」的思想；在學術論著上，他也藉著注解《論語》、《周易》及《老子》，特以《老子》的「本無」及「自然」思想爲體，而以孔子的「用有」及「名教」思想爲用，將儒道兩家的歧異融通了起來〔註18〕。故經其努力及時風所會，魏朝採行「體無而用有」之思維模式的，便甚普遍。例如精擅政論刑儀的夏侯玄，即云：「天地以自然運，聖人以自然用。」〔註19〕曾著《論語集解》、《孝經注》，並爲尚書、主選舉達十

〔註15〕　參馮友蘭《新原道》（臺北：明倫出版社印行），頁131。
〔註16〕　《三國志・魏書》卷二十八〈鍾會傳〉注引何劭〈王弼傳〉。
〔註17〕　《世說新語・文學》第六條。
〔註18〕　參見湯錫予〈王弼之周易論語新義〉一文。收於《魏晉玄學論稿》（臺北：廬山出版社印行，1972年），頁91～112。
〔註19〕　《三國志・魏書》卷九〈夏侯玄傳〉注引《魏氏春秋》曰：「玄嘗著樂毅張良

一年之久的何晏，不僅編著《論語集解》，亦兼治《老》學，力申「無名」和「無爲」的主張〔註20〕。

王弼、何晏、裴徽等人，所以不廢名教實務，也不廢《論語》實學，卻又雅尚玄虛、私慕《老》學，即知「體無」及「用有」兩大端，應可說是他們的思想綱領。然而，他們雖想調會儒道，實際上則已將「體仁」、「行仁」的孔子，改裝成「體無」、「自然」的道家化之聖人了。故順此「體無崇老」的觀念發展下去，到了魏晉之交，社會上便出現了一批思圖「越名教而任自然」的放浪之徒。他們除了理念上接受《老子》的本無思想外，更試圖將《老》、《莊》的自然放曠精神表現到生活行爲上來，於是希慕超越禮法而一任逍遙。在談座中，嵇康與張遼叔的「自然好學論」，即可作爲當時論及「自然與名教之辨」的代表。

（二）自然好學論

在《嵇康集》卷七，載有張遼叔（邈）的〈自然好學論〉及嵇康的〈難自然好學論〉各一篇。由文字攻難往返的情形看，知係兩方清談「自然名教之辨」的實錄。題目所謂「自然好學」之「好學」，乃指學習仁義禮教而言。茲節錄雙方之對難內容如下：

△（張遼叔論云：）「夫喜怒哀樂愛惡欲懼，人之有也。得意則喜，見犯則怒；乖離則哀，聽和則樂；生育則愛，違好則惡；飢則欲食，逼則欲懼；凡此八者，不教而能，若論所云，即自然也。……有言之曰：苴竹菅蒯，所以表哀；溝池嶮岨，所以寬懼；弦木剡金，所以解憤；豐財殖貨，所以施與；苟有肺腸，誰不忻然貌悅心釋哉？尚何假於食膽蚳而嗜菖蒲菹也。……在於幽室之中，覿烝燭之光，雖不教告，亦皎然喜於所見也。……況以長夜之冥，得照太陽，情變鬱陶，而發其蒙也，故以爲難。事以末來，而情以本應，即使六藝紛華，名利雜詭，計而復學，亦無損於有自然之好也。」

△（嵇康難曰：）「夫民之性，好安而惡危，好逸而惡勞。故不擾，

及本無、肉刑論。」其〈本無論〉今已不存，所見「天地以自然運，聖人以自然用」一語，乃出自《列子·仲尼》張湛注引何晏〈無名論〉中所引。

〔註20〕何晏〈無名論〉之要旨，可見《晉書》卷四十三〈王衍傳〉。其〈無名論〉，則見《列子·仲尼篇》張湛注引。

則其願得；不逼，則其志從。洪荒之世，大樸未虧，君無文于上，民無競于下，物全理順，莫不自得。……若此則安知仁義之端、禮律之文？及至人不存，大道陵遲，乃始作文墨，以傳其意；區別群物，使有類族；造立仁義，以嬰其心；制其名分，以檢其外；勸學講文，以神其教。故六經紛錯，百家繁熾，開榮利之塗，故奔騖而不覺。……是以困而後學，學以致榮；計而後習，好而習成；有似自然，故令吾子謂之自然耳。推其原也，六經以抑引為主，人性以從欲為歡；抑引則違其願，從欲則得自然。然則自然之得，不由抑引之六經；全性之本，不須犯情之禮律；故仁義務于理偽，非養真之要術；廉讓生于爭奪，非自然之所出也。由是言之，則鳥不毀以求馴，獸不群而求畜，則人之真性無為，正當自然耽此禮學矣！（案：魯迅校本曰：「正，當作不。」）

△論又云：「嘉肴珍膳，雖所未嘗；嘗必美之，適于口也。處在闇室，睹炎燭之光，不教而悅得于心；況以長夜之冥，得照太陽，情變鬱陶而發其蒙；雖事以未來，情以本應，則無損于自然好學。」

△難曰：「夫口之于甘苦，身之于痛癢，感物而動，應事而作，不須學而後能，不待借而後有，此必然之理，吾所不易也。今子以必然之理，喻未必然之好學，則恐似是而非之議，學如一粟之論，於是乎在也。今子立六經以為準，仰仁義以為主；以規矩為軒駕，以講誨為哺乳；由其塗則通，乖其路則滯；遊心極視，不覩其外；終年馳騁，思不出位；聚族獻議，唯學為貴；執書摘句，俛仰咨嗟；使服膺其言，以為榮華。故吾子謂六經為太陽，不學為長夜耳。今若以明堂為丙舍，以誦諷為鬼語，以六經為蕪穢，以仁義為臭腐，睹文籍則目瞧，脩揖讓則變傴，襲章服則轉筋，譚禮典則齒齲；于是兼而棄之，與萬物為更始，則吾子雖好學不倦，猶將闕焉；則向之不學，未必為長夜，六經未必為太陽也。……以此言之，則今之學者，豈不先計而後學邪？苟計而後動，則非自然之應也。子之云云，恐故得菖蒲葅耳。」

依上文看，張遼叔蓋主張「自然名教調和論」，嵇康則主張「越名教而任自然」。兩方論難的重心係在「名教」（儒）與「自然」（道）的關係問題上。張遼叔因「立六經以為準，仰仁義以為主」，故「視六經如太陽，不學為長夜」。他認為

人好學六經仁義，實如長夜之慕見太陽，乃性分之自然表現；故其能好學名教者，正所以全其性分之自然；縱或名利雜詭、計而復學，亦無損於自然之好學；可見名教與自然的關係是協調一致的。但嵇康則不以爲然，他認爲「六經以抑引爲主，人性以從欲爲歡」，故「自然之得，不由抑引之六經；全性之本，不須犯情之禮律。」仁義禮讓諸名教，既非全性之本；則人之好學禮教，自非「自然之應也」；故須兼而棄之，方足以復性歸眞，全其自然。

　　據此分析，張氏之見，顯然是繼承王弼「儒道調和論」的觀點而來；嵇康則別發己見，進一步主張超越儒家的名教，而徹底擁護道家的自然。就其崇奉自然之程度論，若說張氏是溫和派，嵇康則可說是激烈派。這激烈派的思想，在魏晉之交（大約由嘉平到元康之間），相當流行。因爲名士們有感於當時黨戮案件的頻繁〔註 21〕，又深譏溫和派假奉名教而實崇《莊》、《老》的虛僞，因此便有不少名士見諸行動，對陽崇名教者作正面的反抗。以嵇康本人來說，他不只在談辯中激烈的主張一任自然而反對名教束縛，並在實際的生活中也表現出這種態度。當山濤欲將「選曹郎」一職讓給他時，他非但未言謝，且報以絕交書云：「老子、莊周，吾之師也。……今但欲守陋巷，教養子孫，時時與親舊敘離濶，陳說平生，濁酒一杯，彈琴一曲，志意竟矣！」其〈幽憤詩〉亦同明此志：「託好《莊》、《老》，賤物貴身，志在守樸，養素全眞！」〔註22〕與他具有同樣人生懷抱的阮籍，也是一個典型的代表。《晉書》卷四十九〈阮籍傳〉載：

> 阮籍傲然獨得，任性不羈，而喜怒不形於色。或登臨山水，經日忘歸。博覽群籍，尤好《莊》《老》。嗜酒能嘯，善彈琴。當其得意，忽忘形骸，時人多謂之癡。……籍雖不拘禮教，然發言玄遠，口不臧否人物。性至孝，母終，正與人圍棋，對者求止，籍留與決賭；既而飲酒二斗，舉聲一號，吐血數升；及將葬，食一蒸肫，飲二斗酒，然後臨訣，直言窮矣，舉聲一號，因又吐血數升；毀瘠骨立，殆致滅性。裴楷往弔之，籍散髮箕踞，醉而直視，楷弔唁畢便去。……又能爲青白眼，見

〔註21〕元嘉之後，名士誅戮案件極多，牟宗三《才性與玄理》，頁380～382，附有統計表可參。又《晉書》卷四十九〈阮籍傳〉云：「籍本有濟世志，屬魏晉之際，天下多故，名士少有全者，籍由是不與世事，遂酣飲爲常。」可見元嘉之後，名士所以背棄名教而放任自然者，實是有感於黨戮之頻繁而發。

〔註22〕嵇康〈與山巨源絕交書〉及〈幽憤詩〉，具見《晉書》卷四十九〈嵇康傳〉，或《嵇康集》卷一、卷二。

禮俗之士，以白眼對之。……籍嫂嘗歸寧，籍相見與別，或譏之，籍曰：「禮豈爲我設邪？」鄰家少婦有美色，當壚沽酒，籍嘗詣飲醉，便臥其側，籍既不自嫌，其夫察之，亦不疑也。兵家女有才色，未嫁而死，籍不識其父兄，徑往哭之，盡哀而還。其外坦蕩，而內淳至，皆此類也。……作《詠懷詩》八十餘篇，爲世所重；著〈達莊論〉，敍無爲之貴。……著〈大人先生傳〉，其略曰：「世之所謂君子，……言欲爲無窮則，少稱鄉黨，長聞鄰國，上欲圖三公，下不失九州牧。獨不見群蝨之處褌中，逃乎深縫，匿乎壞絮，自以爲吉宅也；行不敢離縫際，動不敢出褌襠，自以爲得繩墨也。然炎丘火流，焦邑滅都，群蝨處於褌中而不能出也。君子之處域內，何異夫蝨之處褌中乎！」類此，任性不羈，縱遊嗜酒，居母喪而不守服孝之禮，對婦女而不守男女之節者，其例尚多。如王戎丁母憂，則仍「飲酒食肉，或觀弈棋」〔註23〕；阮咸丁母憂，則猶爲一介鮮卑婢而借驢窮追〔註24〕。劉伶亦嘗「縱酒放達，或脫衣裸形在屋中，人見譏之，伶曰：『我以天地爲棟宇，屋室爲褌衣，諸君何爲入我褌中？』」〔註25〕光逸、胡毋輔之、謝鯤、阮放、畢卓、羊曼、桓彝、阮孚等人，甚且「散髮裸裎，閉室酣飲」，「已累日，逸將排戶入，守者不聽，逸便於戶外脫衣，露頭于狗竇中窺之」。八人如此酣飲，不捨晝夜，時人謂之「八達。」像〔註26〕這類放達行徑的描述，儘管有點誇張，但其崇尚放任而鄙賤名教的表現，則很明顯是離經叛儒的。

（三）崇有論與貴無論

由於嵇、阮以下，放曠之風一時盛起；衍至西晉，八達者流，甚且縱情嗜酒，褻黷淫邪，不以爲恥。傷風敗俗，莫此爲甚！故而「自然」與「名教」的關係，又重被世人提出檢討。態度較堅決者，如董養、龔壯、傅玄、傅咸、王沈等人。即痛斥曠風不可長〔註27〕。態度較溫和者，如樂廣，亦忍不住批評說：「名教內自有樂地，何必乃爾！」〔註28〕就是一些頗染放曠風習的名士也自己懷疑起來，例如王戎見阮瞻，即問曰：「聖人貴名教，《老》、《莊》明

〔註23〕《晉書》卷四十三〈王戎傳〉
〔註24〕《世說新語・任誕》第十五條。
〔註25〕《世說新語・任誕》第六條。
〔註26〕《晉書》卷四十九〈光逸傳〉。
〔註27〕參見本文第一章第二節。
〔註28〕《晉書》卷四十三〈樂廣傳〉。

自然，其旨同異？」阮瞻乃曰：「將無同。」〔註29〕這「將無同」三字，語甚含糊，猶今言「應無不同」或「差不多相同」，在曖昧中似乎認爲「名教」與「自然」應該不致抵觸。向秀、郭象注《莊子》，即有意矯正自然與名教的對立，故凡《莊子》書中詆毀孔聖或駁斥名教一類的話，向、郭便應用「寄言出意」的方法，試圖調會儒道兩家的衝突〔註30〕。可見當時玄學界，儼然有兩派主張——繼嵇、阮之風而來者，則崇自然而賤名教；有感於曠風不可長者，則認爲自然應與名教相融。故在談座中，這兩派理論的辯難，乃是極精彩的。裴頠與王衍之徒的「崇有」與「貴無」之爭，即是一例。

《晉書》卷三十五〈裴頠傳〉載：

△頠深患時俗放蕩，不尊儒術，何晏、阮籍素有高名於世，口談浮虛，不遵禮法，尸祿耽寵，仕不事事；至王衍之徒，聲譽太盛，位高勢重，不以物務自嬰，遂相放效，風教陵遲，乃著〈崇有〉之論以釋其蔽。

△曰：「夫總混群本，宗極之道也。方以族異，庶類之品也。形象著分，有生之體也。化感錯綜，理迹之原也。夫品而爲族，則所稟者偏；偏無自足，故憑乎外資。是以生而可尋，所謂理也；理之所體，所謂有也；有之所須，所謂資也；資有攸合，所謂宜也；擇乎厥宜，所謂情也；識智既授，雖出處異業，默語殊塗，所以寶生存宜，其情一也。

△眾理並而無害，故貴賤形焉。失得由乎所接，故吉凶兆焉。是以賢人君子，知欲不可絕，而交物有會。觀乎往復，稽中定務。惟夫用天之道，分地之利，躬其力任，勞而後饗。居以仁順，守以恭儉，率以忠信，行以敬讓，志無盈求，事無過用，乃可濟乎！故大建厥極，綏理群生，訓物垂範，於是乎在，斯則聖人爲政之由也。

△若乃淫抗陵肆，則危害萌矣。故欲行則速患，情佚則怨博，擅恣則興攻，專利則延寇，可謂以厚生而失生者也。悠悠之徒，駭乎若茲之釁，而尋艱爭所緣。察夫偏質有弊，而觀簡損之善，遂闡

〔註29〕《晉書》卷四十九〈阮籍傳〉附〈阮瞻傳〉。
〔註30〕參湯錫予〈向、郭義之莊周與孔子〉一文，《魏晉玄學論稿》（臺北：盧山出版社印行，1972 年），頁 113～122。

貴無之議，而建賤有之論。賤有則必外形，外形則必遺制，遺制則必忽防，忽防則必忘禮。禮制弗存，則無以爲政矣！……是以君人必愼所教，班其政刑一切之務，分宅百姓，各授四職，……斯乃昏明所階，不可不審。

△夫盈欲可損，而未可絕有也。過用可節，而未可謂無貴也。蓋有講言之具者，深列有形之故，盛稱空無之美。形器之故有徵，空無之義難檢，辯巧之文可悅，似象之言足惑，衆聽眩焉，溺其成說。……是以立言藉於虛無，謂之玄妙；處官不親所司，謂之雅遠；奉身散其廉操，謂之曠達。故砥礪之風，彌以陵遲。放者因斯，或悖吉凶之禮，而忽容止之表，瀆棄長幼之序，混漫貴賤之級。其甚者至於裸裎，言笑忘宜，以不惜爲弘，士行又虧矣！

△《老子》既著五千之文，表摭穢雜之弊，甄舉靜一之義，有以令人釋然自夷，合於《易》之損、謙、艮、節之旨。而靜一，守本無，虛無之謂也。損、艮之屬，蓋君子之一道，非《易》之所以爲體，守本無也。觀《老子》之書雖博有所經，而云『有生於無』，以虛爲主，偏立一家之辭，豈有以而然哉！……是以申縱播之累，而著〈貴無〉之文。將以絕所非之盈謬，存大善之中節，收流遁於既過，反澄正于胸懷。宜其以無爲辭，而旨在全有，故其辭曰：『以爲文不足』。若斯則是所寄之塗，一方之言也。若謂至理，信以無爲宗，則偏而害當矣。

△先賢達識，以非所滯，未之深論，……而虛無之言，日以廣衍，……顧用矍然，申其所懷，而攻者盈集……。

△夫至無者，無以能生，故始生者，自生也。自生而必體有，則有遺而生虧矣。生以有爲己分，則虛無是有之所謂遺者也。故養既化之有，非無用之所能全也；理既有之衆，非無爲之所能循也。心非事也，而制事必由於心，然不可以制事以非事，謂心爲無也。……由此而觀，濟有者皆有也，虛無奚益於已有之群生哉！」
王衍之徒攻難交至，並莫能屈。

案：裴頠有〈崇有〉、〈貴無〉二論。〈貴無〉之論，今已亡佚；〈崇有〉之論，如上所錄，蓋深患時俗放蕩而作。《世說新語·文學》第十二條載：「裴成公

（頠）作〈崇有論〉，時人攻難之，莫能折。唯王夷甫（衍）來，如小屈。時人即以王理難裴，理還復申。」可見此論不只是一篇著作，也是見諸清談，用以打擊「貴無」思想的有力見解。據其內容看，裴頠的立場，大致是採「由人事推證本體」的方式，故言「生而可尋，所謂理也；理之所體，所謂有也。」他認為「理」是指現象的實然，而不是指形上的所以然。其文略可分成六段：第一段總述「崇有」之要旨，認為宇宙的本體蓋指一切事理之總合，故其體是「有」。第二段從「寶生存宜」的角度申論聖人為政之由，並明言名教禮制之不可廢。第三段評斥王衍之徒貴無賤有的流弊。第四段闡明《老子》所以以「無」為本，其旨乃在全「有」，如靜一之義，蓋勉人合以《易》之損、謙、艮、節諸旨。第五段自述著論之由。第六段結論「始生者，自生也；自生必體有」之義。總之，此論之要旨，乃在強調不可去「有」以得「無」，或棄名教而談本體。蓋從「有無之辨」出發，批判了「貴無論」的理論基礎及其流弊，並論證了「崇有論」與「自生論」的觀點，闡揚該論有益世道人心之處。其指責對象總是針對著「崇無賤有」之徒——即口談虛無而不務名教者而發。當時與他對難的有王衍等人。對難內容雖已不存，但據〈崇有論〉所斥及《晉書》卷四十三〈王衍傳〉所載，王衍的主張大概本從何晏、王弼、嵇康、阮籍以下所發展的「有生於無」論及「越名教而任自然」說而來；殆與裴頠的「崇有」論、「自生」說及「維護名教」立場，大不相同。《文心雕龍·論說》云：「夷甫、裴頠交辯於有無之域，並獨步當時，流聲後代。然滯有者，全繫於形用；貴無者，專守於寂寥。」蓋指此而言。

（四）放達非道諸論

在裴頠提出〈崇有論〉，以抗「貴無」說以後，重新肯定名教之價值者愈來愈多，尤其晉室東遷，國變之痛加深了時人對放曠之習的憤慨，故口談虛無者屢遭詆斥，而主張儒道調和的思想便成普遍的觀念。譬如李充著〈學箴〉，即評《老子》云：

「絕仁棄義，家復孝慈」，豈仁義之道絕，然後孝慈乃生哉？蓋患乎情仁義者寡，而利仁義者眾也。道德喪而仁義彰，仁義彰而名利作，禮義之弊，直在茲也。先王以道德之不行，故以仁義化之；行仁義之不篤，故以禮律檢之；檢之彌繁，而僞亦愈廣；《老》、《莊》是乃明無為之益，塞欲爭之門。夫極靈智之妙，總會通之和者，莫尚乎聖人；革一代之弘制，垂千載之遺風，則非聖不立。然則聖人之在

世，吐言則爲訓辭，莅事則爲物軌，運通則與時隆，理喪則與世弊矣。是以大爲之論，以標其旨，物必有宗，事必有主，寄責於聖人，而遺累乎陳迹也。故化之以「絕聖棄智」，鎮之以「無名之樸」。聖教救其末，《老》《莊》明其本，本末之塗殊，而爲教一也。〔註31〕

此所謂「聖教救其末，《老》、《莊》明其本。本末之塗殊，而爲教一也。」即是採用「本末體用」之法，將儒道融通爲一。戴逵〈放達非道論〉亦云：

△夫親沒而採藥不反者，不仁之子也；君危而屢出近關者，苟免之臣也。而古之人未始以彼害名教之體者何？達其旨故也。達其旨，故不惑其迹。若元康之人，可謂好遁跡而不求其本，故有捐本徇末之弊，舍實逐聲之行，是猶美西施而學其顰眉，慕有道而折其巾角，所以爲慕者，非其所以爲美，徒貴貌似而已矣。夫紫之亂朱，以其似朱也。故鄉原似中和，所以亂德；放者似達，所以亂道。然竹林之爲放，有疾而爲顰者也；元康之爲放，無德而折巾者也，可無察乎？

△且儒家尚譽者，本以興賢也，既失其本，則有色取之行。懷情喪眞，以容貌相欺，其弊必至於末僞。道家去名者，欲以篤實也，苟失其本，又有越檢之行。情禮俱虧，則仰詠兼忘，其弊必至於本薄。夫僞薄者，非二本之失，而爲弊者必託二本以自通。夫道有常經，而弊無常情，是以六經有失，王政有弊，苟乖其本，固聖賢所無奈何也。〔註32〕

此所謂「儒家尚譽，本以興賢；道家去名，欲以篤實。」即是本從「寄言出意」之法，認儒道兩家原不相悖。他和李充可以說都是東晉提倡「儒道調和論」的代表，雖然一用「體用本末」法，一用「寄言出意」法，但其目的，皆在肯定名教的價值。

當這一種儒道調會論的思想廣爲當時人士接受時，在談座上，又出現了一種更積極提倡「儒教至上」，而反對「儒道調和」的理論，孫盛的〈老子疑問反訊〉即是一例：

堯孔之學，隨時設教；老氏之言，一其所尚。隨時設教，所以道通百代；一其所尚，不得不滯于適變。……或問《莊》、《老》所以，

〔註31〕《晉書》卷九十二〈文苑傳·李充傳〉。
〔註32〕《晉書》卷九十四〈隱逸傳·戴逵傳〉。

故發此唱。蓋與聖教相爲表裡，其于陶物明訓，其歸一也。盛以爲
不然。夫聖人之道，廣大悉備，猶日月懸天，有何不照者哉？老氏
之言皆駁于六經矣，寧復有所愆之俟佐助于聘周乎？即莊周所謂日
月出矣，而爝火不息者也。至于虛誕謿怪矯詭之言，尚拘滯于一方，
而橫稱不經之奇詞也。〔註33〕

文中孫盛條舉《老子》之言，一一駁斥其非。論難的對象，全是針對儒道調
和派的思想而發。孫盛自述爲文之動機，云：「或問《莊》、《老》所以，故發
此唱。」即表明此文之觀念，乃是與人清辯儒道異同下的一個心得。

　　以上四大例證，代表四個階段的儒道之爭。第一個階段是魏正始之際的
「孔老有無論」，取勝的一方是王弼的「儒道調和說」，其論實有導致貶抑孔
學，抬高《老子》的趨勢。第二個階段是魏嘉平以迄西晉的「自然好學論」，
取勝的一方是嵇康的「儒道對立說」，其論不只肯定了《老子》的本無思想，
且有奉行《莊子》自然主義的傾向。故由其說一起，社會上便先後興起了一
批放曠自然、不務名教的狂徒。第三個階段是西晉的「崇有論與貴無論之爭」，
取勝的一方是裴頠的「新儒道調和論」，其論蓋爲糾正第二階段所發展的流弊
而發，實有貶抑《老》、《莊》、重振名教的趨向。第四個階段是東晉的「放達
非道論」、孫盛的〈老子疑問反訊〉等，積極反對《老》、《莊》而標榜儒教，
則可說是一個新的「儒道對立說」。——從這四個階段所呈現的儒道升降過
程，我們不難看出：儒教儘管遭到道家思想的對抗，但仍有一大批人士努力
在維護著名教。這正可說明何以魏晉《老》、《莊》玄學發達，而經史實學卻
仍不爲時人所廢的原因。

二、莊學要旨論

　　由於《莊》、《老》二書，在魏晉時代，乃是談士們必備的知識，也是他
們所酷愛的寶典；故直就書中要義，互抒己見、交流看法或彼此攻難的情形，
乃極多見。大致說來，魏人較好談《老》，晉人則好談《莊》。談《老》者多
半集中在「體無」思想的探討，而「體無」之論又多與「易本體論」或「孔
老有無論」等有關。談《莊》者則暢行於兩晉，「逍遙」、「齊物」、「漁父」、「旨
不至」諸論，乃居其要。蓋兩晉名士每有彥集，一時興起，往往取《莊》、《老》
之書，任抽一篇或任擇一理，使眾人看題後，即談將起來。史傳常稱某人「好

〔註33〕釋道宣《廣弘明集》（臺北：中華書局）卷五，頁5～8。

言玄理」或「能談《莊》、《老》」，恐即含有此類情況者。

（一）逍遙論

有關《莊》學之討論，最受談士歡迎者，當屬「逍遙論」。《世說新語·文學篇》第三十二條即載支道林與諸名賢共論「逍遙」：

> 《莊子·逍遙篇》，舊是難處，諸名賢所可鑽味，而不能拔理於郭、向之外。支道林在白馬寺中，將馮太常（懷）共語，因及「逍遙」。支卓然標新理於二家之表，立異義於眾賢之外，皆是諸名賢尋味之所不得。後遂用支理。

同篇第三十六條，亦引支氏找王羲之談《莊子·逍遙遊》：

> 支語王曰：「君未可去，貧道與君小語。」因論《莊子·逍遙遊》。支作數千言，才藻新奇；花爛映發。王遂披襟解帶，流連不已。

又《高僧傳》亦有兩處記載與「逍遙」之論有關。一是支氏與劉系之之辯，一是釋僧光與釋道安之辯：

> △遁（支道林）常在白馬寺，與劉系之等談《莊子·逍遙篇》，云：「各適性以為逍遙。」遁曰：「不然！夫桀跖以殘害為性，若適性為得者，彼亦逍遙矣？」於是退而注《逍遙篇》，郡儒舊學莫不歎伏。（《高僧傳》卷四〈支遁傳〉）

> △釋僧光，……與道安相遇於逆旅。……道安後復從之，相會欣喜，因共披文屬思，新悟尤多。安曰：「先舊格義，於理多違。」光曰：「且當分析逍遙，何容是非先達？」（《高僧傳》卷五〈僧光傳〉）

以上四條，足見清談「逍遙論」之盛況：自向秀、郭象注解《莊子》，暢發逍遙之義後，諸名賢鑽味之，王羲之、馮太常、劉系之、乃至僧侶釋僧光、釋道安等皆能言之，支道林更卓然標新之。此中最具代表性的兩派：一是向秀、郭象之注《莊》，一是支道林之解《莊》。王羲之、馮太常、劉系之之見，大抵不出向、郭之義與支道林之義，兩相比較，即可窺知當時清談「逍遙論」之爭辯重心所在。

向、郭之義，可見《莊子·逍遙遊》郭象注〔註34〕，及《世說新語·文

〔註34〕《莊子》向秀、郭象二注之異同，近人多有論列。或據《晉書·向秀傳》，謂郭注乃本向注，「述而廣之」；或據《晉書·郭象傳》及《世說新語·文學》第十七條，謂「郭象者，為人薄行，有雋才，見秀義不傳於世，遂竊以為己注；乃自注〈秋水〉、〈至樂〉二篇，又易〈馬蹄〉一篇，其餘眾篇，或定點

學》第三十二條劉注。支遁之義，據《世說新語‧文學》第三十六條所述，原有數千字之富，今所存者，則唯〈文學篇〉第三十二條劉注所引之數十言而已。劉注雖簡，然於兩派要旨，粗略可見，茲錄於後，以作比較：

△向、郭「逍遙」義之大略云：

夫大鵬之上九萬，尺鷃之起榆枋，小大雖差，各任其性，苟當其分，逍遙一也。然物之芸芸，同資有待，得其所待，然後逍遙耳。唯聖人與物冥而循大變，爲能無待而常通，豈獨自通而已？又從有待者不失其所待；不失，則同於大通矣。

△支氏〈逍遙論〉云：

夫逍遙者，明至人之心也。莊生建言大道，而寄指鵬鷃。鵬以營生之路曠，故失適於體外；鷃以在近而笑遠，有矜伐於心內。至人乘天之正而高興，遊無窮於放浪，物物而不物於物，則遙然不我得；玄感不爲，不疾而速，則逍然靡不適；此所以爲逍遙也。若夫有欲當其所足，足於所足，快然有似天眞，猶饑者一飽，渴者一盈，豈忘烝嘗於糗糧，絕觴爵於醪醴哉？苟非至足，豈所以逍遙乎？

支氏解《莊》，標新立異，時人稱許其在向、郭之上。其說與向、郭舊義之異同，可作如下分析：（1）所同者：向、郭論聖人謂：「與物冥而循大變，爲能無待而常通」；支氏論至人云：「物物而不物於物，則遙然不我得，……則逍然靡不適。」此中所謂：「與物冥而循大變」，即是「物物而不物於物」；所謂「無待而常通」，則與「逍然靡不適」辭異而義同。足證二者所論述之最高理想境界，應無差別。（2）所異者：向、郭以爲「大有大逍遙，小有小逍遙，苟當其分，得其所待，便同乎聖人之逍遙。」其義較具普遍性。支氏則認爲：「逍遙者，明至人之心」，「苟非至足，豈所以逍遙乎？」如大鵬之上九萬里，尺鷃之起榆枋，雖足於所足，亦未必逍遙；其配稱得逍遙者，唯至人能之。其義則較具絕對性。〈文學篇〉所謂「支卓然標新理於二家之表，立異義於眾賢之外」者，蓋或指此。

案向秀、郭象乃西晉人士，當時嵇、阮虛無放曠之風正興，其「適性逍遙」之論，很能投合時人所好，故自其說始出，諸名賢在心理上既已贊同之，自然無人能拔新理於其外。但至東晉，曠風流弊甚顯，故支道林力反「適性逍遙」

___

文句而已。」今傳郭象《莊子注》，究竟何者爲向秀注，何者爲郭象注，已難斷言，但不妨稱之爲向、郭注。

（即「自足」式的逍遙），而倡「至足方爲逍遙」之論。所謂「桀跖以殘害爲性，若適性爲得者，彼亦逍遙矣！」即一語切中時弊，直令向、郭派人士啞口難辯。可見支氏所以能標新理於向、郭之上者，時情所趨，蓋亦一因。

（二）齊物論

「齊物」爲《莊子》內七篇中之第二篇篇名，亦爲《莊》學之基本觀念。其旨在勸人破死生、通物我、泯是非、除成見、去權謀、絕物欲，以達「道通爲一」之忘我境界。此論可以說是《莊子》哲學的精義所在，亦是通達逍遙境界的先要條件與必要功夫，故好《莊》學者亦必樂道「齊物」之旨。《世說新語・文學》第六十二條載：

> 羊孚弟娶王永言女。及王家見婿，孚送弟俱往；時永言父東陽尚在，殷仲堪是東陽女婿，亦在坐。孚雅善理義，乃與仲堪道「齊物」。殷難之，羊云：「君四番後，當得見同。」殷笑曰：「乃可得盡，何必相同？」乃至四番後一通。殷咨嗟曰：「僕便無以相異！」歎爲新拔者久之。

羊孚與殷仲堪共道「齊物」，相持四番之久，可見論辯場面亦甚精彩。惜其內容闕如，不能詳觀其盛。

（三）漁父論

《世說新語・文學》第五十五條，載述東晉清談的一次彥會，參與者有支道林、許詢、謝安、王濛諸名士，主題在論《莊子・漁父》篇，茲錄於下：

> 支道林、許、謝盛德，共集王家。謝顧謂諸人：「今日可謂彥會，時既不可留，此集固亦難常；當共言詠，以寫其懷。」許便問主人有《莊子》不？正得〈漁父〉一篇。謝看題，便各使四坐通。支道林先通，作七百許語；敍致精麗，才藻奇拔，眾咸稱善。於是四坐各言懷畢。謝問曰：「卿等盡不？」皆曰：「今日之言，少不自竭。」謝後相難，因自敍其意，作萬餘語，才峯秀逸，既自難干，加意氣擬託，蕭然自得，四坐莫不厭心。支謂謝曰：「君一往奔詣，故復自佳耳。」

名士彥集，尋題共言，各暢所懷，若語辭雅麗、敍理精闢，又有風采氣度者，往往可以脫穎而出，成爲談辯主角。上述支、許、謝、王諸名士之清談雅集，支、謝二人所以壓倒群芳，令四座厭心者，即在此。足見東晉清談不只講究

內容，也極標榜技巧、風度。因此史傳載述當代的談座，往往略於對難內容的記實，而詳於談辯氣氛的描寫，上文即是一例。案《莊子・漁父篇》，主旨乃在評論孔子苦心勞形於「仁義」之失，並申張「漁父」保眞守道之理。故支、許、謝、王之談論重心，當不出於養生之理或儒道優劣異同之辨。

（四）旨不至論

《世說新語・文學》第十六條云：

> 客問樂令（廣）「旨不至」者。樂亦不復剖析文句，直以塵尾柄确几曰：「至不？」客曰：「至。」樂因又舉塵尾曰：「若至者，那得去？」於是客乃悟服。樂辭約而旨達，皆此類。

案「旨」通「指」，《莊子・天下篇》有「指不至，至不絕」之語，《列子・仲尼》亦見此文。劉孝標《世說新語・文學》注則云：

> 一息不留，忽焉生滅；故飛鳥之影莫見其移，馳車之輪曾不掩地。是以去不去矣，庸有至乎？至不至矣，庸有去乎？然則前至不異後至，至名所以生；前去不異後去，去名所以立。今天下無去矣，而去者非假哉？既爲假矣，而至者豈實哉？

劉注蓋本《莊》意而衍，樂令以塵尾柄确几，先至而後去，則其所謂至，非絕對至也。換言之，有至必有去，有去必有至，而至與去，爲相對存在，非永遠現象。此皆玄學家辭頭之辯，亦當時清言之一斑。而樂令直以塵尾柄确几，不待剖析文字以喻成其理，亦足見玄學家不僅講求辭約旨達，甚至採用暗示性及喻表性的動作來表達玄意。

三、養生論

《老》、《莊》之學施於人事，輒言順物自然、養生盡年之道。如《老子》清靜無爲、貴柔不爭、虛心實腹、無知無欲、挫銳解紛、和光同塵、長生久視之說，皆隱示以養生之道理。《莊子・養生主》尤肆言養生之道云：「依乎天理，因其固然。」〈刻意篇〉亦云：「吹呴呼吸，吐故納新，熊經鳥申，爲壽而已矣，此道引之士、養形之人，彭祖壽考之所好也。」而〈逍遙遊〉、〈齊物論〉、〈大宗師〉、〈天地〉諸篇，論述至人、神人、眞人之德，或稱姑射神人：「不食五穀，吸風飲露，乘雲氣，御飛龍，而遊乎四海之外。」（〈逍遙遊〉）或稱至人：「神矣！……死生無變於己，而況利害之端乎？」（〈齊物論〉）或稱古之眞人：「其寢不夢，其覺無憂，其食不甘，其息深深。」（〈大宗師〉）或稱聖人：「千歲厭

世，去而上僊，乘彼白雲，至于帝鄉。」(〈天地〉)……如此之言，雖不免荒誕或誇肆，却爲後世希慕神仙者張本，東漢以後道教更託此說以自重。不少名士往往艷羡延年益壽，求得長生不死之術；許多人的人生觀也傾向於道家「韜光養晦，保性全眞」的養生主義。《晉書》卷四十九，論到嵇康時說：「常脩養性服食之事，……乃著〈養生論〉。」論到阮籍時說：「嘗於蘇門山遇孫登，與商略終古及栖神養氣之術。」論到向秀時說：「又與康(嵇康)論養生。」卷八十論論到王羲之時說：「雅好服食養性。」卷六十七論到郄愔時即說：「與姊夫王羲之、高士許詢，並有邁世之風，俱棲心絕穀，修黃老之術。」葛洪，著《抱朴子》，亦信服食長生之說。而且，其時通曉養生要術，能製食散針術之神醫者，亦頗不少：如《三國志・魏書》卷二十九〈方技傳〉，即云華佗「曉養性之術，時人以爲年且百歲而貌有壯容」，廣陵吳普、彭城樊阿皆從佗學，並擅其術。《隋志》〈子部・醫方類〉，著錄除疾保命之書，且多達二百五十六部四千五百一十卷。據此可見魏晉時代注重養生之道者實在很多，喜論養生之理者亦復不少，故王導過江左，仍好談養生之理〔註35〕。今《嵇康集》卷三、卷四，錄有嵇康與向秀互難「養生論」之文凡三篇，其辯難重心即以「養生方法」爲主。而卷八、卷九，又錄有嵇康與阮德如互難「宅無吉凶攝生論」之文凡四篇，雖然所談的問題偏重在「住宅有無吉凶」上，但此題原亦因論「養生之道」而起。故下文乃舉此二例以述：

（一）養生論

「養生論」是魏晉清談的重要課題，其論辯資料存留至今而載述最詳的，首推嵇康與向秀 的〈養生論〉、〈難養生論〉及〈答難養生論〉。《嵇康集》卷三載錄嵇康的〈養生論〉云：

> △世或有謂神仙可以學得，不死可以力致者。或云上壽百二十，古
> 今所同，過此以往，莫非妖妄者。此皆兩失其情，請試粗論之。
> 夫神仙雖不目見，然記籍所載，前史所傳，較而論之，其有必矣！
> 似特受異氣，禀之自然，非積學能致也。至於導養得理，以盡性
> 命，上獲千餘歲，下可數百年，可有之耳。

> △精神之於形骸，猶國之有君也。……是以君子知形恃神以立，神

〔註35〕《世說新語・文學》第二十一條：「舊云王丞相過江左，止道聲無哀樂、養生、言盡意三理而已。然宛轉關生，無所不入。」

－155－

須形以存，悟生理之易失，知一過之害生。故修性以保神，安心
以全身，愛憎不棲於於情，憂喜不留於意，泊然無感，而體氣和
平，又呼吸吐納，服食養身，使形神相親，表裡俱濟也。……故
神農曰：上藥養命，中藥養性者，誠知性命之理，因輔養以通也。
而世人不察，惟五穀是見，聲色是耽，……凡若此類，故欲之者
萬無一能成也。

△善養生者，則不然矣！清虛靜泰，少私寡欲。知名位之傷德，故
忽而不營，非欲而強禁也；識厚味之害性，故棄而弗顧，非貪而
後抑也。外物以累心不存，神氣以醇白獨著；曠然無憂患，寂然
無思慮；又守之以一，養之以和；和理日濟，同乎大順。然後蒸
以靈芝，潤以醴泉，晞以朝陽，綏以五絃；無為自得，體妙心玄；
忘歡而後樂足，遺生而後身存。若此以往，庶可與羨門比壽、王
喬爭年，何為其無有哉？

在嵇康之時，談養生者大別有二：一謂神仙為真有，不死可以學得，篤信道
教者大都主之；一謂神仙為虛妄，上壽不過百二十，如曹植〈辯道論〉即主
之〔註36〕。嵇康則認為以上二說皆兩失其情：蓋神仙雖真有，然稟之自然，
非積學所能致；至於常人，若導養得理，安期、彭祖之齡亦可及，絕非百二
十歲而已。故其〈養生論〉，不在辯論神仙之有無，而在強調延年益壽之方法。
以他所見，養生之法蓋有兩面：心理方面需講求清虛靜泰、少私寡欲、絕名
位、去憂慮，又守之以一、養之以和，不以外物累其心。生理方面則需捐棄
厚食美味，注重服藥保養，然後蒸以靈芝、潤以醴泉、晞以朝陽、綏以五絃。
這些見解純係道家本色，甚得晉代葛洪的共鳴，故葛氏〈養生論〉〔註37〕，
即進而強調薄名利、禁聲色、廉財貨、損滋味、除佞妄、去沮嫉的重要。

雖然嵇康所主張的養生要道深得日後葛洪的共鳴，但在魏朝末年卻被向
秀提出不少的質疑與批判。向秀在〈難養生論〉中云：

△若夫節哀樂、和喜怒、適飲食、調寒暑，亦古人之所修也。至於
絕五穀、去滋味、窒情欲、抑富貴，則未之敢許也。何以言之？
夫人受形於造化，與萬物並存，有生之最靈者也。異於草木：不

〔註36〕曹植〈辯道論〉，大抵為闢斥道教之虛妄而作。《廣弘明集》卷五錄有此文。
〔註37〕葛洪篤奉道教，尤好神仙導養之法，其〈養生論〉存於《道藏》臨五。其《抱
朴子‧內篇》所述，亦多與神仙修煉等養生術有關。

能避風雨、辭斧斤。殊於鳥獸：不能遠網羅，而逃寒暑。有動以接物，有智以自輔，此有心之益，有智之功也。若閉而默之，則與無智同，何貴於有智哉？有生則有情，稱情則自得。若絕而外之，則與無生同，何貴於有生哉？

△且夫嗜欲、好榮、惡辱、好逸、惡勞，皆生於自然。夫「天地之大德曰生，聖人之大寶曰位」，「崇高莫大於富貴」。然富貴，天地之情也。貴則人順己，以行義於下；富則所欲得，以有財聚人；此皆先王所重，關之自然，不得相外也，……。神農唱粒食之始，合稷纂播植之業，……肴糧入體，不踰旬而充，此自然之符，宜生之驗也。夫人含五行而生，口思五味，目思五色，感而思室，飢而求食，自然之理也，但當節之以禮耳。

△又云「導養得理，以盡性命，上獲千餘歲，下可數百年。」未盡善也。若信可然，當有得者，此人何在，目未之見。此殆影響之論，可言而不可得。縱時有耆壽耄老，此自特受一氣，猶木之有松柏，非導養之所致。若性命以巧拙為長短，則聖人窮理盡性，宜享遐期，而堯舜禹文武周孔，上獲百年，下者七十，豈復疏於導養耶？顧天命有限，非物所加耳。

△且生之為樂，以恩愛相接，天理人倫，燕婉娛心，榮華悅志。服饗滋味，以宣五情；納御聲色，以達性氣。此天理自然，人之所宜，三王所不易也。今若舍聖軌而特區種，離親棄歡，約己苦心，欲積塵露，以望山海，恐此功在身後，實不可冀也。……故相如曰：「若必長生而不死，雖濟萬世猶不足以喜。」言背情失信，而不本天理也。長生且猶無歡，況以短生守之耶？

向秀認為人類受形於造化，含五行而生，其所以異於草木鳥獸而為萬物之靈者，在有「智」與有「情」。故如何順導此一天生之「情」、「智」，方是樂生、貴生之道；設若閉默其智，禁絕其情，則智困情鬱，於此生又何益？且必有害於天理之自然。再者，堯、舜、禹、湯、文、武、周公、孔子，皆窮理盡性，然其壽不過百年上下，總未見有數百或數千高齡之耆老。可見天命之壽有限，殆非服食求藥所能加。因此，他對嵇康所追求的長生延年之術，不僅深表懷疑，而且根本否認其勞形苦志之價值。故說「若夫節哀樂、和喜怒、適飲食、調寒暑，亦古人之所修也。至於絕五穀、去滋味、窒情欲、抑富貴，

則未之敢許也。」

　　向秀此難，較合俗情，蓋採儒家的「節養」之道以釋道家的「順性自然」說。他的見解，與嵇康強調「少私寡欲」及「導引服食」說不同。故嵇康一聞其難，又覆以四千言之〈答難〉文。——開示其非並為己說辯白。文長，茲錄其要者如下：

　　△答曰：所以貴智而尚動者，以其能益生而厚身也。然欲動則悔吝生，智行則前識立。前識立則志開而物遂，悔吝生則患積而身危，二者不藏之於內而接於外，祇足以災身，非所以厚生也。夫嗜欲雖出於人，而非道德之正，猶木之有蝎，雖木之所生，而非木之宜也。故蝎盛則木朽，欲勝則身枯。然則欲與生不並久，名與身不俱存，略可知矣。而世未之悟，以順欲為得生，雖有後生之情，而不識生生之理，故動之死地也。……豈可疾智而輕身，動欲而賤生哉？！

　　△且聖人寶位，以富貴為崇高者，蓋謂人君貴為天子，富有四海，民不可無主而存，主不能無尊而立，故為天下而尊君位，不為一人而重富貴也。……聖人不得已而臨天下，以萬物為心，在宥群生，由身以道，與天下同於自得，穆然以無事為業，坦爾以天下為公。雖居君位，饗萬國，恬若素士接賓客也；雖建龍旂，服華袞，忽若布衣之在身。……君子用心若此，蓋將以名位為贅瘤，資財為塵垢也，安用富貴乎！故世之難得者，非財也，非榮也，患意之不足耳！……不以榮華肆志，不以隱約趨俗，混乎與萬物並行，不可寵辱，此真有富貴也。……故《老子》曰：「樂莫大於無憂，富莫大於知足」，此之謂也。

　　△難曰：「感而思室，飢而求食，自然之理也。」誠哉是言！今不使不室不食，但欲令室食得理耳。……故世之所患，禍之所由，常在於智用，不在於性動。……君子識智以無恒傷生，欲以逐物害性，故智用則收之以恬，性動則糾之以和。使智上於恬，性足於和，然後神以默醇，體以和成。去累除害，與彼更生，所謂不見可欲，使心不亂者也。

　　△難曰：「聖人窮理盡性，宜享遐期，而堯孔上獲百年，下者七十，豈復疏於導養乎？」案論堯孔雖稟命有限，故導養以盡其壽，此

則窮理之致，不爲不養生得百年也。且仲尼窮理盡性，以至七十；田父以六弊悆愚，有百二十者；若以仲尼之至妙，資田父之至拙，則千歲之論矣所恠哉？且凡聖人有損己爲世，表行顯功，使天下慕之，三徙成都者，或菲食勤躬，經營四方，心勞形困，趣步失節……。若比之於內視反聽，愛氣嗇精，明白四達，而無執無爲，遺世坐忘，以寶性全眞，吾所不能同也。……富貴多殘，伐之者衆也；野人多壽，傷之者寡也，亦可見矣。今使目與瞽者同功，口與聵者等味，遠害生之具，御益性之物，則始可與言養性命矣！

△難曰「神農唱粒食之始，鳥獸以之飛走，生民以之視息。」今不言五穀非神農所唱也。既言上藥，又唱五穀者，以上藥希寡，艱而難致；五穀易殖，農而可久；所以濟百姓而繼天閥也。並而存之，唯賢者志其大，不肖者志其小耳。……今不言有糧無充體之益，但謂延生非上藥之偶耳。……孰云五穀爲最，而上藥無益哉！

△又責以千歲以來，目未之見，謂無其人。即問談者，見千歲人，何以別之？欲校之以形，則與人不異；欲驗之以年，則朝菌無以知晦朔，蜉蝣無以識靈龜。然則千歲雖在市朝，固非小年之所辨矣。……然則子之所以爲歡者，必結駟連騎，食方丈於前也。夫俟此而後爲足，謂之天理自然者，皆役身以物，喪志於欲，原性命之情，有累於所論矣！

△養生有五難：名利不減，此一難也；喜怒不除，此二難也；聲色不去，此三難也；滋味不絕，此四難也；神慮轉發（魯迅校本作「神虛精散」），此五難也。五者必存，雖心希難老，口誦至言，咀嚼英華，呼吸太陽，不能不廻其操，不夭其年也。五者無於胸中，則信順日濟，玄德日全，不祈喜而有福，不求壽而自延，此養生大理之所效也。……凡此數者，合而爲用，不可相無，猶轅軸輪轄，不可一乏於輿也。

嵇康的答難，大致可分以上七段，而此七段皆針就向秀之駁難處而發。第一，向秀認爲天生之情智，可順禮發展而不可禁抑；嵇康則駁以情智二者，若不抑藏於內而接於外，則必悔生災及，而不足以益生厚身。第二，向秀認爲富貴乃天地之情，皆先王所重；嵇康則駁以富貴不足爲重，聖人雖身居廟堂，實則心在山林。第三，向秀認爲智之發用、情之需求，乃自然之理；嵇康則駁以用智

逐欲適足以傷生，故智用則收之以恬、性動則糾之以和。第四、向秀舉堯、孔之未享遐壽，以難長生久壽爲虛談；嵇康則答以聖人一因稟命有限，故不得壽，一因勞心救事，故無暇養生。第五，向秀舉神農倡穀食，認爲上藥未必宜生；嵇康則答以穀食固有充體之益，然延生則非上藥莫屬。第六，向秀認爲生之爲樂，蓋能使情宣智用，嵇則難以「此皆役身以物，喪志於欲」者。第七，嵇康重申己見，綜論生有五難，再及養生之方術，強調「滅名利」、「除喜怒」、「去聲色」、「絕滋味」、「歛精神」五者必須合用，不可相無。

　　案：以上三文，一論、一難、一答難，雖爲嵇康、向秀書信往返之實錄，然當時清談「養生論」之實況亦可由此窺見崖略。大致說來，首發談端者，須先破凡說，自標一理，出以新意。駁難者則就其立論之不妥處尋隙進攻，並在攻難中表明己見。若主論者不服，即可提出答難，一以申辯己說，一以答覆來攻。如此一往一返，往往須辯至某方服輸而後已。而在論辯的過程中，所談之理自然愈談愈趨圓滿周到，而談者的思想也愈談愈臻縝密精詳，今由嵇康之駁難內容較原論周密，即可證知。《晉書》卷四十九〈向秀傳〉云：「與康論養生，辭難往復，蓋欲發康之高致也。」則當時嵇、向對難，恐或不只上述二回合；而嵇康之高致實由向秀之駁難而有以激成之。至於今存向秀、郭象之《莊子注》，所以能「暢發奇趣，振起玄風」者，其得力於此類論辯一來一往之攻防者，自當不小。〔註38〕

（二）宅無吉凶攝生論

　　「宅無吉凶攝生論」是嵇康與阮德如之間往復論難的一大主題。（嚴可均所輯《全三國文》卷五十、五十一，題爲「嵇康與張遼叔之論辯」，說不確。）在魯迅所輯校的吳寬叢書堂鈔本《嵇康集》中，即著錄有阮德如〈宅無吉凶攝生論〉、嵇康〈難宅無吉凶攝生論〉、阮德如〈釋難宅無吉凶攝生論〉及嵇康〈答釋難宅無吉凶攝生論〉四文。其論難重心大致集中在「住宅有無吉凶」的問題上，且與「養生之道」頗有關聯。阮德如〈宅無吉凶攝生論〉云：

　　　　夫善求壽強者，必先知災疾之所自來，然後其至可防也。……世有
　　　　安宅、葬埋、陰陽、度數、刑德之忌，是何所生乎？不見性命，不

〔註38〕今向秀、郭象《莊子注》中論及養生之理者，其見多與嵇康侔合。此或向秀注《莊》之時，其養生之主張已受嵇康影響而有所修正，故與發表〈養生論〉時之見解有所出入。或者《莊注》中有關養生之理，並非向秀之見，而係郭象之見。

知禍福也。……故壽強者，專氣致柔，少私寡欲，直行性情之所宜，
而合於養生之正度，求之於懷抱之內，而得之矣。……忌祟舉，生
於不知；由知者言之，皆乞胡也。設爲三公之宅，而令愚民居之，
必不爲三公可知也。夫壽夭之不可求，甚於貴賤，然則擇百年之宮，
而望殤子之壽，孤逆魁罡，以速彭祖之夭，必不幾矣。……夫鑿龜
數筴，可以知吉凶，然不能爲吉凶。何者？吉凶可知，而不可爲也。
夫先筮吉卦而後名之無福，猶先築利宅而後居之無報也。占舊居以
譴祟則可，安新居以求福則不可，即猶卜筮之說耳。俗有裁衣種穀
皆擇日，衣者傷寒，種者失澤。凡火流寒至，則授衣；時雨既降，
則當下種；賊方至，則當疾走。今舍實趨虛，故三患隨至。凡以忌
祟治家者，求富，而其極皆貧，故有「知星宿，衣不覆」之諺，古
言無虛，不可不察也。

阮氏認爲養生之道，莫如先知災疾之源，而預作防患。譬如天寒則衣，雨降
則種，賊至則逃，皆是避禍趨福之實策。至於安宅、葬埋、陰陽、度數、筮
祝、譴祟等，則是不切實際的虛行。顯然他的立場是重實而反虛的。

阮氏此見，嵇康不盡贊同，故有〈難宅無吉凶攝生論〉云：

論曰「專氣致柔，少私寡欲，直行情性之所宜，而合養生之正度，
求之於懷抱之內而得之矣。」又曰：「善養生者，和爲盡矣！」誠哉
斯言。匪謂不然，但謂全生不盡此耳。……縱如論宅與卜同，但能
知而不能爲，則吉凶已成，雖知何益？卜與不卜，了無所在，而古
人將有爲。必曰：問之龜筮吉，以定所由差，此豈徒也哉！此復吾
之所疑也。……論曰「爲三公宅，而愚民必不爲三公可知也。」或
曰「愚民必不得久居公侯宅，然則因無宅也。」應曰：不謂吉宅能
獨成福，但謂君子有賢才。又卜其居，復屢積德，乃享元吉。猶夫
良農，既懷善藝，又擇沃土，復加耘籽，乃有盈倉之報耳。……卜
宅雖吉，而功不獨成，相須之埋。誠然，則宅之吉凶未可惑也。

嵇康雖然並未完全反對阮氏所提的避禍趨福之實策，但他認爲全生之道並不
只此。對己而言，固須專氣致柔、少私寡欲、直行性情之所宜；對外物而言，
如卜宅安居之事也很重要。換句話說，他是主張內外並重，實虛兼修的。

但在嵇康提出駁難後，阮氏並未折服，於是他們又進行了第二番以下的
談辯。在第二番中，阮氏特別表明「謹於邪者，慢於正；詳於宅者，略於和」

的道理。他說：

> 夫私神立，則公神廢；邪忌設，則正忌喪；宅墓占，則家道苦；背
> 向繁，則妖心興；子之言神，其爲此乎？則唯吾之所疾爭也。……
> 難曰「不謂吉凶能獨成福，猶夫良農，既懷善藝，又擇沃土，復加
> 耘籽，乃有盈倉之報。」此言當哉！若三者能修，則農事畢矣。若
> 盛以邪用，求之於虛，則宋人所謂「予助苗長」，敗農之道也。

阮氏所以視卜宅譴祟爲偃苗助長之行，其理由完全在虛實輕重、本末正邪之
間的衡量。而嵇氏答辯道：

> 又曰「私神立，則公神廢」，然則唯惡夫私之害公、邪之傷正，不爲
> 無神也。向墨子立公神之情，狀不甚有之說；使董生託正忌之塗，
> 執不甚無之言，二賢雅趣，可得合而一，兩無不失耶？……故吾謂
> 古人合德天地，動應自然，經世所立，莫不有徵，豈匵設宗廟以欺
> 後嗣，空借鬼神以謟將來耶？足下將謂吾與墨不殊，今不辭同有鬼，
> 但不偏守一區，明所當然，使人鬼同謀，幽明並濟，亦所以求衷，
> 所以爲異耳。……然則宅與性命，雖各一物，猶農夫良田，合而成
> 功也。……由此而言，探賾索隱，何謂爲妄？

嵇氏認爲宅居吉凶雖然有點神妙玄虛，但若能與攝生實理同時講究，則必能
如農夫良田，合而成功。

　　案：阮德如乃嵇康之好友，《嵇康集》卷一錄有嵇康與阮德如詩一首，阮
德如答詩二首。嵇詩有云：「良時遘吾子，談慰臭如蘭」。阮詩亦有云：「顧盼
懷惆悵，言思我友生」可見兩人相契甚深。據上文所述，嵇阮之間對「養生
方法」的主張，似乎並無衝突。其爭辯焦點，乃在阮氏只倡攝生，而反卜宅；
嵇氏則兩者兼重。顯然他們都同時採信道家「韜光養晦、少私寡欲」的養生
主張，只是對於東漢以來民間所流行的陰陽讖緯之術及道教卜宅吉凶的態
度，頗有出入而已。其一論一難，皆條分縷析，或重申己說，或直指對方之
矛盾，或爲對方之誤解進行自我辯護。以今所存之四文觀之，即長達七千餘
言，則當時兩人在談座上辭義風生，想必不相上下矣！

四、公謙論

　　《老》、《莊》之學，施於人事，除了提倡「節情寡欲」的養生主張外，也
鼓勵人追求謙隱退讓諸種美德。故受《老》、《莊》哲學影響者，每好談論謙隱

之德。如王弼注《易》，往往攙入《老子》「惡盈尚謙」、「處下不先」、「貴柔不爭」的思想〔註39〕；嵇康著〈釋私論〉，乃以「虛心無措」爲賢人君子之高德；潘尼著〈安身論〉，乃以「去私寡欲」爲安身，崇德之要道；皇甫謐之〈玄守論〉、束皙之〈玄居釋〉、曹毗之〈對儒〉等文，均擬客難，申發「淡泊無爲」、「不損不益」之眞諦。然而，這些安身守玄的思想，都比較傾向於獨善其身的個人主義，而與儒家之講大公無私、兼善天下者，人生境界頗不相同。因此，魏晉倡言謙隱之道者固多，但站在儒家立場出質疑駁辯者也不少。譬如隱德方面，即有「顯隱優劣之辨」論；謙德方面，即有「公謙異同」論。

《晉書》卷七十五〈王湛傳〉附〈王坦之傳〉云：

△坦之又嘗與殷康子書論公謙之義曰：「夫天道以無私成名，二儀以至公立德。立德存乎至公，故無親而非理；成名在乎無私，故在當而忘我；此天地之所以成功，聖人所以濟化。由斯論之，公道體於自然，故理泰而愈降；謙義生於不足，故時弊而義著。故大禹答縣，稱功言惠，而成名於彼；孟反范燮，殿軍後入，而全身於此。從此觀之，則『謙』『公』之義，固以殊矣。

△夫物之所美，己不可收；人之所貴，我不可取。誠患人惡其上，眾不可蓋，故君子居之，而每加損焉。降名在於矯伐，而不在於期當；匿跡在於違顯，而不在於求是；於是謙光之義與矜競而俱生，卑挹之義與夸伐而並進。由親譽生於不足，未若不知之有餘；良藥效於瘳疾，未若無病之爲貴也。夫乾道確然示人易矣，坤道隤然示人簡矣，二象顯於萬物，兩德彰於群生，豈矯枉過直而失其所哉？由此觀之，則大通之道，公坦於天地；謙伐之義，險巇於人事。今存公而廢謙，則至伐者託至公以生嫌，自美者因存黨以致惑，此王生所謂同貌而異實，不可不察者也。然理必有源，教亦有主。苟探其根，則玄指自顯；若尋其末，弊無不至。豈可以嫌似而疑至公，弊貪而忘於諒哉？」康子及袁宏並有疑難，坦之標章摘句，一一申而釋之，莫不厭服。

公謙之辨，乃是東晉王坦之、韓康伯、袁宏及殷康子等人書論往返所熱烈討論的一個主題。王坦之的立場比較傾向儒家，其著〈公謙論〉，即以〈易傳〉

〔註39〕參拙著《王弼及其易學》，國立台灣大學文史叢刊之四十七，1977年。

之思想，分析「公」、「謙」二義之不同，並且強調「公」道必高於「謙」義。他認爲天道乃以至公無私爲德，故至德必公坦於天地，而無親、無我、亦無所謂謙誇之別。然而，標舉「謙」德，則「謙」、「誇」有別之成見必不免橫梗心中，則謙之爲義難免會「與矜尙而俱生」，「與夸伐而並進」。所以說：「公道體於自然，故理泰而愈降；謙義生於不足，故時弊而義著。」

王坦之此見，袁宏及殷康子均表不然。殷氏疑難之文，今已亡佚。袁氏疑難之文，則現存於《太平御覽》卷四二三所載〈明謙〉一文中。其文云：

> 賢人君子推誠以存禮，非降己以應世；率心以誠謙，非匿情以同物。故侯王以孤寡饗天下，江海以卑下朝百川。《易》曰：『天道下濟而光明，地道卑而上行。』《老子》曰：「高以下爲基，貴以賤爲本。」此之謂乎？

袁宏蓋力反王坦之「謙不如公」及「謙義生於不足」之論而發。在他看，謙德原以「誠心」爲本，《易》與《老子》皆頌爲「德之基」，可見絕無「降己」或「匿情」之弊。

王、袁二人，立論有別，顯然一重儒理，故崇「公」義；一重《老》旨，故崇「謙」義。韓康伯對此二論皆有所採，而偏袒於王氏。《晉書》卷七十五韓伯（字康伯）本傳云：

> △王坦之又嘗著〈公謙論〉，袁宏作論難之。伯覽而美其辭旨，以爲是非既辯，誰與正之？遂作〈辯謙〉以折中曰：「夫尋理辯疑，必先定其名分所存，所存既明，則彼我之趣可得而詳也。夫謙之爲義，存乎降己者也，以高從卑，以賢同鄙，故謙名生焉。孤寡、不穀，人之所惡，而侯王以自稱，降其貴者也；執御、執射，眾之所賤，而君子以自目，降其賢者也。與夫山在地中之象，其致豈殊哉？捨此二者，而更求其義，雖南轅求冥，終莫近也。夫有所貴，故有降焉；夫有所美，故有謙焉；譬影響之與形聲，相與而立。道足者，忘貴賤而一賢愚；體公者，乘理當而均彼我。降挹之義，於何而生？則謙之爲美，固不可以語，至足之道，涉乎大方之家矣！然君子之行己，必尙於至當，而必造乎匿善；至理在乎無私，而動之於降己者何？誠由未能一觀於能鄙，則貴賤之情立；非忘懷於彼我，則私己之累存。當其所貴，在我則矜；值其所賢，能之則伐。處貴非矜，而矜己者常有其貴；言善非伐，

而伐善者驟稱其能。是以知矜貴之傷德者，故宅心於卑素；悟驟稱之虧理者，故情存於不言。情存於不言，則善斯匿矣；宅心於卑素，則貴斯降矣。

△夫所況君子之流，苟理有未盡，情有未夷，存我之理未冥於内，豈不同心於降挹洗之所滯哉！體有而擬無者，聖人之德；有累而存理者，君子之情。雖所滯不同，其於遣之，緣有弊而用，降己之道，由私我而存，一也。故懲忿窒欲，著於損象。卑以自牧，實繫謙爻，皆所以存其所不足，拂其所有餘者也。王生之談，以至理無謙，近得之矣。云人有爭心，善不可收，假後物之迹，以逃動者之患。以語聖賢，則可施之於下，斯者豈惟逃患於外，亦所以洗心於内也。」

韓康伯認爲「謙」之爲義，乃本乎「降己」；既有所「降」，則必有所「美」與之並立。蓋因表揚謙德，必難脫尊卑有別、貴賤有分的對待觀念；故若較諸「道足者，忘貴賤而一賢愚；體公者，乘理當而均彼我」來說，謙德實不足以稱爲「至道」。康伯此一見解本與王坦之雷同，不過他又益之以《莊子・齊物論》「忘貴賤」、「一賢愚」、「均彼我」的思想，故比坦之之見而更臻圓滿周洽。

案：王、袁、韓三說，均環繞「公謙」之義，各陳己見，互相辯難。由《晉書》之記錄看，他們三人的這些著作，乃是見諸書論，而非口辯，故只能稱爲筆談，而非清談。然而，魏晉筆談的發達實可視爲清談的擴展。尤其，王、袁、韓三人，據《晉書》本傳，都是東晉的清談名家。王坦之不但著〈公謙論〉，也著〈廢莊論〉，又與沙門竺法師論幽明報應，其具辯才思理，殆無可疑（卷七十五）。韓康伯本傳則稱其「清和有思理，……簡文帝居藩，引爲談客。」（卷七十五）袁宏本傳則云其「至於辯論，每不阿屈。……謝安常賞其機對辯速。」（卷九十二）故以三人之精擅辭談機辯看，其「公謙論」，勢必不只見於筆談，亦當見於清談。

第三節　天文學及其他

一、天文論

在《隋書・經籍志》〈子部〉的著錄中，天文類與曆數類的卷帙部數計達

一百九十七部九百三十八卷，其中除了一兩部漢朝以前的作品，幾乎都是六朝人的著作。魏晉時代天文學所以如此發達，一方面是因三玄之學的勃興啓發了世人對天道奧理的興趣，另方面則是繼承東漢張衡、王充、劉洪、馬融、鄭玄等人對天體研究的發展而來。雖然這是一項專門性的自然科學，需要具備相當的數理推算能力，並非一般名士所能談論；但觀《隋書・經籍志》〈子部〉此類著錄之富，則知涉足於此題之談辯自然不可能沒有。今存魏晉人討論天體學說的文章，大致有以下數種：

吳：

△王蕃「渾天象說」（《晉書・天文志上》、《御覽》卷二）

△陸績「渾天儀說」（《開元占經》卷一、二）

△姚信「昕天論」（《晉書・天文志上》、《御覽》卷二）

△徐整「三五曆紀」（《御覽》卷二）

△楊泉「物理論」（《御覽》卷二）

晉：

△虞聳「穹天論」（《晉書・天文志上》）

△虞昞「穹天論」（《御覽》卷二）

△虞喜「安天論」（《御覽》卷二、《晉書・天文志上》）

△魯勝「正天論」（《晉書》卷九十四隱逸本傳）

△劉智「天論」（《開元占經》卷一）

△姜岌「渾天論」「渾天論答難」（《開元占經》卷一）

△葛洪「渾天儀釋」（《晉書・天文志上》）

此中，如劉智的〈天論〉、虞喜的〈安天論〉、姜岌的〈渾天論答難〉，都具有問答對難式的體裁。其他各篇也往往帶有破他立我式的論辯語氣。可見這些作品多是與人談辯後的產物。無怪王僧虔在《誡子書》中，亦指「張衡思侔造化」之天文學爲談士所必備的學問。

自東漢順帝時張衡作銅天渾儀及地動儀以來，研究天文學的人愈來愈多，大致可分爲三派：或主宣夜說，或主蓋天說，或主渾天說。（1）據《晉書・天文志》所述，主「宣夜」說者，謂天蒼然了無質，日月眾星自然浮生於虛空之中，其行止皆須賴氣，是以七曜或逝或住，或順或逆，伏見無常，進退不同。（2）主「蓋天」說者，謂天似蓋笠，地似覆槃，天地各中高外下，北極之下爲天地之中，其地最高，而滂沱四隤，三光隱映，以爲晝夜。又謂

天圓如張蓋，地方如棋局，天旁轉如推磨而左行，日月右行，隨天左轉，故日月實東行，而天遷之以西没；且因天行，南高而北下，日出高故見，日入下故不見。（3）主「渾天」說者，則謂天如雞卵，地如卵中黄，孤居於天內，天大而地小，天表裡有水，天地各乘氣而立，載水而行，周天三百六十五度四分度之一，又中分之則半覆地上，半繞地下，故二十八宿半見半隱，蓋天之轉如車轂之運也。──以上三說，「宣夜」之書已亡，惟漢郤萌能傳師說，至晉，虞喜有意續之，乃著〈安天論〉。「蓋天」之學，載於《周髀》，東漢王充據以駁渾儀，但至魏晉則有不少人反對。「渾天」之學，採信者最多，揚雄即難蓋天八事，以通渾天；鄭玄又難其二事，謂蓋天之學不能通；而桓譚亦駁王充蓋天之說；吳陸績、王蕃始推渾天意，晉葛洪、姜岌並皆主之。故魏晉時代，據宣夜說以駁渾、蓋者，虞喜〈安天論〉可為代表；據渾天說以駁蓋天者，姜岌〈渾天論答難〉可為代表。

（1）虞喜〈安天論〉

《太平御覽》卷二載述虞喜〈安天論〉云：

> 言天體者三家，渾蓋之術具存，而宣夜之法絕滅，有意續之而未遑也。近見姚元規（信）造「昕天論」，又覩族祖河間（虞聳）立意「穹天論」，鄙意多喜，以為天高無窮，地深不測，地居卑靜之體，則天有常安之象。形相覆冒，無方圓之義。渾蓋之家依《易》立說，云天運無窮，或謂渾然苞地，或謂渾然而蓋。愚謂若必天裏地似卵中黄，則地是天中一物，聖人何別為名而配天乎？古之遺語，日月行於飛谷，謂在地中也，不聞列星復流於地；又飛谷一道，何以容此？且谷有水體，日為火精，冰炭不共器，得無傷日之明乎？此蓋天所以為臣難也。」或難曰：「《周禮》有方圓之丘祭天地，則知乾坤有方圓體也。」答曰：「郊祭大報天而主日配，日月形圓，圓丘似之，非天體也。祭方者，別之於天。尊卑異位，何足恈哉？周髀之術，名是蓋天。蓋天雖與渾異，而星辰有常數。今陳氏（指太史令陳季冑）見上觀周，因言周渾、周髀、宣夜，或人姓名，猶星家有甘石也。蓋天之體轉四方，地卑不動，天周其上，故云周髀。宣，明也；夜，幽之數；其術兼之，故云宣夜。」

《晉書・天文志上》亦略引其說，並云：

> 葛洪聞而譏之曰：「苟辰宿不麗於天，天為無用，便可言無，何必復

云有之而不動乎？由此而談稚川，可謂知言之選也。」

案：上述難答之人共有三家：虞喜主「宣夜」，而反「渾」、「蓋」；難者則主「蓋天」；葛洪則主「渾天」。虞喜因反蓋天，故云天地當相覆冒，方則俱方，圓則俱圓，絕無天圓地方之理。難者因主蓋天，故舉《周禮》有「方圓之丘祭天地」事，為天圓地方說申辯。而虞喜則解釋道：《周禮》所謂方圓之丘，不過象徵天地尊卑有別，並非指天形本圓、地形本方。又虞喜亦反渾天，云「若天裹地似卵中黃，則地是天中物，聖人何別為名而配天乎？」葛洪有反譏之文，惜文殘難窺其要。總之，當時談論天體的各種說法，實極複雜。就是在宣夜、渾天或蓋天各派中，每人的主張也未必一致。甚或有人（如虞喜文中之陳季冑氏）更直指周渾、周髀、宣夜為人名，虞喜在〈安天論〉中亦一一駁辯。唯此諸說，臆測多於實據，故《晉書・天文志》上云：「自虞喜、虞聳、姚信，皆好奇徇異之說，非極數談天者也。」

（2）姜岌〈渾天論答難〉

《開元占經》卷一載述姜岌〈渾天論答難〉云：

△或云：「火陽也，故外照；金水陰也，故內景。日為陽精，故外照；月為陰之宗，應內景。而月復能外照，何也？」

對曰：「月光者，日曜之所生，是故外景如日照也。是故瑩金澄水，得日之照，照物亦有景。」又曰：「月無盈虧，盈虧由人也。日月之形體如圓丸，各徑千里。月體向日，常有光也。月之初生，日曜其西，人處其東，不見其光，故名曰魄。魄三日之後，漸東而南，故明生焉。八日正在南方，半之，故見弦也。望則人處日月之間，故見其圓也。假使月初生時，移人在日月之間，東向以視，則月光圓若望也。夏至之日，日入戌，月初生時，則西北近日有光。及出于寅，未盡三日，以視月，則東北近日，光不盡也。研之于心，驗之于日，月體向日有光，而言圓矣！」

△難者又云：「日曜星月，明乃生焉。然則月望之日，夜半之時，日在地下，月在地上，其間隔地，日光何由得照？月闇虛，安得常在日衝？」

對曰：「日之曜也，不以幽而不至，不以行而不及，赫然照于四極之中，而光曜煥乎宇宙之內，循天而曜，星月猶火之循突而升，乃其光曜無不周矣。惟衝不照，名曰闇虛。舉日及天體猶滿面之

賁鼓矣。日之光炎在地之上，因礙地不得直照而散，故薄天而照
則遠，在地之上散而直照則近。以斯言之，則日光應曜星日，有
何礙哉？〈易傳〉曰：日夜食，則星亡，無日以曜之故也。」

△難云：「地上不得直照而散，故薄天而照遠。驗先望一日，日未入
地而月已出，相去三十餘萬里，日光地上，散而直照，不應及月。
而使月明光者，何也？」

對曰：「薄天而照則遠，是言礙地廣難耳。水流濕，火就燥，類相
從也。月者，星類也。日光直照，雖不及月，今然一燭在上，一
燭在下，滅下燭，使煙相當，則上燭之炎，循煙而下然下燭矣，
此類相從也。」

△難者又曰：「日夜食，則眾星亡，驗月體不大于地。今日在地下，
月在地上；地體大，尚不能掩日，使不照月；月體小于地，安能
掩日使不照曜星也？」

對曰：「上元之初日，月如疊璧，五星如連珠，故曰重光。重光者，
日在上，月次之，星居下，地在宿內，故不掩日，日光循星月而
曜之也。月在星宿之外，故掩日光不得照星也。」

案：上文為姜岌與時人論辯「月球何以能發光」之理。兩方問難達四回合，
其談辯盛況實不亞於談《老》說《莊》。依姜岌所答觀之，渾天論的學說實極
進步，不但知道月光的來源為日光的反射，並且知道以日、月、地的關係位
置解釋朔望。所謂「月之初生，日曜其西，其東，不見其光，故名曰魄。」「望
則人處日月之間，故見其圓也。」蓋以月在日與地之間為朔，以地在日與月
之間為望，都極符合今日天文學的原理。姜氏固然善答，難者也的確善問，
可見當時談辯風氣的發達，對於天文思想的啟發亦不算少。

二、其 他

　　魏晉的諸子學除老莊類與天文類外，名、法、墨、兵、五行、醫方各家
也有一定程度的發展。五行類的談題多與《易》數術論有關，醫方類的談題
多與養生論有關，名家類的談題多與人倫品鑑有關，兵、法類的談題多與政
事實務有關，此於前文皆已述及。此中，名家之講控名責實術，墨辯之講辟
侔援推法，其論辯術似亦甚受談士們的重視。譬如《三國志・魏書》卷二十
八〈鄧艾傳〉注引荀綽《冀州記》云：「（爰）翰子俞，字世都，清貞貴素，

辯於論議，採公孫龍之辭談微理。」此即是運用名家辯難術來討論問題之例證。他如〈鍾會傳〉稱「（會）博學，精練名理。……及會死後，於會家得書二十篇，名曰《道論》，而實刑名家也，其文似會。」（《三國志・魏書》卷二十八）王坦之傳稱「頗尚刑名之學。」（《晉書》卷九十五）李充傳稱：「幼好刑名之學。」（《晉書》卷九十二文苑傳）可見名家講控名責實，魏晉仍有好尚之者，只是不甚普遍而已。故《世說新語・文學》第二十四條載：

> 謝安年少時，請阮光祿（裕）道「白馬論」，爲論以示謝。於是謝不即解阮語，重相咨盡，阮乃歎曰：「非但能言人不可得，正索解人亦不可得。」

《晉書》卷九十四《隱逸傳・魯勝傳》引魯勝所著〈墨辯序〉亦云：

> 名者，所以別同異、明是非，道義之門，政化之準繩也。孔子曰：「必也正名，名不正則事不成。」墨子著書作辯經，以立名本。惠施、公孫龍祖述其學，以正刑名顯於世。……名必有刑，察形莫如別色，故有堅白之辯。名必有分明，分明莫如有無，故有無序之辯。是有不是，可有不可，是名兩可。同而有異，異而有同，是之謂辯同異。至同無不同，至異無不異，是謂辯同辯異。同異生是非，是非生吉凶，取辯於一物，而原極天下之汙隆，名之至也。自鄧析至秦時，名家者世有篇籍，率頗難知，後學莫復傳習，於今五百餘歲，遂亡絕。《墨辯》有上下〈經〉，經各有〈說〉，凡四篇，與其書眾篇連第，故獨存。今引〈說〉就〈經〉，各附其章，疑者闕之，又採諸眾雜，集爲〈刑〉
> 〈名〉二篇，略解指歸，以俟君子。其或興微繼絕者，亦有樂乎此也。

照《世說新語》的記載，阮光祿道「白馬論」，謝安已不盡解。照魯勝的說法，名辯之學亦乏人繼其微絕。則當時名辯之術儘管有人好尚，但能發明羽翼，進而在談場中共辯者，恐難尋其一二矣！

第六章　文學藝術上的談題

第一節　文學藝術與清談的關係

　　魏晉清談的主題，在經、史、子、集、佛五部中，與文學藝術有關的集部，可以說是最弱的一環。雖然魏晉談士有個人專集的很多（見《隋志》集部著錄），但集部的作品多半是抒情寫志的詩賦散文，自然跟談場上的思想論辯扯不上直接的關係。若說文藝方面還有可資談辯的題材，那就應該指文藝批評或文藝理論了。然而，魏晉時代，文學才剛脫離漢代的經學而獨立，文學理論如曹丕的〈典論論文〉、曹植的〈與楊德祖書〉、應瑒的〈文質論〉、陸機的〈文賦〉等，也不過在啓蒙的階段。能夠參與其論，進而彼此攻難的，仍然不多。唯東晉・葛洪《抱朴子》的〈尚博〉篇，存有一段抱朴子（葛洪自號）與時人互辯「德行與文章孰本孰末」的記載。這或是葛洪擬託對難體的一種表達方式，但也很可能就是當時清談文學問題的實錄。其文云：

　　　　△抱朴子曰：「正經爲道義之淵海，子書爲增深之川流。仰而比之，
　　　　　則景星之佐三辰也；俯而方之，則林薄之禆嵩嶽也。雖津塗殊闢，
　　　　　而進德同歸；雖離於舉趾，而合於興化。故通人總本原以括流末，
　　　　　操綱領而得一致焉。……」

　　　　△或曰：「著述雖繁，適可以騁辭耀藻，無補救於得失，未若德行不
　　　　　言之訓。故顏閔爲上，而游夏乃次，四科之格，學本而行末（案：
　　　　　此句疑爲「學末而行本」之誤），然則綴文固爲餘事。而吾子不襃
　　　　　崇其源，而獨貴其流，可乎？」

抱朴子答曰：「德行爲有事，優劣易見；文章微妙，其體難識。夫
易見者粗也，難識者精也。夫唯粗也，故銓衡有定焉；夫唯精也，
故品藻難一焉。吾故捨易見之粗，而論難識之精，不亦可乎？」

△ 或曰：「德行者，本也；文章者，末也。故四科序，文不居上。然
則著紙者，糟粕之餘事；可傳者，祭畢之芻狗。卑高之格，是可
識矣。文之體略，可得聞乎？」

抱朴子答曰：「荃可以棄，而魚未獲，則不得無荃；文可以廢，而
道未行，則不得無文。……且文章之與德行，猶十尺之與一丈，
謂之餘事，未之前聞。夫上天之所以垂象，唐虞之所以爲稱，大
人虎炳，君子豹蔚，昌旦定聖謚於一字，仲尼從周之郁，莫非文
也。八卦生鷹隼之所被，六甲出靈龜之所負，文之所在，雖賤猶
貴，犬羊之鞹，未得比焉。且夫本不必皆珍，末不必悉薄，譬若
錦繡之因素地，珠玉之居蚌石，雲雨生於膚寸，江河始咫尺，爾
則文章雖爲德行之弟，未可呼爲餘事也。」

△ 或曰：「今世所爲，多不及古，文章著述，又亦如之，豈氣運衰殺，
自然之理乎？」

抱朴子答曰：「百家之言，雖有步起，皆出碩儒之思，成才士之手，
方之古人，不必悉減也。……又世俗率神貴古昔而黷賤同時，雖
有追風之駿，猶謂之不及造父之所御也。……雖有益世之書，猶
謂之不及前代之遺文也。是以仲尼不見重於當時，太玄見蚩薄於
比肩也。俗士多云：今山不及古山之高，今海不及古海之廣，今
日不及古日之熱，今月不及古月之朗，何肯許今之才士，不減古
之枯骨，重所聞，輕所見，非一世之患矣！昔之破琴剿弦者，諒
有以而然乎！」〔註1〕

這裡，可以看出東晉新舊兩派文學理論的爭辯。按照傳統的文學觀念，總是
把德行看爲根本，把文章視爲枝末；把古人所爲者奉爲權威，把今人所爲者
斥爲小道。因此，今人的文章，寫得再好，也只是「騁辭耀藻，無補救於得
失」的「糟粕之餘事」而已。上文中的「或曰」之語，即站在此一傳統的觀
點上，而《抱朴子》卻大膽地駁斥這種「德本文末」、「貴古賤今」的理論。

────────────────────────────

〔註1〕 葛洪《抱朴子・外篇》（臺北：世界書局印行）〈尚博〉，卷第三十二，頁157
～158。

他認為文章之與德行，就如同十尺之與一丈，根本沒有本末輕重之分；就是有本末之分的話，本也不必珍，末也不必薄。再說，文學之體，精深難識，似亦遠較德行之粗，易見功效者為高。而文學百家之言，每出碩儒之思或才士之手，方之古人，亦當不在其下。《抱朴子》這種「文德並重」、「古今同貴」的文學理論，實是相當開明與進步的見解。不但肯定了「文學不亞於倫理道德」的價值，也樹立了「今文不劣於古文」的進化觀。在《抱朴子‧外篇》的〈辭義〉、〈鈞世〉、〈文行〉諸篇中，亦多發明此旨。

　　然而，葛洪所以有這種新時代的文學觀，也並不是什麼超奇的創見。因為魏晉的文風，由於時代環境及清談玄學的影響，的確已逐步擺脫了實用的、倫理的社會使命，而趨於浪漫的、抒情的、哲理的發展。換言之，即從載道諷喻的實用功能，走上個人言情寫志的途徑。這只要打開《昭明文選》或《全三國兩晉文》所輯錄的文章，即可得證。例如曹植的〈玄暢賦〉、〈釋愁賦〉、〈髑髏說〉，嵇康的〈秋胡行〉、〈酒會詩〉、〈答二郭〉、〈與阮德如〉、〈述志詩〉，以及阮籍、郭璞、張華、孫楚、陸機、陸雲、庾闡、張載、石崇……等人的詩篇裡，幾乎都蘊藏著《老》、《莊》自然無為的哲理，或避世隱逸的思想。曹植晚期的作品如〈苦思行〉、〈升天行〉、〈仙人篇〉、〈遊仙篇〉、〈遠遊篇〉、〈平陵東〉、〈飛龍篇〉，以及張華、張協、成公綏、何邵、郭璞的〈遊仙詩〉等，更大量採用古代的神仙傳說，編成一個個神妙超俗的仙境，藉以遺忘現實的苦悶。到了東晉，有些文士如孫綽、許詢等，甚至援佛理入詩，文章帶有出世味，彷若偈語。因此，《文心雕龍‧明詩》說：「自中朝貴玄，江左稱盛，詩必柱下之旨歸，賦乃漆園之義疏。」〔註2〕《詩品》也說：「永嘉時，貴黃老，尚虛談，於時篇什，理過其辭，淡乎寡味，爰及江表，微波尚傳。孫綽、許詢、桓、庾諸公詩，皆平典似《道德論》。」〔註3〕可見當時的文學思潮，事實上乃跟清談的內容脫離不了關聯。尤其，當代文士大都慕尚談辯，而談士又多半能夠舞文弄墨，於是他們表現在口談上或發揮在辭章裡的精神也就如出一轍了。

　　本章所想介紹的，乃是魏晉神怪小說與清談主題的關係。魏晉是中國文言小說的濫觴，而其時的小說題材概以夢怪神異諸事為大宗，譬如託名東方朔的《神異經》、《十洲記》，託名班固的《漢武帝故事》、《漢武帝內傳》，託

〔註2〕劉勰《文心雕龍》（臺北：世界書局印行）卷二，〈明詩篇第六〉。
〔註3〕鍾嶸《詩品‧序》，見嚴可均輯《全梁文》卷五十五，頁2。

名郭憲的《洞冥記》，託名劉歆的《西京雜記》〔註4〕，以及魏文帝的《列異傳》、張華的《博物志》、干寶的《搜神記》、荀氏的《靈鬼志》、戴祚的《甄異錄》、祖沖的《述異記》、陶潛的《搜神後記》諸書，雖有亡佚，或經後人增刪的部分，然而它們的主要內容，無不是言神仙道術及夢異怪事的，光由書名即已充分表現了這種特質。《隋志》〈史部〉以雜傳類為最多（通計亡佚共有二百十九部），除人物別傳外，均屬神仙怪異傳（有六十三部），幾佔雜傳類的三分之一，而與人物別傳平分秋色。在魏晉文學史上，神怪傳或神怪小說所以如此昌盛，實在是魏晉清談主題的一種反映。孔子不語怪、力、亂、神，但在儒學式微，《莊》、《老》、佛、道勃興的魏晉，怪力亂神諸事自然成為談座上不再避諱的談辯主題。這類主題談者既多，則形諸筆墨，加以繪聲繪影的描繪，便衍成神怪傳及神怪小說的流行。而藉著這些筆墨文字的流行，反過來更激起清談名士大談特論的興趣。因此，神怪夢異之為談題，固因《莊》、《老》、佛、道之學而起，卻可以稱得上是文學史上的新興課題。

　　除文學上的這些新興課題外，在音樂方面也流行著樂理的論辯。如阮籍有〈樂論〉，夏侯玄有〈辨樂論〉，嵇康有〈聲無哀樂論〉。尤其是〈聲無哀樂論〉，嵇康與時人往復論難，極具精彩；王導過江左，甚至成為「三理」之一。南齊‧王僧虔〈誡子書〉亦指明此題為「言家口實，如客至之有設也。」可見音樂藝術上的論題也為談家所注重。

　　此外，凡眼目所見、口耳所聞、心思所發之諸事諸物，只要魏晉人覺得有趣或心感困擾的，也往往藉著談辯表達出來。只是這一類的談題，多半隨意而發，或逞口舌之利而已，吾人只可視為談辯中的餘趣，尚不足為深究。

第二節　與文學藝術有關的談題

一、夢怪論

　　中華民族自始親信巫術。秦漢以來，五行方術、神仙怪異之說又興；魏

〔註4〕魯迅《中國小說史略》（臺北：明倫出版社印行）云：「現存之所謂漢人小說，蓋無一真出於漢人。晉以來，文人方士皆有偽作，至宋明尚不絕。文人好逞狡獪，或欲誇示異書，方士則意在自神其教，故往往託古籍以衒人；晉以後人之託漢，亦猶漢人之依託黃帝伊尹矣。此群書中，有稱東方朔、班固撰各二，郭憲、劉歆撰者各一。大抵言荒外之事，則云東方朔、郭憲，關涉漢事，則云劉歆、班固，而大旨不離乎言神仙。」見頁32。

晉而後，佛道二教的流行，更使夢異神怪之論盛極一時。詩賦散文有稱述之者；小說雜傳輒以之為題材；就連記載時人傳略的正史別傳，亦不疏略夢怪之事的描述。譬如曹爽曾夢二虎銜雷公，皇甫謐曾夢至洛陽，程昱常夢上泰山捧日，鄧艾曾夢坐山上而有流水，管輅、周宣以占夢名家，張茂曾夢大象，王濬曾夢得三口刀，謝安曾夢乘桓溫之車，陶侃曾夢生八翼飛而上天，又嘗入廁見一鬼，陸雲嘗與王弼之鬼靈共談《老子》，嵇康夜半曾與一怪客共論音律，鄒湛亦遇見甄仲舒之幽魂，……凡此實不勝枚舉〔註5〕。今觀《淵鑑類函》、《北堂書鈔》或《太平御覽》等類書的「靈異」諸部門，敘列魏晉人士言夢論怪之多，即知當時實很重視奇夢異想及鬼神幽昧之事。他們不僅重視之，而且把它當成哲理式問題，煞有介事地論談著。以下就分「夢論」及「鬼神論」二項，舉例以述。

（一）夢　論

　　夢是每個人都有的經歷，它經常是心理困境的下意識表達與解脫，故愁煩雜慮多者每多夢。然而，人生有夢，總是偶然得之，忽然忘之，誠如《莊子》所謂「其寐也魂交，其覺也形開。」至若魏晉人士必斤斤於析理解夢，甚或思夢成病者，可謂罕見。《晉書》卷四十三〈樂廣傳〉及《世說新語・文學》第十四條載：

> 衛玠總角時問樂令（廣）「夢」，樂云是「想」。衛曰：「形神所不接而夢，豈是想邪？」樂云：「因也。未嘗夢乘車入鼠穴，擣虀啖鐵杵，皆無想無因故也。」衛思「因」，經月不得，遂成病。樂聞，故命駕為剖析之，衛病即小差。

此言「夢」、「想」、「因」之別，即重在「夢理」的分析。案《周禮》卷二十五言六夢：「一曰正夢，謂無所感動，平安而夢也；二曰噩夢，謂驚愕而夢也；三曰思夢，謂覺時所思念也；四曰寤夢，謂覺時道之而夢也；五曰喜夢，謂喜悅而夢也；六曰懼夢，謂恐懼而夢也。」〔註6〕據《世說》劉孝標注云：「樂所言『想』者，蓋思夢也。『因』者，蓋正夢也。」此解或是。

〔註5〕　見《三國志・魏書》卷九〈曹爽傳〉注引《世語》、《漢晉春秋》，卷十四〈程昱傳〉注引《魏書》，卷二十八〈鄧艾傳〉，卷二十九〈管輅傳〉、〈周宣傳〉。《晉書》卷四十二〈王濬傳〉，卷七十九〈謝安傳〉，卷六十六〈陶侃傳〉，卷五十四〈陸雲傳〉，卷四十九〈嵇康傳〉、卷九十二〈鄒湛傳〉。

〔註6〕　《周禮》鄭玄注（臺北：藝文印書館影印《十三經注疏》本），卷二十五，頁381。

又《晉書》卷七十七〈殷浩傳〉及《世說新語・文學》第四十九條，亦有論「夢」之文：

> 人有問殷中軍（浩）：「何以將得位而夢棺器，將得財而夢屎穢？」曰：「官本是臭腐，所以將得而夢棺屍；財本是糞土，所以將得而夢穢污。」時人以爲名通。

殷浩以「官爲臭腐，財爲糞土」爲人解夢，蓋本道家「賤名利」之思想而發。較諸傳統占夢家之以數術易解夢，或以測字測音解夢，並迷信夢爲「吉凶之徵驗，天神之告戒」者〔註7〕，可以說是更具哲意的，故時人以爲「名通」。

（二）鬼神論

鬼神有無的問題，是屬靈界的一個謎。孔子說：「未知生，焉知死。」又說：「敬鬼神而遠之。」即對鬼神抱著存疑不論的態度。魏晉時代，由於儒學權威地位日益動搖，道教「服食求仙」的企嚮及佛教「六道輪迴」的理論又流行於社會；於是文史學家便運用其豐富的想像，大寫神靈怪異傳，而清談名士也對此一問題互發己見，彼此攻辯。《晉書》卷四十九〈阮脩傳〉載：

> （阮）脩字宣子，好《易》、《老》，善清言。嘗有論鬼神有無者，皆以人死者有鬼。脩獨以爲無，曰：「今見鬼者云著生時衣服。若人死有鬼，衣服有鬼邪？」論者服焉。後遂伐社樹，或止之，脩曰：「若社而爲樹，伐樹則社移；樹而爲社，伐樹則社亡矣。」

案：此文同見於《世說新語・方正》第二十一、二十二條。阮脩持「無鬼論」，其論證蓋本自東漢王充的《論衡》：「世謂人死爲鬼，有知能害人。試以物類驗之，死人不爲鬼，無知不能害人。……夫爲鬼者，人謂死人之精神。如審鬼者死人之精神，則人見之，宜徒見裸袒之形，無爲見衣帶被服也。何則？

〔註7〕以夢爲「吉凶之徵驗，天神之告戒」，乃先秦陰陽家、兩漢數術讖緯家，以及民間流行的迷信。魏晉人士亦頗多採信者。如《三國志・魏書》卷二十九〈管輅傳〉載：何晏連夢青蠅數十頭來在鼻上，以問管輅，輅云「鼻者艮，此天中之山，高而不危，所以長守貴也。今青蠅臭惡，而集之焉。位峻者顛，輕豪者亡，不可不思害盈之數、盛衰之期。」案此即屬數術易解夢例。另如《晉書》卷四十二〈王濬傳〉載：「王濬夜夢懸三刀於臥屋梁上，須臾又益一刀。濬驚覺，意甚惡之，主簿李毅再拜賀曰：『三刀爲州字，又益一者，明府其臨益州乎！』」案此即以測字解夢例。又如《世說新語・品藻》第十三條注引《晉陽秋》載：「（孔）偉康名茂，嘗夢得大象，以問萬雅，雅曰：『君當爲大郡而不善也。』或問雅，雅曰：『象，大獸也，取其音狩，故爲大郡。然象以齒喪身，後當爲人所殺而取其郡。』」案此即屬測音解義以釋夢例。

衣服無精神，人死與形體俱朽，何以得貫穿之乎？精神本以血氣爲主，血氣常附形體，形體雖朽，精神尚在，能爲鬼可也。今衣服，絲絮布帛也，生時血氣不附著，而亦自無血氣，敗朽遂已，與形體等，安能自若爲衣服之形？由此言之，見鬼衣服象之，則形體亦象之矣；象之，則知非死人之精神也。」〔註8〕至於駁難王脩而採「有鬼論」的一方，或係以人死後靈魂之歸趨問題——如鬼靈顯應、六道迴輪等——爲辯，惜其說未見記載，故難識其詳。

又《晉書》卷四十九〈阮瞻傳〉亦載：

> （阮）瞻素執無鬼論，物莫能難，每自謂此理足以辨正幽明。忽有一客通名詣瞻，寒溫畢，聊談名理。客甚有才辯，瞻與之言良久，及鬼神之事，反覆甚苦，客遂屈，乃作色曰：「鬼神古今聖賢所共傳，君何獨言無？即僕便是鬼。」於是變爲異形，須臾消滅。瞻默然，意色大惡。後歲餘，病卒於倉垣。

案：此文採自《搜神記》卷十六，干寶自序其書曰：「發明神道之不誣。」故所言鬼神顯形之事，殆小說家之想像、民間之傳聞或宗教徒之宣傳，甚不足信。但阮瞻素執「無鬼論」而人莫能難者，應是清談界之實情無疑。

由上舉數例，可知魏晉談界所常討論的「夢」、「怪」諸事，實已超越談天說地式的閒聊或陰陽吉凶的迷信，進而探入夢理、夢境的分析及鬼神存在等玄學問題的思辨理！

二、樂　論

《樂》本是六經之一，其原始用途蓋以安邦定國、移風易俗之社會實用功能爲主，故《隋志》〈經部・樂類序〉云：「樂者，先王所以致神祇、和邦國、諧百姓、安賓客、悅遠人，所從來久矣。」但自嬴秦以還，周代雅樂則已堙滅不聞。漢初制氏雖紀其鑑鏘鼓舞，卻不能通其義；魏晉時代，杜夔、傅玄、荀勖、張華、夏侯湛、成公綏、庾亮、謝尚……等人，擬爲朝廷修復雅樂，亦因去古遙遠，正樂不復可得〔註9〕。然而，社會上卻流行著另一種足以抒情遣懷的俗樂。由於名士們大都希慕莊老逍遙自在的人生境界，故琴鼓歌樂之藝術生活乃爲眾人所追求。就《三國志》及《晉書》所載，當時談士能琴好樂者實在很多，例如：

〔註8〕王充《論衡》（臺北：世界書局印行）卷二十，〈論死篇〉。
〔註9〕參見《晉書》卷二十二〈樂志上〉，《通典》卷一百四十一〈樂類〉。

王弼：「性和理，樂遊宴，解音律，善投壺。」（《三國志‧魏書》卷二十八
〈鍾會傳〉注引何劭〈王弼傳〉）

阮籍：「尤好莊老……善彈琴，當其得意，忽忘形骸，時人多謂之癡。」
（《晉書》卷四十九〈阮籍傳〉）

嵇康：「彈琴詠詩，自足於懷。……嘗游於洛西，暮宿華陽亭，引琴而
彈。夜分忽有客詣之，稱是古人，與康共談音律，辭致清辯，因
索琴彈之，而為廣陵散，聲調絕倫，遂以授康。」（《晉書》卷四十
九〈嵇康傳〉）

阮瞻：「善彈琴，人聞其能，多往求聽。……內兄潘岳每令鼓琴，終日達
夜，無忤色。」（《晉書》卷四十九〈阮瞻傳〉）

謝鯤：「能歌，善鼓琴。」（《晉書》卷四十九〈謝鯤傳〉）

阮咸：「妙解音樂，善彈琵琶。雖處世不交人事，惟共親知絃歌酣宴而
已。荀勗每與咸論音律，自以為遠不及也。」（《晉書》卷四十九〈阮
咸傳〉）

王敦：「口不言財利，尤好清談，時人莫知，惟族兄戎異之。……武帝嘗
召時賢共言伎藝之事，人人皆有所說，惟敦都無所關，意色殊惡，
自言知擊鼓，因振袖揚枹，音節諧韻，神氣自得，傍若無人。」（《晉
書》卷九十八〈王敦傳〉）

顧榮：「素好琴，及卒，家人常置琴於靈座。吳郡張翰哭之慟，既而上牀
鼓琴數曲，撫琴而歎曰：『顧彥先復能賞此不？』因又慟哭，不弔
喪主而去。」（《晉書》卷六十八〈顧榮傳〉）

荀邃：「解音樂，善談論。」（《晉書》卷三十九〈荀邃傳〉）

戴逵：「好談論，善屬文，能鼓琴，工書畫……常以琴自娛。」（《晉書》
卷九十四〈戴逵傳〉）

以上十例，均為魏晉愛好音樂之清談名家。他如呂乂、游楚、劉寶、賀循、
袁山松、羊曇、桓伊、李廞、王子敬、王子猷、公孫宏、張亢、左思、王廙……
等人，史傳亦皆言其能歌善琴。可見音樂乃是當代人士之普遍興趣，故以「樂」
為談題者頗多。如上舉諸例中，嵇康即嘗與一夜客共談音律；阮咸亦曾與荀
勗共論音律；王敦參與晉武帝之談座，亦以「伎藝之事」為清談主題。但此
三處之談辯內容，史皆不詳。今若欲知魏晉清談音樂問題之實況，尚有阮籍
的〈樂論〉、夏侯玄的〈辨樂論〉、嵇康的〈聲無哀樂論〉可參。

（一）辨樂論

　　魏晉時代，由於雅樂不存，俗樂大興，樂已喪失其社會的實用功能，而成爲個人抒情遣懷的工具。有識者深感樂義變質，其用不彰，乃對樂的「功能」問題提出檢討，想在談座中尋求答案。魏朝，劉子、阮籍與夏侯玄之間，即嘗以此題爲清辯重心。《阮籍集》中載有〈樂論〉一文云：

　　△劉子問曰：「孔子云：安上治民，莫善于禮；移風易俗，莫善于樂。
　　　夫禮者，男女之所以別，父子之所以成，君臣之所以立，百姓之
　　　所以平也。爲政之具，靡先于此，故安上治民莫善于禮也。夫金
　　　石絲竹、鍾鼓管絃之音，干戚羽旄、進退俯仰之容，有之何益于
　　　政，無之何損于化，而曰：移風易俗，莫善于樂乎？」

　　△阮先生曰：「……夫樂者，天地之體，萬物之性也。合其體，得其
　　　性，則和；離其體，失其性，則乖。昔者聖人之作樂也，將以順
　　　天地之性，體萬物之生也。故定天地八方之音，以迎陰陽八風之
　　　聲，均黃鍾中和之律，開群生萬物之氣。故律呂協則陰陽和，音
　　　聲適而萬物類，男女不易其所，君臣不犯位，四海同其觀，九州
　　　一其節，奏之圜丘而天神下降，奏之方岳而地祇上應。天地合其
　　　德，則萬物合其生；刑賞不用，而民自安矣。乾坤易簡，故雅樂
　　　不煩；道德平淡，故無聲無味。不煩則陰陽自通，無味則百物自
　　　樂，日遷善成化而不自知，風俗移易而同于是樂，此自然之道，
　　　樂之所始也。……先王之爲樂也，將以定萬物之情，一天下之意
　　　也，故使其聲平，其容和，下不思上之聲，君不欲臣之色，上下
　　　不爭而忠義成。……禮樂外內也。刑弛則教不獨行，禮廢則樂無
　　　所立。尊卑有分，上下有等，謂之禮；人安其生，情意無哀，謂
　　　之樂。車服旌旗宮室飲食，禮之具也；鐘磬鞞鼓琴瑟歌舞，樂之
　　　器也。禮踰其制，則尊卑乖；樂失其序，則親疏亂。禮定其象，
　　　樂平其心；禮治其外，樂化其內；禮樂正，而天下平。……然禮
　　　與變俱，樂與時化，故五帝不同制，三王各異造，非其相反，應
　　　時變也。夫百姓安服淫亂之聲，殘壞先王之正，故後王必更作樂，
　　　各宣功德于天下。通其變，使民不倦。然但改其名目以變造歌詠，
　　　至于樂聲平和自若，故黃帝詠雲門之神，少昊歌鳳鳥之跡，咸池
　　　六英之名既變，而黃鍾之宮不改易。故達道之化者，可與審樂；

好音之聲者，不足與論律也。」〔註10〕

案：劉子不詳何人，其所謂「有之何益于政，無之何損于化，而曰移風易俗，莫善于樂乎？」即對樂的實用價值深表懷疑。阮籍答覆其問，一則重申樂有「移風易俗」的社會功能，再則提出樂有「與時俱變」的進化觀。就前者論，他實未違反孔門標重禮樂的精神；就後者論，則已推翻恢復古樂的構想，而贊成創制新樂的主張。他認為只要符合先王造樂「以定萬物之情，以一天下之意」的本旨，則樂之聲音節律應可隨時變化，各造新譜。此一理論顯然是新舊交替之際的過渡見解，若與阮籍中年以後任誕不拘、盡廢禮教的表現比照起來，這恐怕是他早年比較保守的意見。

但當阮籍提出這種新樂理論的時候，夏侯玄曾表示反對。他說：

△阮生云：「律呂協則陰陽和，音聲適則萬物類。天下無樂而欲陰陽和調、災害不生，亦以難矣！」此言律呂音聲，非徒化治人物，乃可以調和陰陽、蕩除災害也。夫天地定位，剛柔相摩，盈虛有時，堯遭九年之水，憂民阻饑；湯遭七年之旱，欲遷其社，豈律呂不和，音聲不通哉？此乃天然之數，非人道所招也。

△昔伏羲氏因時興利，教民田漁，天下歸之，時則有網罟之歌。神農繼之，教民食穀，時則有豐年之詠。黃帝備物，始垂衣裳，則有龍袞之頌。

這是殘存於《太平御覽》卷十六及五百七十一的〈辨樂論〉中的兩小節，夏侯玄的駁難辭當不止此。唯據此寥寥數語看，夏侯玄乃針就阮籍過分標榜音樂的價值而發。他舉例說，堯有九年之災，湯有七年之旱，乃天然之運數，與音樂無干。又舉例說，伏羲、神農、黃帝所以能平治社會、興倡正樂，乃以「從事農經、改善民生」為先決條件，並非先有正樂，而後能平治社會、移易風俗也。

（二）聲無哀樂論

〈聲無哀樂論〉是嵇康與時人往復論難，極見精彩的一大談辯；也是由魏到晉的名士們談論不絕的重要課題。它在清談中的地位，絕不亞於「言盡意論」、「才性四本論」、「養生論」等。故王導過江左，謂之為「三理」之一；王僧虔〈誡子書〉，稱之為「言家口實」。今《嵇康集》卷五，著錄有嵇氏〈聲

〔註10〕《阮籍集·樂論》。並見《全三國文》卷四十六，頁1～5。

有無哀樂論〉一文，文長五千六百餘字，記載某位「秦客」與「東野主人」（嵇康自號）返覆論辯「聲有無哀樂」之理。兩人或引經據典，或遠譬近喻，彼此攻難，一連八番，堪稱魏晉清談名辯中的典型例證。其第一番之論辯，可以總觀兩人立說之要旨：

〔第一番〕

△有秦客問於東野主人曰：「聞之前論曰『治世之音安以樂，亡國之音哀以思。』夫治亂在政，而音聲應之。故哀思之情，表於金石；安樂之象，形於管絃也。又仲尼聞韶，識虞舜之德；季札聽絃，知眾國之風；斯已然之事，先賢所不疑也。今子獨以爲聲無哀樂，其理何居？若有嘉訊，請聞其說。」

△主人應之曰：「斯義久滯，莫肯拯救，故念歷世濫於名實，今蒙啓導，將言其一隅焉。夫天地合德，萬物貴生，寒暑代往，五行以成，章爲五色，發爲五音。音聲之作，其猶臭味在於天地之間，其善與不善，雖遭遇濁亂，其體自若而無變也。豈以愛憎易操、哀樂改度哉？及宮商集比，聲音克諧，此人心至願，情欲之所鍾。古人知情不可恣，欲不可極，故因其所用，每爲之節，使哀不至傷，樂不至淫，因事與名，物有其號，哭謂之哀，歌謂之樂，斯其大較也。然樂云樂云，鍾鼓云乎哉？哀云哀云，哭泣云乎哉？因茲而言，玉帛非禮敬之賓，歌舞非悲哀之主也（案：魯迅校本作「歌哭非哀樂之主也」）。何以明之？夫殊方異俗，歌哭不同，使錯而用之，或聞哭而歡，或聽歌而戚，然其哀樂之懷均也。今用均同之情，而發萬殊之聲，斯非音聲之無常哉？然聲音和比，感人之最深者也。勞者歌其事，樂者舞其功。夫內有悲痛之心，則激切哀之言。言比成詩，聲比成音，雜而詠之，聚而聽之。心動於和聲，情感於苦言。嗟嘆未絕，而泣涕漣矣。夫哀心藏於內，遇和聲而後發。和聲無象，而哀心有主。夫以有主之哀心，因乎無象之和聲而後發，其所覺悟，唯哀而已，豈復知吹萬不同，而使其自己哉？風俗之流，遂成其政。是故國史明政教之得失，審國風之盛衰，吟詠情性以諷其上，故曰『亡國之音哀以思』也。夫喜、怒、哀、樂、愛、憎、慚、懼，凡此八者，生民所以接物傳情，區別有屬而不可溢者也。夫味以甘苦爲稱，今以甲賢而心

愛，以乙愚而情憎，則愛憎宜屬我，而賢愚宜屬彼也。可以我愛
而謂之愛人，我憎則謂之憎人，所喜則謂之喜味，所怒則謂之怒
味哉？由此言之，則外內殊用，彼我異名。聲音自當以善惡爲主，
則無關於哀樂；哀樂自當以情感而後發，則無係於聲音。名實俱
去，則盡然可見矣。且季子在魯，採詩觀禮，以別風雅，豈徒任
聲以決臧否哉？又仲尼聞韶，歎其一致，是以咨嗟，何必因聲以
知虞舜之德，然後歎美耶？今麤明一端，亦可思過半矣！」

秦客首發談端，特舉孔子聞韶以識舜德，季札聽絃以知國風爲證，強調人們
的「哀樂」之情，實與金石管絃的「聲音」息息相應。嵇康則斥其說爲「濫
於名實」。因爲照嵇康看，「聲音」乃是客觀的、外發的現象；「哀樂」卻是主
觀的、內蘊的感情；二者主客有別，內外有分，便不當混爲一談。所以說「聲
音自當以善惡爲主，則無關於哀樂；哀樂自當以情感而後發，則無係於聲音。」
欲求名實之相符，則「哀樂」只可指謂「感情」，而不可指謂「聲音」。再者，
孔子聞韶而歎，只是讚美舜政之和諧，未必因聲以識其德；季札聽絃觀禮，
只是區別風雅之異，未必憑聲以決臧否；可見秦客所用之史例，本不足以說
明「聲有哀樂」。

自第二番以下，秦客復七次作難，嵇康亦七次答辯，總不外一主「聲有
哀樂」，一倡「聲無哀樂」，兩人輾轉駁辯，互發細義，所引典故、比喻均極
詳闢。因文繁不復全引，故簡述各番論辯之要義如下：

〔第二番〕

△秦客駁難嵇康「歌哭非哀樂之主」論，以爲「心動於中，而聲出
於心」，此乃自然相應之理。故雖殊方異俗，歌哭不同；但善聽察
者，必能透過各類的聲音，而察識其心中之哀樂，進而窺知時政
之吉凶。譬如「師襄奉操，而仲尼覩文王之容；師涓進曲，而子
野識亡國之音。」即如是。——既然哀樂吉凶可以由聲而察，則
謂「聲有哀樂」，何能說是名不符實？

△嵇康則就秦客所舉之師襄、師涓二例，指出「此皆俗儒妄記，欲
神其事，而追爲耳。」進而訓責秦客云：「夫推類辨物，當先求之
自然之理。」嵇康認爲音聲係自然界之產物，猶如五色、五味皆
係自然物，故皆有其「自體」及「客觀屬性」，因而獨立於人類主
觀意志及情感之外。藉此，他又舉「酒無喜怒之理」爲譬，強調

「聲無哀樂」之說。

〔第三番〕

△秦客反對嵇康所謂「辨聲識心爲俗妄記」之說，以爲「聲音自當有哀樂，但聞者不能識之。」若己聞而不識，則何能懷疑古人爲妄記？且「心應感而動，聲從變而發。心有盛衰，聲亦降殺。」故「心」與「聲」之間，表裡相應，殆無可疑。

△嵇康再難「辨聲以識心」的不可能，且舉「食辛之與甚噱，薰目之與哀泣，同用出淚，使狄牙嘗之，必不言樂淚甜而哀淚苦。」說明聲音有自然之和而無繫於人情，它本身根本沒有「哀」、「樂」之別。對於「心」、「物」之分，「主」、「客」之異，「名」、「實」之別，應當明辨，不可混同。故說：「聲音自當以善惡爲主，則無關於哀樂；哀樂自當以情感而後發，則無係於聲音。名實俱去，則盡然可見矣！」。

〔第四番〕

△秦客復以「葛盧聞牛鳴，知其三子爲犧」、「師曠吹律，知南風不競」、「楚師必敗，羊舌母聽聞兒啼而審其喪家」三例，推言「盛衰吉凶，莫不存乎聲音」。

△嵇康對以上三例皆深表懷疑：一則懷疑「牛非人類，無道可通」，縱或葛盧能知牛意，也必是傳譯牛語而已，並非眞能聞聲以知意。再則懷疑「師曠吹律之時，楚國之風則相去千里，聲不足達」，然楚風不會來入晉律。三則懷疑「羊舌母知兒啼而審其後必喪家」爲無憑無據之言。縱有前驗爲憑，則「前日之聲，亦不足以證今日之啼」。

〔第五番〕

△秦客提出人心每因樂器種類的不同，或各地曲調的互異，而有躁、靜、歡、感等反應。可見聲音的本身也應該有哀樂的性質。

△嵇康則云「躁靜者，聲之功也；哀樂者，情之主也。不可見聲有躁靜之應，因謂哀樂皆由聲音也。且聲音雖有猛靜，猛靜各有一和；和之所感，莫不自發。」此由酒酣奏琴，所以有人歡欣，有人悲戚，即可得證。故說：「聲之與心，殊塗異軌，不相經緯。」

情的表現，主導自心，而非聲。聲音蓋以「單複高埤」爲體，而人情則以「躁靜專散」爲應。

〔第六番〕

△秦客認爲酒酣奏琴，所以歡慼俱見者，乃因偏重之情先存於心，故觸物即發，而未及接受琴樂遲緩之陶化，這乃是「心距」的問題。其實，「聲音自當有一定之哀樂。」「雖二情俱見，則何損於聲音有定理邪？」

△嵇康爲駁斥前說，特云：「即如所言，聲有定分，假使〈鹿鳴〉重奏，是樂聲也；而令感者遇之，雖聲化遲緩，但當不能便變令歡耳，何得更以哀耶？猶一爐之火雖未能溫一室，不宜復增其寒矣。」他認爲：哀樂之情是人心自發的，就算有「心距」的問題，心中哀感者，也不致因爲聽了某種激昂的樂調，就轉爲快樂。

〔第七番〕

△秦客認爲：「蓋聞齊楚之曲者，唯覩其哀涕之容而未曾見笑噱之貌」，可見齊楚之曲應當是以「哀」爲體者。

△嵇康則認爲：「樂之應聲，以自得爲主……自得，則神合而無憂。」故笑噱之情，有時乃是「樂在自得之域」，卻不一定顯現在外表的聲音上。故不可以因爲沒有「笑噱」的表現，便謂「齊楚之曲體哀」。

〔第八番〕

△秦客引孔子之言「　移風易俗，莫善于樂」及「放鄭聲，遠佞人」二語，質問嵇康說：「即如所論，凡百哀樂皆不在聲，則移風易俗果以何物耶？」

△嵇康答秦客之問云：「夫言移風易俗者，必承衰弊之後。古之王者，承天理物，必崇簡易之教，御無爲之治，君靜於上，臣順於下，玄化潛通，天人交泰，……群生安逸，自求多福，默然從道，懷忠抱義，而不覺其所以然也。和心足於內，和氣見於外，故歌以敘志，儛以宣情。……使心與理相順，氣與聲相應，合乎會通，以濟其美。……大道之隆，莫盛於茲；太平之業，莫顯於此。故曰『移風易俗，莫善於樂』。然樂之爲體，以心爲主。故無聲之樂，

> 民之父母也；至八音會諧，人之所悅，亦總謂之樂；然風俗移易，
> 本不在此也。」言下即以施行道家簡易無爲之政，作爲移風易俗
> 的真正原因。因此一再強調：正音雅樂乃在宣揚此政之美，其體
> 實與玄化之政及太和之氣，道通爲一。

案：以上（自第二番起）七問七答，細義頗多，引證亦夥。概要言之，秦客與嵇康的衝突，可以說是傳統的儒家觀念與道家觀念的衝突。就推證的方法論，秦客多引古例古訓爲證，如所引孔子聞韶、季札聽絃、師襄奉操、師涓進曲、葛盧聞牛鳴、師曠吹律、羊舌母聽兒啼……等，皆是眾所熟聞而不疑的典故。嵇康則越過引古證今的方法，而直接運用理性分析及邏輯推論。故在第二番的論難中，他曾指斥秦客所舉的古例爲「俗儒妄記，欲神其事而追爲之」者，且說「推類辨物，當先求之自然之理，理已定，然後藉古義以明之耳。」因此他的推論，多半不採典故或古訓，而直接以常識中的道理表述己意，自發新解。——由於秦客和嵇康所採用的論證方法根本不同，故其立場和結論也不相同。秦客固守古義，蓋以強調「聲音與哀樂的關係」爲主，所得的結論與傳統的「聲有哀樂說」近似。嵇康擺脫古訓，首先則運用控名責實的方法，分析「聲音的本質與哀樂無干」；再則根據聲無哀樂論，進言聲音的本體實與「玄化之政及太和之氣道通爲一」。湯錫予先生說：「夫聲無哀樂，故由之而『歡戚必見』，亦猶之乎道體超象，而萬象由之并存。於是乃由聲音而推及萬物之本性。故八音無情，純出於律品之節奏，而自然運行，亦全如音樂之和諧。……嵇氏蓋托始於名學而終歸於道家。」〔註11〕此解甚是。

三、趣 論

從魏到晉，談論不斷地發展，好談的人數愈來愈多，談辯的課題也愈來愈廣泛，經史子集各類的談題皆爲時人所喜論。但當清談一旦如此風行以後，似乎漸有講究技巧而忽略內容的傾向。《世說新語》一書的出現，可以說是當時人講究語言藝術的最佳例證。尤其〈言語〉、〈排調〉等篇，即可看出諷刺、比喻、冷言、危語等文學技巧的運用，已被靈活地表現到談論中。譬如〈排調篇〉第九條載：

> 荀鳴鶴（隱）、陸士龍（雲）二人未相識，俱會張茂先（華）坐；張
> 令共語，以其並有大才，可勿作常語。陸舉手曰：「雲間陸士龍。」

〔註11〕湯錫予《魏晉玄學論稿》（臺北：盧山出版社印行），〈言意之辨〉一文。

荀答曰：「日下荀鳴鶴。」陸曰：「既開青龍覩白雉（案：劉盼遂箋
云：『日、雉聲近。』），何不張爾弓、布爾矢？」荀答曰：「本謂雲
龍騤騤，乃是山鹿野麋；獸微弩彊，是以發遲。」張乃撫掌大笑。

此係以名字各作美辭，互相嘲謔，以增談趣。〈荀氏家傳〉亦同載此事云：「隱
與陸雲在張華坐語，互相反覆，陸連受屈，隱辭皆美麗。」〔註12〕此所謂互
相反覆者，顯然不在爭辯「談理」的優劣，而在互比「口才」的高下。類此
之例仍見於〈排調篇〉第四十一條：

習鑿齒、孫興公（綽）未相識，同在桓公（玄）坐。桓語孫：「可與
習參軍共語？」孫云：「蠢爾蠻荊，敢與大邦爲讎？」習云：「薄伐
獫狁，至于太原。」

「蠢爾蠻荊」，語出《詩經・小雅・采芑》。荊蠻指南蠻，因習鑿齒爲南地襄
陽人，故孫綽以此語戲之。「薄伐獫狁」，語出《詩經・小雅・六月》。「獫狁」
指北夷。因孫綽爲北地太原人，故習鑿齒反以此語答之。孫習兩人的對嘲互
謔，即以文學詩句短比交攻。再如《世說新語・排調》第六十一條載：

桓南郡（玄）與殷荊州（仲堪）語次，因共作了語。顧愷之曰：「火
燒平原無遺燎。」桓云：「白布纏棺樹旒旐。」殷曰：「投魚深淵放
飛鳥。」次復作危語，桓曰：「矛頭淅米劍頭炊。」殷曰：「百歲老
翁攀枯枝。」顧曰：「并上轆轤臥嬰兒。」殷有一參軍在坐，云：「盲
人騎瞎馬，夜半臨深池。」殷曰：「咄咄逼人！」仲堪眇目故也。

此則以「了語」（舉已了之事相對語）及「危語」（舉危險驚愕之事相對語），
相與戲語，不但互比語辭之雅俗，也互較文學聯想力之高低。

以上三例，顯然已經脫去了談辯哲理的嚴肅面貌，而換上語言遊戲似的
輕鬆氣氛，這乃是談辯發展到兩晉時日益出現的一種現象。茲再另舉一例以
觀：

鍾（雅）語祖（納）曰：「我汝潁之士，利如錐；卿燕代之士，鈍如
槌。」祖曰：「以我鈍槌打爾利錐。」鍾曰：「自有神錐，不可得打。」
祖曰：「既有神錐，亦有神槌。」鍾遂屈。〔註13〕

上例則與抬槓之互逞口舌者，相差無幾。取勝的一方，既無庸求理勝，亦無
庸求辭勝，似乎只要具有敏捷的狡辯力，能夠先聲奪人即可。談辯發展至此，

〔註12〕《世說新語・排調》第九條劉孝標注引。
〔註13〕《太平御覽》卷四百六十六引《語林》。

自然無復正始盛況。於是講究麈尾風流，不求「理源所歸」，只求「辭喻不相違背」的情況，乃成談辯的理想標準〔註14〕。順著這種「求美」遠超「求眞」的態度衍流下去，清談的內容勢必日趨枝雜，而步入頹勢。正巧佛學卻在東晉打入談座，儒釋道三教異同之辨又給時人帶來了新的刺激，造成東晉談座上的另一個高潮。清談即因佛學的加入，而能繼續發展到南朝去。

〔註14〕《世說新語・文學》第二十二條載：「殷中軍爲庾公長史，下都，王丞相爲之集，桓公、王長史、王藍田、謝鎮西並在。丞相自起解帳，帶麈尾，語殷曰：『身今日當與君共談析理。』既共清言，遂達三更。丞相與殷共相往反，其餘諸賢略無所關。既彼我相盡，丞相乃歎曰：『向來語，乃竟未知理源所歸，至於辭喻不相負，正始之音正當爾耳。』」

第七章　佛學上的談題

第一節　佛學的寖入、流行及其對魏晉談風的影響

一、佛學的寖入與流行簡述

佛法東來，果在何時，傳說紛歧，實難確定。據後人考證，約在西漢末葉〔註1〕。方其初入中土，多係口傳，真義未明，乃與當日的方術道教彼此混雜，而漸入民間。至於佛教的自立、流行，以至蔚爲大宗，則有賴於佛經的大量翻譯及佛理的普行解義。東漢桓帝時，安世高來華譯經弘教，並有嚴佛調爲之襄譯，所譯佛經達三十四部四十卷。靈帝時，又有支婁迦讖譯出《般若經》等十三部十七卷，竺佛朗、安玄、康孟詳、曇果等人亦相繼來華譯經〔註2〕。故佛法至桓靈二世乃漸脫離方術道教而獨立傳佈，以洛陽爲中心向四面發展，衍至三國、西晉，則已廣行中土。

由於漢末以來，政治腐敗，兵戎迭起，人心多趨於「驗休咎報應，求福田饒益」；而其時正值《老》《莊》學興，佛家的體生滅、論空有、講清淨之旨，實與道家的體無貴虛、適性自然之理，頗有相通之處，因此每能相輔而

〔註1〕佛教初傳我國，最普遍之說法爲：漢明帝永平十年迦葉摩騰與竺法蘭來洛陽建寺譯經。但《後漢書》卷四十二〈楚王英傳〉謂：「楚王誦黃老之微言，尚浮屠之仁祠。」其事在永平八年。又《魏書》卷一百一十四〈釋老志〉云：「漢哀帝元壽元年，博士弟子秦景憲受大月支王使伊存受浮屠經。」此爲佛教東來之見於史傳者。

〔註2〕有關僧人譯經之卷帙部數，皆參僧祐《出三藏記集》。

行。在曹魏期間，高僧屢出，徒眾亦夥，寺廟也多被營建。洛陽建業是當時佛教的南北兩大據點；支讖、康僧會、曇摩迦羅、朱士行，則爲一代名僧。支謙開發南方佛教，重譯支婁迦讖的《般若小品》；康僧會曾與吳主孫皓辯因果報應的問題，首倡儒釋二教調和論〔註3〕；曇摩迦羅鼓吹戒律，行授戒法，爲中國佛戒的開山祖；朱士行以華僧身分，首出西域，親研梵文佛經，寫得《般若經大品》九十章。他們四人對於宣揚佛法的貢獻，實在很大。到了西晉，此類高僧尤多：在敦煌有竺法護、竺法乘、竺法行、竺法存、支法度、支敏度、白遠、白法祚等人，在洛陽有安法欽、耆城、健陀勒、呵羅竭、安慧則、于道邃等人，在天水有康殊、白法巨、白法立，長安有帛元信，嵩山有浮圖密，陳留有法饒、無義羅、竺叔蘭，淮陽有支孝龍，湘州有法崇，廣州有彊梁婁至，另有若羅嚴及聶承遠、聶道眞父子。此中，竺法護、彊梁婁至、安法欽、聶承遠、聶道眞、白遠、白法立、白法巨、無義羅、竺叔蘭、支法度、若羅嚴等十二人，皆爲譯經弘教之大師。而竺法護又最爲重鎮，所譯經典有《光讚般若》、《維摩》、《正法華》、《無量壽》、《十地》、《大哀》、《般涅槃》、《大寶積經》等，計約一百五十部左右。《出三藏記集》說他：「孜孜所務，以弘通爲業。終身譯寫，勞不告倦，法經所以廣流中華者，護之力也。」推崇可謂備至。佛經至此，不論大小乘實已大量傳譯矣〔註4〕。

　　至五胡東晉，佛學的發展又進入一個新階段。蓋此時晉祚東移，舉目正有山河之異；而北方五胡十六國，擾攘割據，鮮有寧日。值此亂世，人心崇慕《老》、《莊》，總想求得超然境界，而佛家善發空無之義，實遠較道家無爲之說，更爲徹底；因此，有心之士一聞佛家語，便深相契合，而致力於佛理的研精推闡。再者，清談之風流至此已歷百年，當初較具勝理勝義的談題已漸被談盡，後之談者，不免拾人牙慧，少有新義；而這時佛經的廣備、佛義的勝理，正爲清談提供多深徹精奧的新談題，佛學遂大得流行。此外，君王的獎掖、執政者的保護，和士林的愛重，也是東晉佛學能以蓬勃發展的另一個原因。

　　案東晉元、明二帝，遊心玄虛，託情道味，以賓友之禮待法師〔註5〕，簡

〔註3〕　參《高僧傳》卷一〈康僧會傳〉。（臺北：廣文書局印行），頁64～65。
〔註4〕　魏晉佛學發展始末，及重要僧人之貢獻，湯錫予《漢魏兩晉北朝佛教史》研究甚詳，可參。臺北：商務印書館出版。
〔註5〕　《世說新語‧方正》第四十五條注引高逸《沙門傳》。

文帝門下亦多僧人。而北方胡族雄傑之主，殺伐逞強，亦樂聞佛法；如石勒、石虎崇敬浮圖澄，符堅愛重釋道安，姚興優禮鳩摩羅什，皆見《晉書》各本傳。至於執政者及名士，如王導、周顗、庾亮、謝鯤、孫綽、桓彝、桓玄、謝安、謝玄、王濛、王羲之、王坦之、王謐、王恭、范汪、王珣、許詢、習鑿齒、陶潛等，或為政有聲，或高文擅舉，皆與佛徒結緣〔註6〕。本來佛徒於漢末三國時代，並未躋身士林，直到西晉才漸露頭角，阮瞻、庾凱與支孝龍為友，乃開名士僧人交往之風〔註7〕。到了東晉，風氣大盛，不但僧侶加入清談行列，士人也熱衷於佛理研究，而中土人士之慧秀者亦多有出家，故高僧輩出，如釋道安、支遁、竺法汰、釋慧遠、釋慧常等，皆能覃思構精，神悟妙蹟。佛法教旨，於是大著。

當時，《般若經》最為道俗所探究，格義之學又開始建立〔註8〕，高僧勤於譯註，各宗經典都有譯本〔註9〕。所以佛教的傳佈、佛理的宣揚，因主客觀條件的充足，遂得普及全國。華僧釋道安、釋慧遠，與西僧鳩摩羅什、佛陀跋陀羅（覺賢）四人，乃是這階段的主腦人物。道安與羅什佈教於北地，慧遠與覺賢奉法於南方，廬山和長安成為當時南北兩大佛教中心。

道安（西元314至385年），本姓衛，常山人。十二歲出家，二十四歲來鄴（石趙建都於此），拜浮圖澄為師，學《般若》、《方等》。後因避難，北往飛龍山與道護、僧光、法汰諸人分地行化，弘揚佛法。四十二歲在太行恆山立寺，慧遠與其弟來投效門下。其後渡河移居陸渾（洛陽之南），講學不止。冉閔之亂，道安乃率領道友與弟子南奔。行至新野，分張徒眾，命法汰南下揚州，法汰西入巴蜀，道安本人則與五百餘人到襄陽。其後居襄十五載，歲講《放光》、《般若》兩次。荊襄佛教之盛，蓋始於道安。其《般若》諸注疏，

〔註6〕詳見《晉書》各本傳及《世說新語·文學》。

〔註7〕詳見《高僧傳》卷四〈支孝龍本傳〉。（臺北：廣文書局印，頁225）

〔註8〕格義之法始於竺法雅，蓋以外書解釋內典之奧義。見《高僧傳》卷四〈竺法雅本傳〉，頁227～228。

〔註9〕關於毗曇宗，譯有《阿含經》（佛陀耶舍等譯）、《婆裟論》（曇陀跋摩）；關於俱舍宗，譯有《俱舍論》（真諦）；關於成實宗，譯有《成實論》（羅什）；關於三論宗，譯有《中論》、《百論》、《十二門論》（羅什）；關於四論宗，三論外又譯有《大智度論》（羅什）；關於禪宗，譯有《坐禪三昧經》等（羅什）；關於涅槃宗，譯有《大涅槃經》（曇無讖）；關於天台宗，譯有《法華經》（羅什）；關地論宗，譯有《華嚴經》（覺賢）、《十地論》（菩提流支）；關於攝論宗，譯有《攝大乘論》（真諦）；關於淨土宗，譯有《無量壽經》（康僧鎧）、《淨土論》（菩提流支）；關於戒律宗，譯有《四分律》。

當均作成於此時。又釐定經典，作為目錄，且確立戒規。東晉孝武帝太元四年（西元 379），苻堅軍陷襄陽，道安遂西入長安，日以講學譯經為務，居七年而卒。道安為我國注釋佛經之始祖，又是講究佛經目錄學的第一人。所注經典，據《出三藏記集》，約有十九部二十卷，偏重般若諸部及禪經，蓋傾力玩味空宗、靜參禪悅也。綜觀道安一生，身處亂世，先居河北，後移荊襄，最後死於關中。其顛流離，不遑寧處的情形，可以想見。但所到之處，齋講不斷；注經至勤，德化至宏。較諸同時潛遁剡東，悠然自得的竺道潛、支道林，其以道自任、堅苦卓絕的精神，實是截然殊途。

鳩摩羅什（西元 344 至 413），龜茲人。幼年出家，初專小乘，後轉大乘，以奉空宗為主。西元 401 年應秦主姚興之邀，東來長安。姚興待之以國師之禮，開西明閣、逍遙園為譯場，廣譯經典。長安譯經，始於法護，盛於道安，至羅什而極盛。羅什所譯範圍涉及般若、法華、涅槃、禪、律、三論（《中論》、《百論》、《十二門論》），部帙浩繁，號稱舊譯（與唐三藏之新譯對稱）。據《出三藏記集》，他所譯的佛經有三十三部三百餘卷。羅什所特別致力的是大乘空宗，一心發揮印度龍樹之說為主。而《般若經》的再譯，對國人瞭解《般若》真諦，匡正格義譯解的錯誤，甚有貢獻。羅什弟子三千，僧肇、僧叡、道生、道融，世稱「關內四聖」；如加上道恆、曇影、慧觀、慧嚴，則稱「八宿上首」。在中國佛教史上，羅什是一位博覽且具綜合能力的大學者。羅什卒後，門下分散，北方則有僧肇，南方則有慧觀、道生。

佛陀跋陀羅（覺賢）（西元 359 年至 429 年），本姓釋氏，生於天竺。西元 406 年左右來到長安，與羅什相會。當時秦主姚興力崇佛教，羅什為秦廷禮重，名滿天下；覺賢則力避俗權，獨以教養子弟為務。其學以闡揚世親有宗（偏重緣起）為主旨，與羅什系的崇尚龍樹空宗（偏重實相）者有別，故羅什、覺賢二派實有對立之傾向。後覺賢在長安不能安，為羅什門下所擠，遂與弟子四十餘人應慧遠之邀，於西元 410 年南入匡廬。413 年在廬山譯講《達摩多羅禪經》。其後離去，入建康道場寺。416 年又與法顯共譯《摩訶僧祇律》，次年又譯《泥洹（涅槃）經》。其後又自譯《華嚴經》及佛經多部。此中，《華嚴經》的翻譯最為大事，因該經是闡明有宗義理的要典。

慧遠（西元 334 至 416 年），本姓賈，雁門人。十三歲遊學許洛，博通六藝，精於《老》《莊》。二十一歲入太行恆山，聽道安講《般若經》，豁然悟入，嘆曰：「儒道九流，皆糠粃耳。」於是與弟慧持共投簪落髮，委命受業。此後，

承受師教，日夜精勤，對無生實相之玄，般若中道之妙，即色空慧之祕，緣門寂觀之要，均有深切的領納，竟使道安嘆云：「道之東流，其在遠乎？」其後釋道安住襄陽，及苻堅軍陷襄陽，道安西去長安，慧遠乃率同弟子至荊州，住上明寺。太元六年，始入匡廬，住東林寺，設禪室，江南禪法於是始興。慧遠又在寺中祀無量壽佛像，主念佛，與道俗百二十三人結白社，匡廬遂成為佛門俊秀嚮往之地。

　　當時慧遠與羅什稱南北兩派。羅什為北派領袖，所居長安為北地佛教中心；慧遠為南派領袖，所居廬山為南方佛教中心。羅什得姚秦優遇，義學之徒，麏聚雲集，長安佛教正如三春花樹，生氣蓬勃。廬山則相反，地既幽靜，適於潛修；慧遠又力避權勢，持沙門不敬王者論，雖以殷仲堪之一代重臣、桓玄之威震人主、謝靈運之恃才傲物，慧遠皆能強正不憚，諸人終於敬服。日與數百學者，萃止一山，力事進修，戒律峻嚴，幾乎與世隔絕。三十餘年未曾出山，送客以虎溪為限。所以廬山佛教，猶如深秋枯木，旨趣閒寂。當時南北兩宗並立，慧遠與羅什迄未謀面（慧遠長羅什十歲），只是書問往還，互相推重而已。慧遠既學出道安，最重戒律，故與《老》《莊》學者的放浪不檢有異，也與未斷聲色的羅什有別〔註10〕。蓋不世出之大師，非有超乎常人之節概，則不足使天下靡然景從也。

　　慧遠雖遁跡世外，而孜孜為道，務在弘法。每逢西域一賓，輒懇切諮訪。太元十六年，特請罽賓沙門僧伽提婆來廬，翻譯《阿毗曇心論》及《三法度論》。翌年又使弟子法淨、法領往于闐取《華嚴經》。覺賢受排擠於長安時，慧遠特邀來山翻譯《達摩多羅禪經》，以受禪法。提婆之「毗曇」，覺賢之「禪法」，羅什之「三論」，三者乃晉世佛學之大業，而為之宣揚且特廣傳於南方者，俱由慧遠之毅力。慧遠臨危受道安之命，廣佈教化，可謂不辱師命矣。

　　五胡東晉時代，譯經弘教或著述解義的中西大師，除上述四家外，他如僧伽跋澄、曇摩難提、佛陀耶舍、竺佛念（以上皆重譯經弘教）、道生、道融、僧叡、僧肇（以上皆重著述解義）等人，皆一時名雋。竺佛念之譯作，世稱「自世高、支謙以後，莫踰於念；在苻姚二代，為譯人之宗」〔註11〕。僧肇作《肇論》，融和中印義理，對體用、動靜、不眞即空、般若無知……等問題，

〔註10〕羅什在姑臧奉呂光之命娶龜茲王女；後姚興又贈妓女十人。見《高僧傳》卷二〈羅什本傳〉，頁109及117。

〔註11〕詳見《高僧傳》卷一〈竺佛念本傳〉，頁90。

有深切的證知，且能以極優美有力之文字表達其義，堪稱哲學名著。佛學得以流佈中土，光被華夏，歷代大師的承先啓後，研精揄揚，其功實不可沒。

二、佛學對魏晉談風的影響

如上所述，佛學發展至魏晉，已蔚爲大國。不但高僧輩出，沙門日眾，而且漸爲士林所推重。則其於當代談風之影響，自是不小。尤其佛僧參與談座，與名士互難往返，更增清談異彩。

1、佛僧加入談座，蔚為清談新秀

佛理勝義既漸爲魏晉士林所推重，則浮屠道人凡博學思深、獨具才辯者，自易成爲清談界的新俊秀。如：

康僧會：

> 《高僧傳》卷一載：孫皓欲毀淫祠，且及佛寺，遣張昱詣寺詰會。昱雅有才辯，難問縱橫；會應機騁辭，文理鋒出。自旦至夕，昱不能屈。既退，會送于門。時寺側有淫祀者，昱曰：「玄化既孚，此輩何故近而不革？」會曰：「雷霆破山，聾者不聞，非音之細。苟在理通，則萬里懸應；如其阻塞，則肝膽楚越。」昱還，嘆會才明，非臣所測。

支孝龍：

> 《高僧傳》卷四載：支孝龍少以風姿見重，加復神彩卓犖，高論適時，常披味小品，以爲心要。陳留阮瞻、潁川庾凱並結知音之友，世人稱爲八達。時或嘲之曰：「大晉龍興，天下爲家，沙門何不全髮膚，去袈裟，釋梵服，被綾羅？」龍曰：「抱一以逍遙，唯寂以致誠。剪髮毀容，改服變形，彼謂我辱，我棄彼榮。故無心於富貴而愈貴，無心於足而愈足矣。」其機辯適時，皆此類也。

康僧淵：

> 《高僧傳》卷四載：（淵）遇陳郡殷浩，浩始問佛經深遠之理，卻辯俗書性情之義，自晝至瞑，浩不能屈，由是改觀。瑯瑘王茂宏（導）以鼻高眼深戲之。淵曰：「鼻者，面之山；眼者，面之淵。山不高則不靈，淵不深則不清。」時人以爲名言。

康法暢：

> 《高僧傳》卷四載：暢亦有才思，善爲往復，著《人物始義論》等。

> 暢常執塵尾行，每值名賓，輒清談盡日。庚元規（亮）謂暢曰：「此
> 塵尾何以常在？」暢曰：「廉者不求，貪者不與，故得常在也。」

竺道潛：

> 《高僧傳》卷四載：潛常於簡文處。遇沛國劉恢，恢嘲之曰：「道士
> 何以遊朱門？」潛曰：「君自覩其朱門，貧道見為蓬戶。」

釋道安：

> 《高僧傳》卷五載：時襄陽習鑿齒，鋒辯天逸，籠罩當時。其先籍
> 安高名，早已致書通好。……及聞安至，止，即往修造。既坐，稱
> 言：「四海習鑿齒。」安曰：「彌天釋道安。」時人以為名答。

上舉諸僧，依《高僧傳》所載，率皆天資聰敏，雅有才辯。傳中稱康僧會「應機騁辭，文理鋒出」；稱支孝龍「神彩卓犖，高論適時」；稱康僧淵「巧辯俗書性情之義」；稱康法暢「常執塵尾，清談盡日」；稱竺道潛口舌伶俐，巧辯無礙；稱釋道安之鋒辯不亞於習鑿齒之高逸……尤其清談風習衍流至晉，有這類佛僧大批加入談座，實對當時的談辯風潮大有搧助之功；對儒釋道三教的異同之辨，也更激揚起文化交融互動的火花。

2、佛僧與名士互難，增添談辯異彩

　　兩晉高僧，或神明英越，機鑒遐深；或堅苦卓絕，風骨挺拔；或性度弘偉，至德感人；或博綜六藝，精研《老》《莊》；莫不望重士林，為時賢所激賞。而清談名流亦多好佛，樂與他們聚談，於是高僧與名士之間的交遊互難，便蔚為一時風尚。其於佛法，固然憑之而易打進知識階層；其於一代談風，也因此更增異彩。茲舉數例如下：

（1）帛尸梨蜜多羅（吉友）與王導諸人的談辯

> 《高僧傳》卷一載：帛尸梨蜜多羅，此云吉友，西域人，時人呼為
> 高座。……蜜天資高朗，風神超邁，直爾對之，便卓出於物。晉永
> 嘉中，始到中國，值亂，仍過江，止建初寺。丞相王導一見而奇之，
> 以為吾之徒也，由是名顯。太尉庚元規、光祿周伯仁、太常謝幼輿、
> 廷尉桓茂倫，皆一代名士，見之，終日累嘆，披襟致契。導嘗詢蜜，
> 蜜解帶偃伏，悟言神解。時尚書令卞望之亦與蜜致善。須臾，望之
> 至，蜜乃斂襟飾容，端坐對之。有問其故，蜜曰：「王公風道期人，
> 卞令軌度格物，故其然耳。」諸公於是嘆其精神灑屬，皆得其所。……

大將軍王處沖在南夏，聞王周諸公皆器重蜜，疑以為失鑑；及見蜜，乃欣振奔至，一面盡虔。……王公嘗謂蜜曰：「外國有君一人而已耳。」蜜笑曰：「若使我如諸君，今日豈得在此？」當時以為佳言。

（2）支遁與謝安諸人談辯

《高僧傳》卷四載：遁，字道林，本姓關氏，陳留人。……幼有神理，聰明秀徹。初至京師，太原王濛甚重之，曰：「造微之功，不減輔嗣。」陳郡殷融嘗與衛玠交，謂其神情雋徹，後進莫有繼之者。及見遁，嘆息以為重見若人。家世事佛，早悟非常之理。……年二十五出家。每至講肆，善標宗會，而章句或有所遺，時為守文者所陋。謝安聞而善之曰：「此乃九方歅之相馬也，略其元黃而取其駿逸。」王洽、劉恢殷浩、許詢、郄超、孫綽、桓彥表、王敬仁、何次道、王文度、謝長遐、袁彥伯等，並一代名流，皆著塵外之狎。遁嘗在白馬寺與劉系之等談《莊子・逍遙篇》云：「各適性以為逍遙。」遁曰：「不然。夫桀跖以殘害為性，若適性為得者，彼亦逍遙矣！」於是退而注〈逍遙篇〉，群儒舊學，莫不嘆伏。

（3）支遁與王羲之談辯

《高僧傳》卷四載：王羲之時在會稽，素聞遁名，未之信。謂人曰：「一往之氣，何足可言？」後遁既還剡，經由于郡，王故往詣遁，觀其風力。既至，王謂遁曰：「〈逍遙篇〉可得聞乎？」遁乃作數千言，標揭新理，才藻驚絕，王遂披襟解帶，留連不能已。

（4）支遁與王濛談辯

《世說新語・文學篇》第四十二條載：支道林初從東出，住東安寺中。王長史（濛）宿構精理，並撰其才藻。往與支語，不大當對。王敘致作數百語，自謂是名理奇藻。支徐徐謂曰：「身與君別多年，君義言了不長進！」王大慚而退。

（5）慧遠與殷仲堪諸人談辯

《高僧傳》卷六載：殷仲堪之荊州，過山（廬山）展敬，與遠共臨北澗，論《易》體要，移景不倦。既而嘆曰：「識信深明，實難庶幾。」司徒王謐、護軍王默等，並欽慕風德，遙致師敬。

以上所舉五例，皆高僧與名士交遊談辯之風流雅事。由於佛理深徹，一般學

者未能盡解，名士亦然；然而佛法玄妙至極，既爲名士所好，則在名僧積極投入談座下，不同見解者彼此對難共論，於是儒釋道三教思想交涉下的思想性論題，以及中土風習被佛教禮儀激盪出來的禮法性課題，遂成東晉以後日益風行的新興談題了。

第二節　與佛學有關的談題

　　佛教自傳入中國，歷經東漢、三國、兩晉，佛經譯注漸趨完備，佛理勝義漸得闡揚，佛教傳播也隨之普及中土。只是佛教教義多爲華夏所未見，佛徒生活模式也迥異於常人，這對於宗守周孔的儒生，崇慕《老》《莊》的名士，和信奉道教的信徒，都起了極大的激盪。自東漢以至東晉，其間外道人士的攻難，僧侶信徒的抗辯，或由排斥而接受，或由對立而調和，可謂論諍紛紜。如牟子《理惑論》，桓譚《新論》，孫綽《喻道論》，釋道安《二教論》，釋道恆〈釋駁論〉、〈重答秦主〉，戴安公〈釋疑論〉，周道祖〈難釋疑論〉，釋慧遠〈三報論〉、〈明報應論〉、〈沙門不敬王者論〉、〈沙門袒服論〉、〈與桓太尉論料簡沙門書〉，庾冰〈代晉成帝沙門不應盡敬詔〉、〈重代晉成帝沙門不應盡敬詔〉，何充〈沙門不應盡敬表〉、〈重奏沙門不應盡敬表〉，桓玄〈與八座論沙門敬事書〉、〈許沙門不致禮詔〉、〈與僚屬沙汰僧眾教〉、〈答遠法師書〉、〈難王中令（謐）〉，王謐〈答桓太尉（玄）〉，桓謙〈答桓玄論沙門敬事書〉，卞嗣之〈答桓玄詔〉，王洽〈與林法師書〉等〔註12〕，可謂著述浩繁，答難俱詳。單以牟子《理惑論》〔註13〕爲例，即可探得當代人士所關心而常談的一些主題。

　　《理惑論》的內容係由三十七條一問一答式的小論組成。牟子蓋本佛家之立場，採調和之態度，以折衷儒釋道三家之衝突，故其爲文，多引儒道之言證解佛法。茲不論其內容是非，僅就三十七條歸納要義，可得十四項；而在十四項中，提及儒釋兩家之異同者有以下十項：

〔註12〕　詳《弘明集》與《廣弘明集》。
〔註13〕　牟子《理惑論》的著成時代，學者聚訟紛紜，殆無定論，或以爲東漢時作，或以爲曹魏時作，或以爲東晉時僞作。據湯錫予先生所考：「牟子約於靈帝末年（188）避世交趾。其後五年爲獻帝之初平四年（193）。牟子約於此年後作《理惑論》，推尊佛法。」則《理惑論》當是漢魏之際的作品。見《漢魏兩晉南北朝佛教史》第一分第四章，頁5至58；第六章，頁89。

（1）儒家以五經為道，拱手可誦，具體可行；釋教經典千萬，恍惚變化，能小能大，能圓能方。

（2）儒家七經，不過三萬言，而眾事皆備；釋教經卷以萬計，其言以億數，非一人之力所堪盡，但譬若臨河飲水，取其飽足自可。

（3）儒家不談怪力亂神；釋教則謂佛有三十二相、八十種好，並多說異人奇事。

（4）儒家謂身體髮膚受之父母，不可毀傷；釋教則謂出家剃頭為一大孝行，蓋全大德則可不拘小節。

（5）儒謂福無踰於繼嗣，不幸莫過於無後；釋謂捐錢財、捨名利、終生不娶、修道成佛，方為人生最大拯救。

（6）儒生嚴儀服之制；佛徒則披赤布，見人無跪起之禮，無盤旋容止。

（7）儒說神滅；釋言更生，因果報應。

（8）儒家大夷夏之防，謂用夏變夷，未聞用夷變夏，故釋教乃夷狄之術；釋謂上下周極，含血之類物，皆屬佛焉，故漢地未必天中也。

（9）儒謂佛徒棄養其親而敬他人，不愛其親而愛他人，乃悖德悖禮之行為；釋謂布施成道，修行成佛，使父母兄弟皆得度世，乃為至仁至孝。

（10）儒謂黃帝以五餚養性，孔子食不厭精；沙門則每日一食，閉六情而自畢於世。

此外，提及佛教、道教之異同者有四項：

（1）道云不死之方可求，神仙之術可得；佛云人皆不免一死，當修佛以度世。

（2）道士避穀不食而飲酒食肉；佛徒避酒肉而食穀。

（3）道云王喬、赤松八仙之籙，皆長生之書；佛謂神仙之書，聽之洋洋盈耳，求其實則猶捕風捉影，是以大道不取，無所為貴。

（4）道與佛經相較若比其類，猶如五霸與五帝，陽貨與仲尼；若比其形，猶如丘垤與華恆、涓瀆與江海；若比其文，猶如虎鞹與羊皮，斑紵與錦繡。

以上十四項，所涉及的問題，大抵不外以下七大問題：（1）佛理經義問題、（2）

沙門應否敬王者問題、(3 神形生滅問題、(4) 果報有無問題、(5) 孝道問題、
(6) 夷夏問題、(7) 僧人衣食問題。這些問題，其實就是東晉清談界僧俗互
辯最激烈的課題。尤其是前四題，談士論辯極劇，甚至有見諸筆談，書論往
返不絕者。後三題則談論較少，內容亦較枝雜，所存料也不多。故本文乃就
(1) 般若經義論、(2) 沙門不敬王者論、(3) 神形生滅論、(4) 果報有無論、
(5) 其他（包括沙門孝道、夷夏是非、僧人衣食等問題）五類，舉例以述。

一、般若經義論

　　自東漢末葉到劉宋初年，佛典中最流行的當推《般若經》。以翻譯言之，
則譯本最多，譯家最眾；以解義言之，則最爲時賢所愛好；而《小品般若》
又較《大品》更爲國人所研求。案《般若》經義之研究始於魏人朱士行，其
後大師輩出：衛士度、帛法祚、支孝龍、康僧淵、支愍度、竺法雅、竺道潛、
竺法蘊、支遁、于法開、釋道安、竺法汰、竺僧敷、釋道立、于法道、釋慧
遠、郗超、何默、殷浩、法威等，皆一時名家。《般若》學既爲魏晉佛學之主
流，學之者遂多，而晉僧竺法雅（釋道安之同學）又倡格義法——以外書解
釋內典，學者各抒新義，派別益增。曇濟〈七宗論〉乃分爲六家七宗〔註14〕。
其中，支遁與北來道人辯《小品》，又與于法開爭「即色空」義；釋慧遠與客
難「般若實相」義；竺曇壹與釋慧遠並破釋道恆之「心無」義等；析駁紛紜，
皆一時清談盛觀。

1、支遁與北來道人辯《小品》義

　　《世說新語・文學》第三十條云：

> 有北來道人，好才理，與林公（支遁）相遇與瓦官寺，講《小品》。
> 于時竺法深、孫興公（綽）悉共聽。此道人語屢設疑難，林公辯答
> 清析，辭氣俱爽，此道人每輒摧屈。孫問深公：「上人當是逆風家，
> 向來何以都不言？」深公笑而不答。林公曰：「白旃檀非不馥，焉能
> 逆風？」深公得此義，夷然不屑。

北來道人是誰？無可考知。林公即支遁，字道林。支遁《般若》學主「即色
空」義。其言曰：

> 吾以爲即色是空，非色滅始空……夫色之性，色不自色，雖色而空。

〔註14〕七宗爲：本無宗（道安）、本無異宗（竺法深）、即色宗（支遁）、識含宗（于
　　　法開）、幻化宗（壹法師）、心無宗（溫法師）、緣會宗（于道邃）。

> 如知不自知，雖空恆寂也。〔註15〕

又曰：

> 夫色之性也，不自有色。色不自有，雖色而空，故曰色即爲空。色
> 即爲空，色復異空。〔註16〕

蓋支遁以爲般若「諸法皆空」之旨，當在即色暫有之時，便悟其空；不待色相壞滅歸無時，始悟其空無也。他說色無自性，雖色即空。此說可謂研精而妙，北來道人胸少珠璣，何得不每輒摧屈？

又，竺法深何以笑而不答？茲查法深之《般若》學之「本無」義要旨云：

> 本無者，未有色法，先有於無。故從無出有，即無在有先，有在無
> 後，故稱本無。〔註17〕

又曰：

> 諸法本無，豁然無形爲第一要義。〔註18〕

法深此見似乎參考了《老子》第四十章「天下萬物生於有，有生於無」的說法。其「本無」義，直謂萬有皆從無而生，此「無」乃爲豁然無形的形上本體。法深此見因與道安不同〔註19〕，故〈七宗論〉列之於第二宗，謂之「本無異宗」，以別於道安的「本無宗」。

依《世說新語・文學》第三十條所載，孫綽以爲法深對支遁所講，當據其「本無」義以相辯駁，故云「當是逆風家」，怎知法深竟始終不發一言，因此孫綽乃疑而相問。支遁則藉檀香比譬法深心中之意，說：「白旃檀之香氣，馥則馥矣，總不能逆風而傳；你法深的本無義，通則通矣，總不能破我。」法深聽得此譬，頗會其心，以爲支遁實是知我心者，所以夷然而笑。

2、支遁與于法開爭辯即色空義

《世說新語・文學》第四十五條云：

> 于法開始與支公爭名，後情（眾人之情）漸歸支，意甚不分，遂遁
> 跡剡下。遣弟子出都，語使過會稽。于時支公正講《小品》。開戒弟
> 子：「道林講，比汝至，當在某品中。」因示語攻難數十番，云：「舊

〔註15〕慧遠《肇論疏》引支遁《即色論》。
〔註16〕《世說新語・文學》第三十五條注引《支道林集・妙觀章》。
〔註17〕吉藏《中論疏》卷五引深法師語。
〔註18〕安澄《中論疏記》引《山門玄義》第五卷〈二諦章〉。
〔註19〕道安把般若空視爲本體無，言無在萬化之先，空爲眾形之始。

此中不可復通。」弟子如言詣支公，正值講，因謹述開意，往反多
時，林公遂屈。屬聲曰：「君何足復受人寄載來！」

此事亦載於《高僧傳》卷四〈于法開傳〉，且明言受遣弟子爲法威。傳中又記
述支、于二人爭辯的故事，云：

開後移白山靈鷲寺。每與支道林爭「即色空」義，廬江何默中明開
難，高平郗超宣述林解，並傳於世。

支遁般若學主「即色空」義，法開則主「識含」義，謂識滅即空。其說見於
唐朝・吉藏《中論疏》引法開之言：

三界爲長夜之宅，心識爲大夢之主，今之所見群有，皆於夢中所見。
其於大夢既覺，長夜獲曉，即倒惑識滅，三界都空。是時無所從生，
而靡所不生。

案：般若學主在示人「諸法皆空」的道理，人能悟徹空無之蘊，然後可以返
本，返本即可登十地而成佛（十地，指佛家修持以超脫苦海之十階段，返本
便登第十階），東晉般若七宗都在闡演經文「示空返本」的旨趣。于法開以爲
三界所以有，皆起於心識。三界似歷歷在目，其實本皆空無，如能早悟三界
之有猶如夢幻，夢醒即空，便可滅此倒惑之識，悟得空諦，以登十地。十地
之境，無所以生而靡所不生，既空無又妙有，這就是法開「識含」的大旨，
而與支遁「即色」說異趣，故兩賢論難不休。

　至於法開遣弟子法威與支遁相難的，究是《小品》第幾品？則不得而知。
然而，支遁既在此品被法開難倒，想必在義解上有自相矛盾或不可復通之處，
法開因而得以乘隙攻難。

3、釋慧遠與客難般若實相義

《高僧傳》卷六〈釋慧遠傳〉云：

（遠）年二十四，便就講說。嘗有客聽講，難「實相」義，往復移
時，彌增疑昧。遠乃引《莊子》義爲連類，於是惑者曉然。

實相義，據僧肇《肇論》〈宗本義〉釋其義云：

本無、實相、法性、性空、緣會、一義耳。何則？一切諸法緣會而
生。緣會而生，則未生（前）無有，緣離則滅；如其眞有，有則無
滅。以此而推，故知雖今現有，有而性常自空；性常自空，故謂之
性空；性空故，故曰法性。法性如是，故曰實相。實相自無，非推
之使無，故名本無。

蓋佛家謂諸法（現象界一切相）之本性爲「空」，目下暫存之相皆爲「虛相」、「幻相」，無時不在變遷、壞滅中，唯有終當歸空爲實相，故空性即諸法之實相，則實相亦即諸法本性空之證解義也。佛經中闡明此實相義最詳者，莫過大、小《般若經》。兩晉高僧名士之反覆辯析空義，大抵亦皆本此經而發。

慧遠年二十一，赴太行恆山聽道安講般若，豁然悟入，遂與其弟落髮受業。此時年二十四，便就講說《般若經》，足見其卓焉獨拔，得自佛心。然而《般若經》《大品》有九十章、二萬五千偈；《小品》有三十章，八千偈。每偈各數句至數十句不等，可謂文繁句眾。慧遠少時遊心世典，尤精於《老》《莊》，此時引《莊子》以答客難實相義，使惑者曉然。雖出之以格義，卻是一時美談。蓋慧遠認爲佛法爲獨絕之教、不變之宗，但內外之道，可合而明；苟會之有宗，則百同致，故內外典實可配合貫通。他的學問可以說是兼綜玄釋，不廢俗學的。

4、竺曇壹、釋慧遠與釋道恆難心無義

《高僧傳》卷五〈竺法汰傳〉云：

> 汰形長八尺，風姿可觀，含吐蘊藉，辭若蘭芳。時沙門道恆，頗有才力，常執「心無」義，大行荊土。汰曰：「此是邪說，應須破之。」乃大集名僧，令弟子曇壹難之，據經引理，析駁紛紜；恆拔其口辯，不肯受屈。日色既暮，明日更集，慧遠就席攻難數番，關責鋒起。恆自覺義途差異，神色微動，塵尾扣案，未即有答。遠曰：「不疾而速，杼柚何爲？」坐者皆笑。心無之義，於此而息。

釋道恆主「心無」義，蓋本自支愍度之說〔註20〕。所謂心無義者，據吉藏《二諦義上》，乃謂「空心不空色」。不空色者，萬物是有，未嘗無也；空心者，但於物上不起執心也。此說只言「空心」，不言「色空」，與時下所盛倡的般若即色空義（如支遁之說），諸法本無義（如竺法深之說），諸法本性空義（如釋慧遠之說），識滅即空義（如于法開之說）等「空色」法門，頗不相侔。故其說始出，群情大詫，竺法汰即以邪說視之；不但遣弟子曇壹難之，更邀釋慧遠駁之。竺法汰之說，據湯錫予先生所考，蓋與竺法深皆屬「本無異宗」〔註21〕。其弟

〔註20〕詳見陳寅恪〈支愍度學說考〉（《陳寅恪先生論文集・下冊》，臺北：九思出版社印行）　頁 1229～1254）

〔註21〕湯錫予《漢魏兩晉南北朝佛教史》第二冊、第九章。（臺北：商務印書館出版）　頁 184、194 至 198。

子攻難心無義，乃採「諸法本無」說無疑。至於慧遠之破「心無義」，則不出實相「諸法本性空」說。

綜上四例，或辯即色空，或辯實相，或辯心無，皆屬般若空色法方面的討論，其義本甚玄微，非精研佛理又獨具哲思者，實不能置一辭，故參與此題之談辯者，大半都是東晉一流高僧。是知佛理精奧而能吸引聽眾、信徒、學者，使之發揚光大者，蓋與僧伽之親與談座有關。

二、沙門不敬王者論

沙門不敬王者，源出印度。案：古印度婆羅門階級（僧侶）在剎帝利（王族）之上。常見王族禮敬僧侶，少見僧侶禮敬王族，但在中國則不然。殆自西周以來，「普天之下，莫非王土；率土之濱，莫非王臣」的尊君觀念，早已深值人心。故當佛教傳入中土，炎黃苗裔一旦投簪落髮、遁入空門，是否即可一襲紅布，袒服踞食，見人無盤旋容止？見上亦可免跪地叩拜之禮？又，出家者是否即可超然物外，高尚其志，得免賦役？是否亦可不事君侯，不照常規禮敬王者？若是可以，豈非受其德而遺常禮，沾其惠而廢常敬？於是東晉一代，「沙門應否敬王者」遂成時人反覆攻難、討論不休的一大課題。其最著名者有庾冰與何充、桓玄與王謐、桓玄與慧遠兩兩間的辯難。茲述其大要如下：

1、庾冰與何充互難沙門應否敬王者

東晉咸康六年（西元 340 年，時道安、支遁並爲名僧，慧遠七歲），成帝之輔政庾冰，主張沙門當敬王者；尚書令何充、左僕射褚翌、右僕射葛恢、尚書馮懷、謝廣等皆反對此議。據《弘明集》卷十二所錄，庾冰與何充各以疏表互難三次。

第一次：庾冰上奏〈沙門須敬王者表〉，主沙門當禮拜王者。何充等亦奏〈沙門不應盡敬表〉，主張承先帝之義，不變沙門修善之法，使通天下之志。

第二次：庾冰代晉成帝下〈沙門不應盡敬詔〉，認爲父子之親、君臣之敬，乃百代不廢之法，沙門不得矯形骸、違常務、易禮典、棄名教。何充等再上〈沙門不應盡敬表〉，認爲沙門尚冥冥之德操，有助於王化，今令其敬拜，遂壞其法，等於是壞其名教，得失自見。

第三次：庾冰再重代晉成帝下〈沙門不應盡敬詔〉，謂萬乘之君非好尊

也，區域之民非好卑也，良以禮重治大，王教當一，爲治之綱，盡於此地，故須令沙門盡敬王者。何充等人亦重奏〈沙門不應盡敬表〉，認爲奉上崇順，理當出於自然；沙門燒香許願，每先國家，此則大敬矣；免其敬王之虛文，於法無虧，且因其所利而惠之，實是兩全其美。

綜觀雙方三次攻難，庾冰身爲執政大臣，故站在「法」的立場立論；何充以篤信佛教之故，幾乎是以俗家弟子的身分，從「情」的立場申辯。何充第三表不但辭理俱勝，而且情意懇切，於是情勝於法，庾冰不再論難，沙門遂得免向王者行屈膝致敬之禮。

2、桓玄與王謐互難沙門應否敬王者

晉安帝元興二年（西元 403 年），桓玄爲太尉主政，欲使沙門禮敬王者，乃舊論重提，致書桓謙等八座，謂在庾冰與何充之論辯中，庾冰唯尊主而理據未盡，何充偏信佛法而過於執著。所謂天地王三大之中，天地之大德曰生，而通生理物則存乎王者，沙門不得受其德而遺其禮，沾其惠而廢其敬。桓玄且將此書送致中書令王謐及釋慧遠，以徵求他們的意見。於是名賢答難，相繼而出，一時頗呈蘭菊競美之勝。本段先述桓玄與王謐之攻難，下段接述慧遠的答辯。

桓玄與王謐之攻難往返，共有四次：

第一次：王謐得信，乃作書〈答桓太尉〉，認爲沙門對萬乘之君心存敬意，但不以形屈爲禮，王者當以存道爲貴，不宜重視外在儀文。桓玄不滿意王謐的答覆，乃作〈難王中令〉，略謂：沙門之敬，不盡略形而存心。其於懺悔禮拜，皆篤於事，何獨對王者則忽略禮敬？況且聖人之道乃道之極者，在三之義、君臣之敬，愈敦於禮。今沙門不敬王者，豈足云「道在則貴」哉？

第二次：王謐接獲桓玄之信，也針對所難，再作書〈答桓太尉〉，說：沙門之道自以敬爲主，但僧俗之間，津途既殊，則義無降屈。故不可因沙門崇禮釋迦，不拜王者，即強行變易其教例。再者，君臣之敬乃理盡名教，沙門既不臣王侯，故敬與之同廢。桓玄接書，復作〈難王中令〉一書，反駁王謐，說：情敬之理皆是自內及外者，豈容有二？沙門肅恭釋迦而弛敬王者，於理不通。君臣之敬皆是自然之所生，理篤於情本，豈是名教之事？且天

　　　　地之大德曰生，而通生理物，存乎王者，佛之爲化，何以過此？
　　　　豈能不敬？

第三次：王謐接獲桓玄第二書，乃三作〈答桓太尉〉，說：太上之世，君
　　　　臣已位，自然情愛則義著。化本於斯時，則以形敬爲蔑聞。降
　　　　及後世，親譽既生，茲義（臣下敬拜王者）乃興。故君臣之敬，
　　　　事盡揖拜，乃應時而生，推其初則不然，故云君臣之敬，乃理
　　　　盡名教也。再者，佛之爲教，與內聖永殊。周孔倡仁義，釋迦
　　　　設靈奇報應，各有宗致。津途既異，難能爲一。桓玄接獲王謐
　　　　第三書，不欲再辯，乃作〈與王中令書〉，大意謂：來書未能釋
　　　　疑，遂使難未見其已。唯明在三之義，以辯對輕重，則知敬否
　　　　之理。今時日已迫，不容多辯，便令全國沙門行敬事尊主之道。

第四次：桓玄既與王謐書，言欲下令沙門敬王者，則攻難自當中止。詎
　　　　料桓玄又再作一書〈重難王中令〉，攻難遂進入第四回合。桓玄
　　　　書中略謂：「夫佛教之所重，全以神爲貴，是故師徒相宗，莫二
　　　　其倫。……師之爲功，在於發悟。……是爲在三之重，而師爲
　　　　其末。何以言之？君道兼師，而師不兼君。教以弘之，法以齊
　　　　之，君之道也。豈不然乎？豈可以在理之輕而奪宜尊之敬？」

　　據此觀之，桓玄持定「沙門必敬王者」，其意甚決，大有此事已成定論，
天下毋庸再辯之意。故書末且云：「想復領其趣而貴其事，得之濠上耳。」王
謐得書，由於茲事已定，多辯無用，故僅作書〈重答桓太尉〉，踰揚其意，且
兩云「實如高論」。唯對桓玄「得之濠上」語，則於信末致其譏諷，說：「下
官瞻仰所悟，義在擊節；至於濠上之誨，不敢當命也。」

　　綜觀此次攻難，王謐蓋站在佛門出家者的立場，認爲出家之人遁跡世外，
不臣王侯，服章禮儀自不與世人相同。若以世人眼光視之，實在大失在三之
義；但就佛理而言，卻是遁世以求其志，變俗以達其道。故屈膝君王之事，
絕不曲從。桓玄則站在儒家倫常禮法之立場，認爲在三之義，不可或缺；情
敬之心，發自五內，不容有二；君臣之敬，乃天生自然。沙門既生活於中土，
則此倫常不容廢置，故不得例外，皆須禮敬王者。

3、桓玄與慧遠互難沙門應否敬王者

　　桓玄又將致八座之書另送慧遠，要求說明沙門不敬王者之理由，慧遠乃
作〈答桓太尉書〉，大意云：

佛經所明，凡有二科。一者處俗而弘教，二者出家以修道。處俗不可無奉上之禮、尊親之敬。忠孝之義，表於經文；在三之訓，彰於聖典；斯與王制同命，有若符契。……。出家則是方外之賓，跡絕於物。其為教也，達患累緣於有身，不存身以息患。知生生由於稟化，不順化以求宗。求宗不由於順化，故不重運通之資；息患不由於存身，故不貴厚生之益。此理之與世乖，道之與俗反者也。是故凡在出家，皆隱居以求其志，變俗以達其道。變俗則服章不得與世典同禮，隱居則宜高尚其跡，夫然，故能拯溺族於沉流，拔幽根於重劫；遠通三乘之津，廣開人天之路。是故內乖天屬之重而不違其孝，外闕奉主之恭而不失其敬。……如令一夫全其德，則道洽六親，澤流天下，雖不處王侯之位，固已協契皇極，大庇生民矣。……則可以道廢人，固不應以人廢道。以道廢人，則宜去其服；以人廢道，則宜存其禮。禮存則制教之旨可尋，跡廢則遂志之歡莫由。……又袈裟非朝宗之服，鉢盂非廊廟之器，軍國異容，戎筆不雜。剃髮毀形之人，忽廁諸夏之禮，則是異類相涉之象，亦竊所未安。〔註22〕

此信闡明佛理教化實立身行道之所在，故王者宜尊沙門之教例，不宜強行致敬。桓玄見信，猶疑不決。雖在〈答遠法師書〉中云：「佛教存行，各以事應；因緣有本，必至無差者也。如此，則為道者亦何能違之哉？」〔註23〕但不久篡位，竟翻其先志，下〈許沙門不致禮詔〉，曰：

佛法宏誕，所不能了。推其篤至之情，故寧與其敬耳。今事既在己，苟所不了，且當寧從其略，諸人勿復使禮也。〔註24〕

於是沙門得許不敬王者。一代論題，遂暫告解決。

案：佛學傳至東晉，僧侶日多，對政治、經濟、軍事都漸有影響。蓋沙門教規，不只不敬王者，亦與傳統生活文化多有衝突。而國人以遁入空門作逃避現實之階，不納稅、不服役、不事生產，而且「會盡餚饍，寺極壯麗」；「割生民之珍玩，崇無用之虛費」；「罄私家之年儲，闕軍國之資實」。〔註25〕長此以往，劫蠹國成空，所以桓玄有裁汰僧人之議〔註26〕；〈沙門應否敬王

〔註22〕《弘明集》卷十二，頁15至16。臺北：中華書局出版。
〔註23〕同上，卷十二，頁16。
〔註24〕同上，卷十二，頁17。
〔註25〕同上，卷六，頁4〜5，釋道恆〈釋駁論〉。
〔註26〕同上，卷六，頁2。

者）的問題，也在當時引起了極大的爭辯。雖然現有的資料都是一些書信或奏章；但從爭議此題者之普遍，與書信論難之激烈，我們自可推測，除了朝廷奏議與書信往返外，高僧名士手持麈尾，座談此一全國性事件的，必不致沒有。

三、形神生滅論

形神生滅、靈魂存廢的問題，在佛法東傳之前，國人鮮有深入言及者。蓋儒家主張「未能事人，焉能事鬼？不知生，焉知死？」道家持生死齊觀，而陰陽方士的神怪仙道、長生不死之說又與此題無干。直到佛家六道輪迴之說傳來，國人才注意此一問題。於是牟子啓其先，慧遠繼其後，到南朝而大盛。有關此題之論述，《弘明集》所錄極多，從牟子《理惑論》、慧遠〈形盡神不滅論〉以下，又有宗炳〈明佛論〉、何承天〈達性論〉、羅含〈神不滅論〉，顏延之、鄭道子〈精神不滅論〉，慧琳〈白黑論〉，范縝〈神滅論〉，蕭深、曹思文〈難神滅論〉，沈約〈形神論〉、〈神不滅論〉、〈難范縝神滅論〉，梁武帝〈敕答臣下神滅論〉等等，可謂論著浩瀚，論又生論。而滅與不滅，各有論據，未得定見。其後由梁武帝欽定說一文，用「精神不滅」四字爲之作結，於是自牟子以來，論諍數百年的問題遂暫告一段落。

本文研究的範圍，以魏晉時代爲主，故僅取牟子《理惑論》與慧遠〈形盡神不滅論〉爲資料略作介紹。

1、牟子與時人論難形神生滅

據《弘明集》卷一所載，牟子《理惑論》第十二條曾載述牟子與時人論難「形神生滅」。文中藉雙方簡單的一問一答，已觸及人死後的生命歸宿問題——到底人的身體與魂神的關係如何？在身體死亡之後，人的魂神將何趨何往？每個人都會有復活更生的機會嗎？一個人生前種種善行或惡行的表現，是否會產生相應的因果報應？這些問題，在《理惑論》中每有一問一答的表述，這是有似清談論辯的表達方式。如：

> 問曰：「佛道言人死當復更生，僕不信此言之審也。」牟子曰：「人臨死，其家上屋呼之，死已復呼誰？」或曰：「呼其魂魄。」牟子曰：「神還則生；不還，神何之乎？」曰：「成鬼神。」牟子曰：「是也，魂神固不滅矣，但身自朽爛耳。」

在中國思想史上，這是以「形神生滅」爲討論主題的最早記錄。牟子先取「呼

還魂魄」的風俗證明「神不滅」；但經駁問，他便再舉「種實與根葉」的關係為譬，以喻人之「神」「形」關係：

> 牟子曰：身譬如五穀之根葉，魂神如五穀之種實。根葉生必當死，種實豈有終亡？得道身滅耳。

牟子認為：人的形軀猶如根葉，終有朽爛之日；而魂神則如種實，乃是代代相傳，成為延續生命的基礎。此譬殆與「薪盡火傳」之譬近同。

惟自此題引發討論後，接續而來的問題便又接踵而生。有人問：「為道亦死，不為道亦死，有何異乎？」《理惑論》即進而載述其間之對答：

> 或曰：「為道亦死，不為道亦死，有何異乎？」牟子曰：「所謂無一日已善而問終身之譽者也。有道雖死，神歸福堂；為惡既死，神當其殃。愚夫闇於成事，賢智預於未萌。道與不道，如金比草；善之與福，如白方黑。焉得不異而言何異乎？」

此云神既不滅，則當在有生之年，努力為道，使神歸福堂。顯然持「神不滅論」者，必信「因果報應」，蓋兩說相關也。至於所為之道，究為何道？此道，以何為本？又以何為依歸？儒釋道三教所講論的「道」本不盡同，則其間異同之辨，勢必藉此而引起更為鮮明的對較及更為尖銳的討論了。

2、慧遠與時人論難形神生滅

《弘明集》卷五錄有慧遠的〈形盡神不滅論〉。文中慧遠藉問答兩方的論點，逐步伸揚「神不滅」的意旨。問方主「神滅」論，代表若干時人的意見；答方以「神不滅」駁之，則代表佛教界人士及慧遠本人的意見。慧遠所以有此設論，想必「形神生滅」的問題已廣為時人所談辯；或許亦有持「神滅論」者來廬山問難，慧遠特綜合時議，參以己見，而筆之於文。

持「神滅論」的問方，認為「形神俱化」，乃是自然之命數。其立論基礎本於《莊子》「氣化論」的宇宙觀：

> 秉氣極於一生，生盡則消液而同無。神雖妙物，故是陰陽之所化耳。既化而為生，又化而為死；既聚而為始，又散而為終。因此而推，因知神形俱化，原無異統；精粗一氣，始終同宅。宅全則氣聚而有靈，宅毀則氣散而照滅。散則反所受於天，本滅則復歸於無物。反覆終窮，皆自然之數耳。孰為之哉？……神之處形，猶火之在木；其生必存，其毀必滅。形離則神散而芒寄，木朽則火寂而靡託，理之然矣。

根據《莊子》「氣聚為生，氣散為死」的觀點，認為形具則神生，形散則神滅，

所謂「宅全則氣聚而有靈，宅毀則氣散而照滅。」形神同具則生，同散則死。萬物的生生滅滅，乃是天地間自然之氣的聚散離合現象，也可說是陰陽之所化（陰陽，指氣的二性）。故云：「神形俱化，原無異統；精粗一氣，始終同宅。……皆自然之數耳。」神與形相合的時候，猶如火之在木；反之，形離神散，則猶如木朽火寂；所以說：形滅則神亦滅。

　　然而，持「神不滅論」的答方——慧遠，對「神」的定義則顯然與問方不同，他說：

　　　神者何邪？精極而爲靈者也。精極則非卦象之所圖，故聖人以妙物
　　　而爲言。雖有上智猶不能定其體狀，窮其幽致，而談者以常識生疑，
　　　多同自亂，其爲誣也，亦已深矣。

此言「精極爲靈」，此靈之狀態謂「神」。精極的狀態，本非卦象所能圖，縱是聖人亦不能定其體狀、窮其幽致，故以「妙物」形容之。看來，此之所謂「神」，應指超越人的感性、知性、理性之上的靈魂。案：《易·繫辭》有云：「神無方而易無體。」又云：「精氣爲物、游魂爲變，是故知鬼神之情狀。」精氣爲物，乃神之情狀，此情狀不可名狀，所以云「神無方」，蓋神乃一絕妙之靈物。慧遠此說或有本於《易》，亦或有本於宗教界所強調的「靈」。既然「神」是指精極而爲靈者，自然不可與「形」之粗同其生滅；換言之，「形」滅之後，「神」仍可不滅。因此，慧遠便又說：

　　　神也者，圓應無生，妙盡無名，感物而動，假數而行。感物而非物，
　　　故物化而不滅；假數而非數，故數盡而不窮。

慧遠此數語係從「神」的特殊定義出發，論證了「神不滅」的道理。更有甚者，他還進一步討論到人類的「性」、「情」、「智」、「識」、「神」，以及對於「感物」、「認知」、「覺照」、「冥移」諸種能力的辨析。故云：

　　　有情則可以物感，有識則可以數求。數有精粗，故其性各異；智有
　　　明闇，故其照不同。推此而論則知：化以情感，神以化傳；情爲化
　　　之母，神爲情之根。情有會物之道，神有冥移之功，但悟徹者反本，
　　　惑理者逐物耳。

慧遠認爲「情有會物之道，神有冥移之功」，此「情」此「神」，凡聖皆具。唯悟徹者得以返本，不爲物化，而能化物；若惑其理者，則逐物不返，必爲物所化，以致自墮其宗極。

　　兩晉以後，像慧遠這樣獨具析辨長才的高僧一但參與談座，論辯的主題、

內涵以及深度，似乎也就漸漸從儒道思想的領域而跨入佛學宗教的門庭了。
慧遠強調「形盡神不滅」，即特以「薪盡火傳」來作比喻：

> 以實火之傳於薪，猶神之傳於形；火之傳異薪，猶神之傳異形。前薪
> 非後薪，則知指窮之術妙；前形非後形，則悟情數之感深。惑者見形
> 朽於一生，便以謂神情俱喪；猶睹火窮於一木，便謂終期都盡耳。

慧遠深信「神不滅」，且以為：不滅的「神」可以託寄到「異形」而延續其存在。
這裡，是不是說明：物質性的東西會朽壞，但心念的傳遞則無窮無盡？此抑或
表示：人在「身」「心」之上、之外，尚有另一個精極、獨立而不滅的「神靈」？
這些論點儼然已由一般性的哲學問題，導向心靈學及宗教學的問題了。

四、果報有無論

　　天道有無、果報顯隱的問題，向來困擾人類。蓋通觀古今中外，善未必
有善報，惡亦未必有惡報，故司馬遷有「儻所謂天道，是邪非邪」之嘆〔註27〕。
及佛法東來，倡「六道輪迴」、「業有三報」之說，其義新奇，其理玄奧，非
東土所有，魏晉時代漸漸成為風行的談題。釋道安〈二教論〉、釋道恆〈釋駁
論〉、戴安公〈釋疑論〉、孫綽〈喻道論〉、釋慧遠〈明報應論〉、〈三報論〉，
俱為一時名論。其中，孫綽、道安之作，闡明果報有無，比較儒釋異同，可
謂闡精研微，曲盡玄理。唯本文選材乃以當時實地的反覆談辯為主，故下文
只舉三組為例，藉觀當日盛論景況。

1、康僧會與孫皓論辯果報有無

　　《高僧傳》卷一〈康僧會傳〉載：

> 皓問曰：「佛教所明善惡報應，何者是耶？」會對曰：「夫明主以孝慈
> 訓世，則赤烏翔而老人星見；仁德育物，則醴泉湧而嘉苗出。善既有
> 瑞，惡亦如之。故為惡於隱，鬼得而誅之；為惡於顯，人得而誅之。
> 《易》稱「積善餘慶」，《詩》詠「求福不回」，雖儒典之略言，即佛
> 教之明訓。」皓曰：「若然，則周孔已明，何用佛教？」會曰：「周孔
> 所言，略示近跡；至於釋教，則備極幽微。故行惡有地獄長苦，修善
> 則有天宮永樂。舉茲以明勸沮，不亦大哉？」皓當時無以折其言。

這是論辯「果報有無」的最早記錄。文中僧會援引《易》、《詩》以證果報之

〔註27〕見《史記‧伯夷列傳》。

有。所辯的雖是果報有無的問題，其實已牽涉到儒釋兩家學說的根本不同：蓋一是入世，一是出世；一是著重現實人生的努力，一是嚮往於未來的福報。論中有云：「周孔所言，略示近跡；至於釋教，則備極幽微。」然則，周孔所尚乃是求其在我，事盡一生，但得問心無愧，並未言及果報問題。僧會所以如此說，乃欲會通儒釋兩家，緩和其衝突，藉使佈教之事減少阻力，得以廣傳中土，故其用心可謂良苦。

2、周道祖與戴安公論辯果報有無

戴安公作〈釋疑論〉，發抒果報之見，又呈與慧遠。周道祖見之，乃作〈難釋疑論〉相駁。兩人書疏往還，互相論難凡二次，《廣弘明集》卷二十各收錄其書信兩封。果報有無的問題，到東晉時已廣為士林所談辯，故此四封書信實可視同口談之記錄，作為本段藉以析論之材料。

第一次，先是戴安公作〈釋疑論〉，採用對話及互難的方式，表述安處子對於「果報」問題所提出的一切疑點，及其所以被玄明先生逐步說服的過程。其文略云：

> 所謂積善之家必有餘慶，積不善之家必有餘殃，只是勸善懲惡之教耳。不然，何以有人束修履道而夭罰人楚，有人任性恣情而榮貴子孫？此見善惡之報無定準。至於人之賢愚、善惡、脩短、窮達，各有分命，乃天地一氣使然，皆是自然之常理，非積行所能移易，所以君子當樂天安命，順其自然。

戴安公支持玄明先生的意見，同樣認定：「性有脩短之期，氣有精粗之異，亦有賢愚之別，此自然之定理，不可移者也。」他一方面是站在道家「順其自然」的立場，反對佛家刻意的苦修方式；另方面又站在儒家「樂天安命」的立場，試圖表白其超越佛家因果報應觀的想法。

周道祖作〈難釋疑論〉提出答辯，其意則云：

> 安守分命則當宅情於理，放任無為，忘懷一切。但世事紛紜，理未可喻，怎能放任無為？現世果報莫驗，倘事關己身，情必升降，怎能忘懷？若將現世果報無定驗之事全歸諸分命，則分命所鍾，於何而審？恐怕更要造成疑府矣！然而，天網恢恢，疏而不漏；莫見乎隱，莫顯乎微，果報之說，或乖於視聽之內，但冥中之驗，終將不爽。

此見道祖乃重申佛家的立場，一則反駁戴安公的「分命」說，謂非切實可行；二則維護「果報」論，強調「天網恢恢，疏而不漏；莫見乎隱，莫顯乎微。」

他對佛理的信守，可謂專一而絕對。

第二次：戴安公得周道祖書難後，作〈答周居士難釋疑論〉，展開答辯。大意謂：

> 分命之真義乃是能識拔常均，妙鑒理宗，校練名實，比驗古今，不謂淪溺生死之域，欣戚失得之徒也。苟能如此，則知冥中無罰，福禍非行，君子當審其分命，安於所有，不祈報應。今見世上，或惡深而莫誅，或積善而禍臻，此為冥中無司而命有分定之實證。故云：分命玄定於冥初，行跡未能移易其自然。至云天網不失，隱見微顯，只是勸教之言耳。

此見戴安公仍舊持守其「冥中無司而自有分命」的見解，不信果報之說。周道祖得書後，知道兩人所見不同，甚難溝通，遂報以短函（〈答戴處士書〉），中止辯論。其後戴安公得見慧遠的〈三報論〉，遂感報應妙理，欣悟兼懷，並修書向慧遠申謝。這次論辯，竟得解決。至於戴安公見〈三報論〉後，其果報見解，何以轉變？其心路歷程如何？是漸悟？是頓悟？抑是受了慧遠的人格感化，則不得而知。下段即析述慧遠的〈明報應論〉與〈三報論〉。

3、慧遠與時人論辯果報有無

在東晉「果報有無」的論諍中，以慧遠與時人的答辯最見精彩。《弘明集》卷五錄有慧遠的〈明報應論〉，文中藉著問答雙方的兩番論難，將果報有無之理析論得十分清楚。問方持果報「無驗」論，代表若干時人的意見；答方以「有驗」駁之，代表慧遠的見解。正如本文所採取的許多書疏資料，〈明報應論〉雖是一篇文章，但推想當日情形，實可視同口談的資料。茲將〈明報應論〉所記的兩番論難析述如下：

〔第一番〕

△問方先發出兩項問題：（1）佛家認為殺生罪重，地獄斯罰，果報明驗。但吾人殺生只是傷害「神之宅」而已（地水火風四大，結而成身，以為神宅），並未真正傷害到「神」；則傷宅僅如傷滅天地中的水火，何罪之有？（2）愛欲森繁，乃是私我有己，情慮之深者耳。儘管此一愛欲常使人迷惑，終歸還是出自天命之自然。倘若「因情致報、乘惑生應」，則天命自然之理何在？

△答方提出四點答覆：（1）倘若是體極之人（如文殊菩薩），慧觀所入，

不見「害」或「被害」之隔執相，則豈只無神可害，亦可說無生可殺。（2）在事相上，因緣所感，則不得算是無罪。蓋因緣之所感，變化之所生，各有其道可由。無明爲惑惘之淵，貪愛爲眾累之府。因爲：無明則掩其照，故情想凝滯於外物；貪愛則流其性，故四大結而成形。形結則人我有疆境，情滯則善惡有主體。人我有疆境，則私其身而不忘身；善惡有主體，則戀其生而不絕生。於是失得相推，福禍相襲，惡積而天殃自至，罪成則地獄斯罰，此乃必然之理。（3）心以善惡爲形聲，報以罪福爲影響。罪福之應，唯在心感；感之而然，故謂之自然。此自然者即我心之影響也，與常人所謂的天命自然無關。（4）地水火風結而成身，以爲神宅，此宅即有主矣。主之居宅，有情耶？無情耶？無情，則神之居宅無痛癢之覺，可視同花木，隨意剪伐；若有情，則神之居宅必有痛癢之覺，不得視同天地中之水火而任意傷害。蓋神形雖殊，但相與而化，渾爲一體，不得謂殺生者僅傷「神之宅」而不害「神」。

此番論辯，問方所問，實甚警策。一則藉以破報應說，二則建立其天命自然的思想。慧遠則依據佛理，分別從「理性」與「事相」（本體界與現象界）予以破解。蓋「不生不滅之無爲法曰理性，生滅之有爲法曰事相。」就「理性」而言，不生不滅，始終不改之本體界，實無害與被害之隔執相，故無從傷神，亦無從殺生。就「事相」而言，芸芸眾生，各具神形之疆境，各有情愛之感覺，何能任意殘殺？況且，神形爲我身所有，情愛爲我心所感，報應亦以我心爲影響，而與常人所謂的天命自然無關。故不得因情惑貪愛出自天命自然，則可以縱其情愛，殺生傷人，而不受報應之罰。

〔第二番〕

△問方再發一難：「若以物情重生，不可致喪，則生情之由，私戀之惑耳。宜朗以達觀，曉以大方，豈得就其迷滯以爲報應之對哉？」

△答方則應云（取其大意）：「報應由事，事起由心。然人心難悟，久習不能頓廢，故訓必由漸。是以先示之以罪福，驗善惡於一心，然後可推己推物，兼弘二理，迷情自釋；而後大方之言可曉，保生之累可絕。是以聖人因其迷滯以明報應之說，不就其迷滯以爲報應之說。」

由本段論辯可知，慧遠乃由「理/事」關係以論「心/物」關係。謂世界不外乎迷妄的唯心現象，無明、貪愛之性，凝滯外物，結四大爲身體。有身體則有

彼我之見，有情滯則有善惡之主體。於是福禍相襲，天堂地獄均爲善惡對立的世界而設立。慧遠這種世界觀，一面將一切事象歸諸心性的具體表現，另一面則由現實至切的罪惡觀以形成其切實的淨土往生觀，於是身體力行，將佛家學說具體地彰顯出來。由此可見慧遠佛學思想的深奧性及實際性。

慧遠又因俗人懷疑善惡無現驗，故作〈三報論〉，謂業有三報：現報、生報、後報。現報，善惡自身而受；生報，來生便受；後報，則經二生三生或百生千生乃受。〔註28〕報定則時來必受，非祈禱所能移，亦非智力所能免。世或有積善而遭殃，凶邪而致慶，皆現業未竟而前行始應也。世典以一生爲界，未論三世；尋理者又自畢於視聽之內，故不免憤慨惶惑於天道之無常，果報無定。倘能覽三報以觀窮通之分，自能安其所遇、修善成德矣。

道安、慧遠師徒的《三報論》乃是用時間的延長（溯延前世來生），以解決果報遲速有無的問題；認爲吾人一舉一動均對遙遠的未來具有影響，現在如此，過去亦如此。此說頗能疏解人們對「天道無常，報應無定」的迷惑，也很能鼓舞人去多行善事、積修陰德。對於世道人心，也實在大有助益。只是細心推究，《三報論》以「現業未竟而前行始應」來解說善惡無定報的現象，也常令人起疑。因爲現今之我並不能知覺前生之我與未來之我，這三我實難關連起來。何況要將三世福禍叫現世之我來獨自承擔，也實在叫人難以信服。較諸孔孟那種各從其志、盡其在我、勇於擔當，自我負責，不怨天、不尤人，以便超越現世果報無驗的惶惑，提高人生的價值，其精神的崇高偉大，實非果報論所能及。

五、其　他

佛法傳入中土，引起世人的疑難與爭辯，除上文所述的「般若經義論」、「沙門宜否敬王者論」、「果報有無論」、「神形生滅論」四大課題外，還有一些關係到「沙門的生活方式是否合乎禮制」的枝雜問題，也常引起儒釋道三家的爭執。譬如沙門袒服論、沙門孝道論、夷夏是非論等，即是東晉以還，時起爭端的所在。

（一）沙門袒服論

袒服，是指和向所穿的一種袒露右肩的服裝。此服就宗守古禮的人而言，

〔註28〕道安〈二教論〉第十一篇先已闡明三報之說，慧遠此論蓋承襲乃師而來，詳見《廣弘明集》卷八。

乃是「違貌服之制，乖搢紳之飾。」〔註29〕故以「袒服」為題而大談禮制的，實大有人在。《弘明集》存有慧遠〈沙門袒服論〉、何鎮南〈難袒服論〉、釋慧遠〈答何鎮南〉三文，即足以代表東晉人士對此一問題的談辯。

先是何鎮南（無忌）以「沙門袒服，不在古制今禮」，致難慧遠。慧遠答云：

> 袒服係天竺古禮。凡盡敬於所尊，表誠於神明，率皆袒服，乃表示去飾坦誠之意。再者，常人以右為正，釋之為教，所行不左，故有偏袒右肩之服。

何鎮南反問：

> 《老子》因兵凶處右，《禮》以喪制不左。今沙門以右袒為誠敬，豈非寄至順於凶事，表吉誠於喪容？此與鄭伯肉袒、許男輿襯何異？

慧遠再答：

> 人情皆悅生而懼死，好進而惡退。先王順此人情，設立禮制，以吉事尚左，凶事尚右。沙門則與此相反。後身退已，卑以自牧，寧居眾人之所惡。蓋知累患緣於有身，故不存身以息患；達道在於變俗，故不從俗以達其道，是故右袒而不諱。

案：此書難往返，雖非清談實錄，然雙方一問一答，實亦酷似談座上的口舌爭辯。何鎮南引《老子》「兵凶處右」及《禮》「喪制不左」之說，攻難袒服之制，蓋因其執著於禮制形跡，故深覺袒服之儀甚不容於古制，亦不合於今禮。慧遠面對此一問難，乃以「寄言出意」的方法，超越形跡而貴重禮意，融通了儒、釋、道三者間的衝突。故引《老子》「後身退己」、「卑以自牧」、「寧居眾人之所惡」為說，何鎮南之疑難遂得釋解，而佛義乖逆中國古禮之處，亦遂為時人所容納。

（二）沙門孝道論

百行以孝為先，蓋孝悌乃行仁之本；而仁者，人也，故孝亦是人性最自然之表露。自漢代以孝治天下，孝道更被國人所奉行。佛徒剔髮出家，遁跡世外，捨妻子之親愛，棄父母之孝養，在倫常孝道上自必引起極多爭論。牟子《理惑論》（第九、十、十五條）、孫綽〈喻道論〉、釋慧遠〈答桓太尉書〉、釋道恆〈釋駁論〉等，均可略見時人之攻難與佛徒之答辯。茲舉《理惑論》

〔註29〕同上，卷十二，頁十八，桓玄〈與僚屬沙汰僧眾教〉。

為例，摘記其問答如下：

△問：《孝經》言「身體髮膚，受之父母，不敢毀傷」；今沙門剃頭，何其違聖人之語、乖孝子之道耶？

答：苟有大德，不拘於小。泰伯短髮文身，自從吳越之俗，違於身體髮膚之義，然孔子稱之。豫讓吞炭漆身，聶政皮面自刑，伯姬蹈火，高行截容，不聞譏其自毀沒者也。沙門剃除鬚髮，較諸四人，不已遠乎？

△問：福莫踰於繼嗣，不孝莫過於無後。沙門或棄妻子，或終身不娶，何其違福孝之行耶？

答：妻子財物，世之餘也；清躬無為，道之妙也。先道後利，故許由棲巢木，夷齊餓首陽，孔子稱其仁賢，不聞其無後無貨也。今沙門修道德以易遊世之樂，反淑賢以貿妻子之歡，此為行孝履道之大者矣。

△問：以父之財與路人，不可謂惠；二親尚存，殺己代人，不可謂仁。佛經云太子須大拏以父之財施與遠人，妻子交與他人；不敬其親而敬他人，不愛其親而愛他人，不仁不孝，而佛家尊之，豈不異哉？

答：苟見其大，不拘於小。故大王見昌之志，轉季為嫡；舜不告而娶，以成大倫。太子須大拏睹世事皆無常，財貨非己寶，故恣意佈施，以成大道，父國受其祚；至於成佛，父母兄弟皆得度世。是為不孝不仁，孰為仁孝哉？

△問：子之事親，生則致其養，沒則奉其祀，而沙門之道，委棄所生，骨肉之親，等同行路，大逆不孝，莫此為甚！

答：父子一體，其同無間，唯得其歡心，孝之盡也。父隆則子貴，子貴則父尊。故孝之為貴，貴能立身行道，永光厥親。若甯甯懷袖，日御三牲，而不能令萬物尊己，舉世賴我，以之養親，其榮微矣。且忠孝名不並立，為道捨身，不顧尊親，皆名著青史，事標教首，記注者豈復以不孝為罪？故諺曰：「求忠臣必於孝子之門。」昔釋迦為太子，棄親學道，道成號佛。於是遊步三界之表，恣化無窮之境；枯槁之類，改瘁為榮。還照本國，廣傳法音，父

王感悟，亦升道場。以此榮親，何孝如之？

儒釋兩家皆重孝道，何以此處有如此爭辯？其因乃在兩方立場不同，孝之作風有異，行孝之起始點迥別，於是議論橫生。蓋佛家重心意而輕形跡，謂爲得至道，可以捨棄儀文；爲父母之度世，可以暫棄目前之孝養。儒家則重日用行常之禮，謂承歡奉養之儀常體制，不可一日或缺。雖然如此，儒家之孝亦有所謂孝之始、孝之終，此即《孝經》首章所言：「身體髮膚，受之父母，不敢毀傷，孝之始也；立身行道，揚名於後世，以顯父母，孝之終也。夫孝，始於事親，中於事君，終於立身。」是故推究其極，儒釋行孝之最終目標乃相同也。牟子即採「貴道賤跡」法，要人超越行爲儀表的拘泥，進觀內在的孝心、孝德；且以終極之孝，破解對方初始之孝，藉以調和雙方對儀節的矜持，解決其間的衝突和爭議。

（三）夷夏是非論

　　國人捨棄固有的宗教而歸依西夷佛教所引起的爭論，在當時叫作「夷夏論」，或稱「夷夏是非論」。此一論題，從魏晉以至隋唐，常引起談辯。或爭議於廟堂之上，或論難於市井之中；爭論而不得解決，則有三武之禍。魏晉時代論辯此一問題而較著名者有牟子（漢末魏初人）、王度（石趙時人）、蔡謨（東晉人）。茲以牟子《理惑論》第七與十四條爲例，摘記其論難內容如下：

　　　△問：佛道至尊至大，堯舜周孔何不修之乎？子既耽詩書、悦禮樂，奚爲復好佛道、喜異術？豈能踰經傳、美聖業哉？竊爲吾子不取也。

　　　答：君子博取眾善，以輔其身。書不必孔丘之言，藥不必扁鵲之方，合義者從，愈病者良。故子貢曰：聖人何常師之有？佛身相好變化，神力無方，焉能捨而不學乎？

　　　△問：吾問夏變夷，未聞用夷變夏者也。吾子弱冠學堯舜周孔之道，而今捨之，更學夷狄之術，不已惑乎？

　　　答：漢地未必爲中天也。佛經説上下周極含血之類物皆屬佛焉，是以吾復尊而學之。子之問猶見禮制之華而闇道德之實，闚炬燭之明而未睹天庭之日也。

案：《廣弘明集》卷六亦載有王度與石虎、蔡謨與王紘論辯排佛禮佛事之是非。其爭執點皆在夷夏之防。排佛者持「夷不變夏」之論，禮佛者則破其偏狹之

見。謂天下一家，漢地未必爲中天，凡有益於立身行道，皆可博取；佛法無邊，中土人士實不該棄而不顧云云。

　　以上所述「沙門袒服論」、「沙門孝道論」、「夷夏是非論」三者，皆非玄奧性之哲學問題；其爭論焦點，乃是與實際行爲有關的禮制問題。此見魏晉之清談佛學，並非全涉空無之辯，或與人生了無關係。蓋除形上之理外，清談也頗注意立身行事的基本事理。然而每次的爭論，佛家似皆取勝；觀其取勝之理據，則「寄言出意」、「貴道賤跡」的方法運用，乃是調解儒釋道衝突的關鍵所在。

第八章 從清談主題看魏晉思潮的
特質與演變

第一節 從清談的爭議重心看魏晉思潮的特質

　　魏晉清談，本是採取一種彼此攻難、破敵立我的形式，以進行問題之討論；就這種談辯形式的發生看，原非魏晉一代所能獨專。然而「清談」所以成為魏晉談辯的專稱，乃因這是當時極普及的社會風尚：不但好談能言之士多不勝數，聚談論難的風氣也由魏一直發展到南朝。可以說這是魏晉人尋思求理的常用手段，也是他們逞辯鬥智的普遍方式。既然此習如此暢行，故歸納其談辯主題，分析其談辯內容，並進探其爭議重心，自可窺得當代的思潮主流及特質。

　　綜合前文各章所述，魏晉清談的範圍，實在極為廣泛，舉凡經、史、子、集、佛、道各類談題都有。於經，則特重《易》理，次為《禮》學，但亦不廢《書》、《詩》、《春秋》、《論語》、《孝經》。於史，則品鑑古今人物之優劣，析論才性明膽之異同，乃盛極一時，而考課、肉刑、兵事等實政問題亦廣用談辯的方式尋求決策。於子，則《老》《莊》之學最為談辯主流，而天文學也頗多談者。於集，則孔子所罕言的怪、力、亂、神諸事盡成談題，實有助於神怪小說的形成，而樂理的析辯也很流行。於佛，則般若經義、沙門應否敬王者、形神生滅、果報有無等，都成東晉以後的熱門談題。於道教，論題較少，但服食求仙之術，則每與《老》《莊》養生之術並論，而為時人所好。總之，清談既廣行於當代社

會，則談家一多，談題自夥，於是有關宇宙人生及學術文化上的重要課題，幾乎都可作爲談論的對象。足見魏晉清談的內容，實際上乃與當代經學、史學、哲學、文學以及佛道二教的蓬勃發展，息息相關。

然而，談題雖廣，並非漫無體系。我們若不仿照《隋書·經籍志》之依經、史、子、集、佛來分類，而依問題的虛實性來歸類，則當時的清談課題，顯然便有「玄理」性和「實理」性兩大類。譬如易數術論、言象意論、易本體論、易象論、聖人有情無情論、明膽論、才性四本論、自然名教之辨、老莊要旨論、公謙論、夢論、樂論、鬼神有無論、航般若經義論、形神生滅論、果報有無論等，因與實際人事關係較遠，故可說是玄理性的談題。至若禮學上的喪禮服制、祭禮儀式、同姓宜否通婚、日蝕宜否廢朝等問題，史學上的各類、各期、各地人物優劣論、政事上的考課、肉刑、兵事論，道家類的養生方法論，佛家類的沙門宜否敬王者論、沙門孝道論、夷夏是非論等，因與實際人事關係較切，故可說是實理性的談題。雖然這兩大類談題，「玄」「實」有別，但其所求，無非都是一個「理」。實理性的談題，所求的是行事法則的「事理」；玄理性的談題，所求的是個人安身立命的「哲理」，或宇宙萬物的「形上之理」。總之，魏晉清談所求的，乃是一切人、事、物的「所以然」之理。〔註1〕

由於清談所求在「理」，故就個別的談題看，其爭論的焦點，往往集中在有無、當否、象理、言意、優劣、同異、正變、是非、隱顯、先後、生滅等相對的觀念上。譬如果報有無論、聖人有情無情論、孔老有無論、崇有貴無論、宅無吉凶攝生論、聲無哀樂論等，所爭的乃是「有」、「無」之理；同姓宜否通婚論、日蝕宜否廢朝論、肉刑宜復與否論、中正考課存廢論、沙門宜否敬王者論等，所爭的乃是「當」、「否」之理；管輅與眾人論易數術、鍾會與荀顗論易無互體、孫盛與殷浩王恢論易象妙於見形等，所爭的乃是「象數」與「義理」的取捨之理；荀粲與荀俁辯言象可否盡意論、王弼倡忘言忘象得

〔註 1〕 世謂宋明學術爲「理學」，且謂中國思想界首賦「理」以形上義涵者，乃始於宋人。其實，魏晉人已好談「理」，不論王弼之《易注》、《老注》，郭象之《莊注》，或嵇康之〈聲無哀樂論〉等，皆好以「理」爲說，且將「理/事」，「道/物」、「一/多」、「無/有」、「本/末」、「性/情」等，均一一納入「形上/形下」的思維體系中。足見魏晉玄學處在中國思想史的發展流程中，其思辨特徵應可說是宋明理學的先鋒。參錢穆先生〈王弼郭象注易老莊用理字條錄〉一文。（收錄於《莊老通辨》。臺北：三民書局出版，頁341～377。）

意論、歐陽建與人辯言盡意論、張翰與人辯不用舌論等，所爭的乃是「言」與「意」的關係之理；各類、各期、各地風土人物論等，所爭的乃是「優」、「劣」之理；才性四本、明膽異同、公謙異同等，所爭的乃是「異」「同」之理；此外，如風雅正變之義論，爭的是「正」「變」之理；夷夏是非論，爭的是「是」「非」之理；聖賢隱顯之道論，爭的是「隱」、「顯」之理；仁孝先後論，爭的是「先」「後」之理；形神生滅論，爭的是「生」「滅」之理。

　　因清談所爭唯「理」，則所據自當憑理。故在談場的論辯中，凡能以理取勝的，則謂之「理勝」。為求理勝，談士們便須極盡其懷疑、批判、標新、立異、鬥智、好辯之能事，一以自圓其說，一以破敵營壘。故若細察每一位談士的思想，其立場實在相當紛歧，有人則尊儒尚實，有人則崇《老》貴虛，有人則好《莊》慕達，有人則迷信神仙，有人則奉佛言空，有人則採取調和折衷的論調。由於每人的思想面貌各不相同，因此互逞思致，極盡辯才，清談界便呈顯出一片蓬勃精彩的論戰盛況。魏晉人所以如此好辯，而汲汲於求理，正因他們都普遍地失落了一個足以引導人生方向的理。故其熱衷論辯，無非是想在儒釋道三家之中尋找思想的出路。但大致看來，好談實理的人，往往偏重禮學與史學；好談玄理的人，則多半酷愛《易》、《老》、《莊》與佛。這就是魏晉時代何以玄學勃興，而禮學與史學又有長足進展的原因。

　　總之，魏晉實在是一個學術複雜、思想澎湃、奇義風生的時代。不立訓詁而好談理據，是當時人的治學方式；重意、尚理、標新，是當時人的思想特質；此從清談論辯的爭議重心，即足以觀之。

第二節　從談題的演變看魏晉思潮的進展

　　從曹丕篡漢到東晉淪亡，前後共二百年。在中國的政治史上，它是一個動盪不安的亂局；但在學術史上，它卻是一個奇義風生、新潮澎湃的時代，也是傳統儒學開始接受佛道思想挑戰的關鍵時代。到底此期是如何由漢代的章句訓詁經學，過渡到南北朝隋唐經義義疏的發達及佛學宗派的林立？處在漢唐這兩大王朝之間，魏晉的學術地位如何？它的思潮進展又如何？這乃是饒人尋思的大問題。由於清談是魏晉人討論宇宙人生及學術文化的普遍方式，故從魏、西晉、東晉三期談題的異同比較中，實可替本期二百年思想的遞邅演變找到一些蛛絲馬跡。茲依時代先後，將本文各章所舉之談題，重新

歸納如下：

類別	時代 談題	魏	西晉	東晉
經	【易】 易數術論	◎管輅與單子春、郭恩、劉長仁、諸葛原、裴徽、何晏、鍾毓、劉邠、石苞、徐季龍等論「五行、鬼神、災異、風角、音律、鳥鳴」等事。		
	言象意論	◎荀粲與荀俁辯「言象不盡意論」。 ◎王弼倡「忘言忘象得意」論。 ◎嵇康倡「周易言不盡意論」。（亡佚）	◎歐陽建倡「言盡意論」。 ◎張韓（翰？）倡「不用舌論」。	◎王導喜談「言盡意論」。（亡佚） ◎庾闡「蓍龜論」，主張意得則蓍可廢。 ◎殷融倡「象不盡意論」。（亡佚）
	易體論	◎王弼與荀融辯「大衍論」。	◎顧榮與紀瞻辯「易太極論」。	◎殷仲堪與釋慧遠辯「易體論」。
	易象論	◎荀顗難鍾會「易無互體論」。		◎孫盛與殷浩、劉惔等辯「易象妙於見形論」。
	【禮】 喪禮、祭禮、婚禮或朝禮諸論	◎王肅與尚書等辯「祫禘異同論」。 ◎時人屢辯「同姓婚論」。 ◎劉劭與荀彧等辯「日蝕宜否廢朝論」。	◎東平王司馬楙與眾博士謝衡、許猛、虞溥、秦秀、程咸、陳壽、李苞、荀崧等論「王昌前母服議」。 ◎時人屢辯「同姓婚論」。	◎（康帝時）庾冰與蔡謨辯「日蝕宜否廢朝論」；（穆帝時）王彪之又與殷浩同辯此論。
	【尚書】 論堯典	◎高貴鄉公與庾峻論「堯典」諸疑。		
	【詩】 論風雅正變之義	◎何劭與庾峻論「風雅正變之義」。		
	【春秋】 論公羊左氏優劣	◎鍾繇與嚴幹論「公羊左氏優劣」。		
	【論語】 【孝經】 仁孝論	◎邴原與群賢辯「忠孝先後論」。 ◎荀顗與司馬駿辯「仁孝孰先論」。	◎潘京與刺史辯「忠孝可否兩全論」。	◎晉簡文帝與許詢辯「忠孝可否兩全論」。

史	【古今人物論】 品藻當代人物	◎（例多，請參第四章第二節簡介）	◎（同左）	◎（同左）
	各類人物優劣論	◎曹丕、曹植、丁儀共論「周成、漢昭優劣」。 ◎高貴鄉公與荀顗、袁亮、崔贊、鍾毓、虞松等共論「夏少康、漢高祖優劣」。 ◎何晏與人共論「韓信、白起優劣」。 ◎孔融有「周成王、漢高祖論」；曹丕有「孝武論」、「太宗論」；曹植有「漢二祖優劣論」；嵇康有「管、蔡論」；費禕有「曹爽、司馬懿論」；姚信有「周勃、霍光論」、「陳蕃、李膺論」、「延陵季子論」；張徵有「諸葛亮、司馬懿論」；嚴畯、裴玄、張承等有「管仲、季路論」等。	◎司馬駿、劉寶、郭冲等共論「諸葛亮功過」。 ◎王衍與王戎論「延陵、子房優劣」。 ◎范喬與李銓論「劉向、揚雄優劣」。 ◎張輔「名士優劣論」中著錄其與時人論「管仲、鮑叔優劣」、「樂毅諸葛亮優劣」、「司馬遷、班固優劣」。	◎皇甫謐有「光武論」、「帝王世紀論」。 ◎習鑿齒有「周瑜、魯肅、諸葛亮優劣論」。
	各期人物優劣論			◎劉惔與謝尚共論「西晉人物之優劣」。 ◎顏含與人共論「江左（東晉）群士優劣」。
	各地風土人物論	◎陳群與孔融論「汝潁人物優劣」。		◎伏滔與習鑿齒、王坦之論「青楚人物優劣」。
	【聖賢高士論】 聖賢有情無情論	◎何晏與王弼辯「聖人有無喜怒哀樂論」。		◎王脩與僧意辯「聖人有情與否論」。
	聖賢隱顯之道論		◎石崇與人共論「許巢隱讓之德」。	◎謝萬與孫綽辯「八賢出處論」。
	聖賢致太平論	◎司馬朗與鍾繇、王粲論「聖賢能否致太平」。		

	【品鑑方法論】 人物才性諸論	◎嵇康與呂子（安）辯「明膽相生論」。 傅嘏、鍾會、李豐、王廣共論「才性四本」。 ◎劉邵精研人物品鑑法，著有《人物志》。		◎殷浩精研「四本」。 ◎謝萬爲阮裕敘「才性四本」。
	【政論】 考課論	◎傅嘏、崔林難劉邵「考課法」，夏侯玄亦評此事。	◎祖納、梅陶、王隱共論「鄉里月旦法之優劣」。	
	肉刑論	◎魏武、陳群、鍾繇、李勝、曹參……等皆主復肉刑，而孔融、王朗、袁宏、夏侯玄、丁謐……等皆反。尤以夏侯玄與李勝之論難，最見精彩。	◎祖納與梅陶、鍾雅論「漢文帝除肉刑，當爲英雄乎？」 ◎劉頌主復肉刑，裴頠亦有「陳刑法過當表」。	◎（晉元帝時）衛展、王導皆主復刑，周顗反之，刁協折衷之。 ◎（安帝時）桓玄又主復刑，蔡廓、孔琳反之。
	兵事論		◎王沈與唐彬、張惲共論「距吳之策」。 ◎武帝臨宣武場，召山濤、盧欽等共論「用兵之本」。	
子	【老莊論】 自然名教之辨	◎裴徽與王弼辯「孔老有無論」。 ◎嵇康與張遼叔辯「自然好學論」。	◎裴頠與王衍辯「崇有論與貴無論」。 ◎阮瞻與王戎論「自然名教異同」。	◎孫盛有「老子疑問反訊」，李充有「儒本道末論」，戴逵有「放達非道論」，皆論及「自然名教之異同」。
	莊學要旨論		◎向秀、郭象倡論「莊子逍遙義」。 ◎樂廣與客談「旨不至」之旨。	◎支遁先後與馮懷、王羲之、劉系之等互辯「莊子逍遙遊」。 ◎羊孚與殷仲堪共道「齊物論」。 ◎釋僧光與釋道安共辯「逍遙論」。 ◎支遁與許詢、謝安、王濛共論「莊子漁父篇」。

	養生論	◎嵇康與向秀互難「養生論」。 ◎嵇康與阮德如互難「宅無吉凶攝生論」。		
	公謙論			◎袁宏、韓伯、王坦之共論「公謙論」。
	【天文論】 宣夜、渾天、蓋天諸論			◎虞喜與葛洪等人論「宣夜與渾、蓋之優劣異同」。 ◎姜岌與人論辯「月球發光之理」。
文學藝術	【文學理論】			◎葛洪與人共辯文學理論。
	【夢、怪、樂、藝論】	◎嵇康與秦客辯「聲無哀樂論」。 ◎阮籍與劉子,又與夏侯玄辯「樂論」。	◎阮咸與荀勗論「音律」。 ◎衛玠與樂廣論「夢、想、因之別」。 ◎阮脩、阮瞻各與人論辯「鬼神有無」。 ◎晉武帝召王敦諸時賢共言技藝之事。	◎殷浩與人論「夢」。 ◎習鑿齒與孫綽互作謔語。桓玄與殷仲堪等互作危語、了語。
佛	【般若經義論】			◎支遁與北來道人論「小品」。 ◎竺曇壹、釋慧遠與釋道恆難「心無義」。 ◎支遁與于法開爭「即色空義」。 ◎釋慧遠與客難「般若實相義」。
	【沙門不敬王者論】			◎庾冰與何充,桓玄與王謐,桓玄與慧遠,皆各互難「沙門應否敬王者論」。
	【形神生滅論】	◎牟子與人論「形神生滅論」。		◎釋慧遠與人論辯「神形生滅論」。
	【果報有無論】			◎康僧會與孫皓,周道祖與戴安公,皆各互難「果報有無論」。
	【其他】 沙門袒服論			◎何鎮南與釋慧遠辯「沙門袒服論」。
	沙門孝道論	◎牟子與人辯「沙門孝道論」。		◎釋慧遠、釋道恆並皆與人互辯「沙門孝道論」。
	夷夏是非論	◎牟子與人辯「夷夏是非論」。		◎王度與石虎,蔡謨與王紘,皆曾互辯「排佛之是非」。

　　上表概以談題爲經，以時代爲緯所作的分析。就魏、西晉、東晉三期的談題異同之處，實不難發現其間的思想進展。（1）以經學言：魏人尚談一些漢儒所遺留的老課題，如祫禘異同論、風雅正變論、公穀優劣論等。但此類談題在魏初已如鳳毛麟爪，正始以後則幾已消踪匿跡；所代之而起者，乃是《易》理的探究。尤其經過一連串的象數舊《易》與義理新《易》的爭辯，王弼「重意忘象」的義理新《易》，更居清談之主流，故至兩晉，仍是倡談不休。至於《禮》學上的談題，魏晉皆盛；但其所論，多半是針對時需的禮制課題，而非從事於先秦《禮》經的研究。（2）以史學言：魏人因繼漢代月旦人倫之習，故仍好談人物之優劣。然談論重點，則與漢代頗不相同：漢代蓋以政治實用爲主，魏晉則漸重人物風格美的鑑賞，故有「才性四本論」及「明膽相生論」等人物名理學興起。至於談論的題材，魏與東晉亦頗不同：魏代因受曹氏父子愛重人才及崇尚法治的影響，所論多半集中在英雄、將相、才士的優劣比較；但至東晉，則士族門第之觀念日重，故論人物，便好作各地風土人物之比較或各期、各類人物之比較。（3）以子學言：魏代《老》學勃興，所談者多爲孔老「有」「無」之辨。王弼特以「孔子體無，老子是有」，融通儒道之別，於是孔子被道家化，《老子》思想便泛爲世人所接受。至西晉，繼《老》而起者，則爲《莊》學之自然。至東晉，則繼《莊》而起者，又爲佛學之體空矣。此從魏晉的「自然與名教異同」之爭，既可見其崖略。（4）以文學藝術言：重意尚玄之風既興，則孔子所罕言的怪、力、亂、神諸事，乃大得世人興趣，而爲清談主題之一。（5）以佛學言：東晉以前，除牟子《理惑論》偶涉沙門孝道，形神生滅之問題外，談者尚少。唯至東晉，道家學說已如日中天，佛學性空寂滅之論，遂得比附《老》《莊》學而風行起來。迨夫南朝、隋、唐，各家宗義乃紛告成立。然而，佛家性空寂滅，實爲出世之想；剃頭祖服，亦極不合倫常禮制。故接受其論者，則以貴道賤跡、得魚忘荃之法，融通儒釋道三家之異；不接受其說者，則頗正夷夏之防。因此，佛學鼎盛之時，亦即儒學起而與之爭議最烈之際。至南朝梁武，儒學又重被重視；唐宗致治，洙泗之風更重被表揚；而儒經義疏之學乃與佛學同時並盛於唐朝。

　　章太炎〈五朝學〉有云：「俗士皆曰：秦漢之政踔踔異晚周，六朝之俗子爾殊於漢之東都。其言雖有類似。魏晉俗本之漢，陂陀從跡以至，非能驟潰。」〔註2〕學術原是一連串不斷的演變，魏晉之學所以異於兩漢，而爲隋唐義疏學

〔註2〕章氏叢書，「文錄」卷一。

及佛學的先導，其因革推移，實漸靡而然，並非驟潰而至。此從魏晉前後二
百年間的談題演變，實可窺其跡象。

附錄：魏晉談士傳略表

茲依卒年先後爲序，概述生平要略，以備讀者參考之用。

魏晉談士極爲繁夥，本表所列，概與本文關係較大之重要名家。

姓名	鍾繇	荀粲
字號	字元常	字奉倩
籍貫	潁川長社人（河南許州長葛縣治西）	潁川潁陰人（故城今許州治）
生卒年	生於漢桓帝元嘉元年（151A.D.），卒於魏明帝太和四年（230A.D.），年八十。	漢獻帝建安至魏明帝太和年間人（據考約 203～231A.D.之間），年二十九。
家世或姻戚		曾祖荀淑，祖荀緄、叔祖荀爽，均漢末名儒碩士。父或爲曹操倚重，位至尚書令。兄俣、顗等皆以儒術議論。
才行與著作	機捷談笑，頗能言辯。著《周易訓》。	尚玄遠而好言道，倡言「孔子之言性與天道，不可得聞。六籍雖存，固聖人之糠粃。」此論尤爲正始玄風之先導。
仕宦經歷	魏國初建，爲大理，遷相國；魏文踐祚，封平陽鄉侯，遷太尉；至明帝即位，乃進封定陵侯，遷太傅。	（未載）
談辯情形	1. 與嚴幹辯「《公羊》、《左氏》優劣」。 2. 與王朗、袁宏、夏侯玄、丁謐等辯「復肉刑宜否」。 3. 與司馬朗、王粲等論「聖賢能否致太平」。	1. 與其兄荀俣論「夫子微言不可得聞」，倡言「象不可盡意論」。 2. 與傅嘏、夏侯玄論「功名與識見之關係」。 3. 與傅嘏、裴徽共同參與太和談座。 4. 曾評議荀攸、荀彧之優劣。
資料根據	1. 《三國志·魏書》卷十三本傳。又同書卷二十三〈裴潛傳〉注引《魏略》。 2. 馬國翰輯《全三國文》卷二十四。	1. 《三國志·魏書》卷十〈荀彧傳〉並注引何劭〈荀粲傳〉。

姓名	何　晏	李　勝
字號	字平叔	字公昭
籍貫	南陽宛人（河南南陽縣治）	移家南鄭
生卒年	漢獻帝初平、興平年間（190～196A.D.）生，魏齊王芳正始十年（249A.D.）因坐曹爽之案被族，年約五十六左右。	生年不詳，與何晏同時人。正始十年（249A.D.）因坐曹爽案誅。
家世或姻戚	初何進，為漢靈帝何皇后之異母兄，少帝辯之母舅。母尹氏，為魏太祖曹操之夫人。妻金鄉公主，乃曹操與杜夫人所生。故晏少長宮省，身為漢室外戚貴族之後，且是曹操之養子兼女婿，可說貴望非凡。	父休，有智略，黃初中為上黨、鉅鹿二太守。
才行與著作	自幼姿容絕美，慧心天悟，又好《老》《莊》及《易》，能清言。著述甚夥，《隋志》著錄有《論語集解》、《孝經注》、《老子道德論》、《魏晉諡議》、《樂懸》、《官族論》、《何晏集》等書。《列子》張湛注引有《道論》及《無名論》。馬國翰輯有《周易解》四條。	少遊京師，雅有才智，與曹爽善。
仕宦經歷	文帝時拜駙馬都尉。明帝時為冗官。齊王芳即位，進散騎侍郎，遷侍中，尋為吏部尚書，主選舉達十一年，乃當時最具位望又能清談的玄學領袖。封關內侯，正始十年因坐曹爽之案被族。	明帝時，因結黨浮華被禁錮數年。帝崩，曹爽輔政，為洛陽令。夏侯玄為征西將軍時，以之為長史，累遷滎陽太守、河南尹，又遷荊州刺史。
談辯情形	1. 與王弼辯「聖人有無喜怒哀樂論」。 2. 與王弼論「注《老子》旨」。 3. 數與裴徽說《易》、《老》、《莊》。 4. 與劉邠言《易》、《老》、《莊》。 5. 與管輅論「《易》九事」。 6. 引《易‧繫辭》以品評當代人物，論「夏侯玄及司馬子元之優劣」。 7. 與時人共論「韓信、白起優劣」。	1. 與夏侯玄激辯「復肉刑論」。
資料根據	1. 《三國志‧魏書》卷九〈曹爽傳〉注引《魏略》、《魏氏春秋》、《魏末傳》。 2. 《世說新語‧文學》篇並劉注。 3. 《全三國文》卷三十九。 4. 《隋書‧經籍志》。 5. 《列子》張湛注。	1. 《三國志‧魏書》卷九本傳。 2. 《通典》卷一百六十八。

王　弼	荀　融
字輔嗣	字伯雅
山陽高平人（山東兗州府鄒縣西南）	潁川潁陰人（河南省一帶）
生於魏文帝黃初七年（226A.D.），卒於魏齊王芳正始十年（249A.D.），年二十四。	約與王弼同時。生於魏文帝黃初末（226A.D.左右），卒年不詳。
祖凱，爲王粲之族兄，漢末投奔荊州而成劉表之女壻。父業爲尚書郎，曾過繼於王粲，爲嗣子。故荊州學派之倡導人劉表與王粲，一是王弼之外曾祖，一是王弼之族祖與嗣祖。	出身儒門望族的潁川荀氏，爲荀或三兄荀衍之孫。荀粲是其堂叔。
幼而察惠，好論儒道，辭才逸辯，爲正始談界之代表。著有《易注》、《老子注》、《周易略例》、《老子微旨例略》、《論語釋疑》、《周易大衍論》等。	與王弼、鍾會俱知名。
正始中，爲尚書郎，然事功雅非所長。	爲洛陽令，參大將軍軍事。
1. 與裴徽論「聖人體無」。 2. 與何晏論「注《老子》旨」。 3. 與何晏論「聖人有無喜怒哀樂」。 4. 與荀融辯「大衍義」。 5. 與曹爽論道，被嗤。 6. 與劉陶談辯，屈之。 7. 倡「忘言忘象得意論」。	1. 與王弼、鍾會論《易》、《老》義，傳於世。 2. 難王弼「大衍論」，爲王弼所嘲。
1. 《三國志‧魏書》卷二十八〈鍾會傳〉，並裴注引何劭〈王弼傳〉及《博物記》、《魏氏春秋》等。 2. 《世說新語‧文學》篇並劉注。 3. 《全三國文》卷四十四。	1. 《三國志‧魏書》卷十〈荀或傳〉注引〈荀氏家傳〉。 2. 《三國志‧魏書》卷二十八〈鍾會傳〉注引何劭〈王弼傳〉。

姓名	王　廣	裴　徽
字號	字公淵	字文季（或作文秀），世稱裴冀州。
籍貫	太原祈人（山西太原府祈縣東南）	河東聞喜人（山西絳州聞喜縣治）
生卒年	生於漢獻帝建安初中葉（207A.D.左右），卒於魏齊王芳嘉平三年（251A.D.），年四十餘。	生卒年不詳，約與傅嘏（209〜255A.D.）同時而較早卒，年約四、五十左右。
家世或姻戚	父淩，魏太尉。岳父諸葛誕，魏驃騎將軍。二者俱爲魏齊王芳年間反司馬氏之政黨領袖。	出身士族望姓。父茂，歷縣令、郡守、尚書，並封列侯。兄潛，爲河南尹尚書令。
才行與著作	有風量才學，名重當世。	有高才遠度，善言玄妙。每論《易》與《老》、《莊》之道，未嘗不注精於嚴瞿之徒。
仕宦經歷	爲屯騎校尉。 其父於嘉平三年思謀廢立，司馬懿討之。淩被誅，廣並死。	位至冀州刺史。
談辯情形	與傅嘏、鍾會、李豐等論「才性四本」，而主「才性離」說。	1. 參與太和談座，能釋荀粲、傅嘏之爭，使兩情皆得，彼此俱暢。 2. 與管輅清論終日。 3. 數與何晏說《易》、《老》、《莊》。 4. 與王弼談「聖人體無」。
資料根據	1. 《三國志・魏書》卷二十八〈王淩傳〉注引《魏氏春秋》。 2. 《世說新語・賢媛》篇第九條注引《魏氏春秋》。	1. 《三國志・魏書》卷二十三〈裴潛傳〉並注引《魏略》。卷十〈荀彧傳〉注引《晉陽秋》。卷二十一〈傅嘏傳〉注引《傅子》。卷二十九〈管輅傳〉注引〈輅列傳〉。 2. 《世說新語・文學》篇第八條並劉注。

李　豐	夏侯玄
字安國（或作宣國）	字太初
北地馮翊東縣人（陝甘一帶）	沛國譙人（安徽潁州府亳州治）
據考，應生於漢獻帝建安初葉（204A.D.左右），卒於魏齊王芳嘉平六年（254A.D.），年約五十一。	生於漢獻帝建安十四年（209A.D.），卒於魏齊王芳嘉平六年（254A.D.），年四十六。
父義，爲魏衛尉。 豐之子女多與權貴有姻親關係，如： 子李韜，以選尙公主，爲曹魏家之女婿。 女李婉，嫁中護軍賈充爲前妻。	其家與曹魏世爲婚姻，並爲鄉親。玄即曹爽之姑子。 父尙、位至荆州刺史。
幼有顯名，年七、八，即善識別人物。然傾巧機變，善弄政治，終因謀立夏侯玄以代司馬師之事，不遂，被夷三族。	風格高朗，弘辯博暢，亦正始談座之佼佼者。著有〈道德論〉、〈樂毅論〉、〈肉刑論〉、〈辨樂論〉、《夏侯玄集》等。
黃初中，因父任召隨軍，後又累遷黃門郎，騎都尉給事中、永寧太僕、侍中、尙書僕射。嘉平四年，更補中書令，典選舉。身居三品要職。	明帝時爲散騎黃門侍郎，左遷羽林監。齊王芳即位，遷散騎常侍中護軍，出爲征西將軍，徵拜大鴻臚，徙太常。嘉平六年因坐李豐謀廢司馬師事，事洩被殺。
1. 與傅嘏、鍾會、王廣論「才性四本」，而主「才性異」說。	1. 與何晏談「道德論」。 2. 與李勝辯「肉刑論」。 3. 與時人辯《史》《漢》人物——如樂毅、張良等」。 4. 與阮籍辯「樂論」。 5. 難劉劭「考課論」。 6. 與劉陶論「仲尼不聖」。
1. 《三國志‧魏書》卷九〈夏侯玄傳〉注引《魏略》、《魏氏春秋》、《世語》、《魏書》等。又卷二十三〈裴潛傳〉注引《魏略列傳》。 2. 《晉書》卷四十〈賈充傳〉。	1. 《三國志‧魏書》卷九本傳。並參卷三十一〈傅嘏傳〉注引《傅子》，卷十四〈劉曄傳〉注引《傅子》。 2. 《世說新語‧賞譽》篇第八條。

姓名	劉 陶	傅 嘏
字號	字季野	字蘭石，一字昭先
籍貫	淮南成悳人（安徽鳳陽府壽縣東南）	北地泥陽人（陝甘一帶）
生卒年	生年不詳，卒年在高貴鄉公正元二年（255A.D.）	生於漢獻帝建安十四年（209A.D.），卒於魏高貴鄉公正元二年（255A.D.），年四十七。
家世或姻戚	爲揚州名士，劉曄之少子。	祖睿，代郡太守，父充，黃門侍郎；伯父巽，侍中尚書。雖非大族望姓，但父祖輩官階至少亦在五品以上。
才行與著作	善論縱橫，爲當時所推。然爲人與其父一樣，亦屬高才而薄行者流。	善名理，達治好正，清理識要，好論才性，重視名實。實爲當時精練名理之論壇高士。《隋志》著錄有《傅嘏集》二卷，已佚。
仕宦經歷	曹爽輔政時，爲選部郎、平原太守。	正始中，除尚書郎，遷黃門侍郎，免。尋拜滎陽太守，不行。太傅司馬懿以爲從事中郎，遷河南尹，拜尚書。嘉平末，賜爵關內侯。高貴鄉公時，進爵武鄉亭侯，守尚書僕射，封陽鄉侯。卒贈太常，諡曰元侯。
談辯情形	1. 與夏侯玄論「仲尼不聖」。 2. 與王弼談辯，每屈弼，然弼天才卓出，當其所得，莫能奪也。	1. 難劉劭之「考課法」。 2. 與李豐、鍾會、王廣等論「才性四本」，而主「才性同」。 3. 與荀粲、裴徽等參與太和談座，而以善名理見長。
資料根據	1. 《三國志‧魏書》卷十四〈劉曄傳〉並注引《傅子》、干寶《晉紀》。並參卷二十八〈鍾會傳〉注引何劭《王弼傳》。	1. 《三國志‧魏志》卷二十本傳，並注引《傅子》。 2. 《全三國文》卷三十五。 3. 《太平御覽》卷三八五引〈嘏別傳〉。

管　輅	高貴鄉公曹髦
字公明	字彥士
平原人	沛國譙人
生於漢獻帝建安十五年（210A.D.），卒於魏高貴鄉公正元三年（256A.D.），年四十七。	生於魏齊王芳正始二年（241A.D.），卒於魏元帝景元元年五月（260A.D.），年二十。
父爲琅邪即丘長。弟辰，爲晉州主簿從事。	爲魏文帝曹丕之孫，東海定王曹霖之子。
年八、九，即喜仰視星辰天象。及長果精術筮，且融易理、陰陽、五行、災異、鳥鳴、風角、占相、天文、音律之學於一爐，故與之清談論《易》者極多。體性寬大，事父母孝，皆仁和發中，終無所闕。	才慧夙成，好問尚辭，有《集》四卷。然輕躁忿肆，自蹈大禍。
歷任文學從事、鉅鹿從事、侍中別駕，並舉秀才，極得裴徽賞識。	正始五年封郯縣高貴鄉公。嘉平六年即位，改元正元、甘露。在位六年，爲司馬昭所弒。
1. 與單子春、郭恩、劉長仁、諸葛原、裴徽、何晏、鍾毓、劉邠、石苞、徐季龍等論「五行」、「鬼神」、「災異」、「風角」、「音律」、「鳥鳴」諸事。	1. 甘露元年（256A.D.）二月宴群臣於太極東堂，與荀顗、崔贊、袁亮、鍾毓、虞松等講述典禮，遂及「少康、漢高優劣論」。 2. 同年四月，又與博士淳于俊論《易》，與庾峻論《書‧堯典》，與馬照論《禮》。
1. 《三國志‧魏書》卷二十九〈方技傳〉附〈管輅傳〉。 2. 《全晉文》卷七十二。	1. 《三國志‧魏書》卷四〈本紀〉。 2. 《全三國文》卷十一。

姓名	嵇　康	阮　籍
字號	字叔夜	字嗣宗
籍貫	本姓奚，會稽人。其先避怨，乃遷於譙國銍縣，改爲嵇氏。	陳留尉氏人
生卒年	生於魏文帝黃初四年（223A.D.），卒於魏陳留王景元三年（262A.D.），年四十。	生於漢獻帝建安十五年（210A.D.），卒於魏陳留王景元四年（263A.D.），年五十四。
家世或姻戚	父昭，爲督軍糧侍御史。兄喜，歷徐、揚州刺史，太僕宗正卿。 嵇康父早喪，由母兄鞠育以長。尚魏宗室長樂亭主。（案：長樂亭主，乃魏武帝與杜夫人之曾孫女。）	父瑀，魏丞相掾。善樂、能琴、能文，爲建安七子之一。
才行與著作	少有儁才，學不師授，博洽多聞。雅好《老》、《莊》之業，恬靜無欲，性好服食，常採御上藥，重養生之理。善屬文論、彈琴、詠詩。今有《嵇康集》存世，至於《隋志》所錄《春秋左氏傳音》，則已亡佚。	博覽群籍，能文、能樂，學劍多才藝。尤好《莊》、《老》，著〈通易論〉、〈通老論〉、〈達莊論〉、〈樂論〉等。今有《阮步兵集》存世。 籍才高志放，禮法不守，身處亂世，寄情琴酒，爲文詠懷。言則玄遠，未嘗臧否人物。
仕宦經歷	以尚長樂亭主，遷郎中，拜中散大夫。景元二年以〈答山濤書〉忤司馬昭，尋坐呂安事，被誅。	三十三歲時，蔣濟辟爲掾，謝病歸。後出爲尚書郎、曹爽參軍。爽誅後，爲從事中郎。高貴鄉公即位，封關內侯，徙散騎常侍。司馬昭輔政時，爲東平相，又引爲從事中郎，尋爲步兵校尉。籍以世多故，祿仕而已。
談辯情形	1. 倡「《周易》言不盡意論」。 2. 與人論「管仲、蔡叔優劣」。 3. 與呂子辯「明膽相生論」。 4. 與張張遼叔辯「自然好學論」。 5. 與向秀互難「養生論」。 6. 與阮德如互難「宅無吉凶攝生論」。 7. 與秦客辯「聲無哀樂論」。	1. 司馬昭（晉文帝）甚親愛籍，恆與談戲，籍言皆玄遠，未嘗臧否人物，人皆謂其至愼。 2. 與劉子辯「樂論」。 3. 與夏侯玄辯「樂論」。
資料根據	1. 《三國志・魏書》卷二十一〈王粲傳〉注引〈嵇喜、嵇康傳〉。 2. 《晉書》卷四十九本傳。 3. 《全三國文》卷四十七～五十二。 4. 《世說新語・德行》篇第十六條並注。 5. 《嵇康集》。	1. 《三國志・魏書》卷二十一〈王粲傳〉附〈阮籍傳〉。 2. 《晉書》卷四十九本傳。 3. 《全三國文》卷四十四～四十六。 4. 《世說新語・任誕》篇第九～十一條。 5. 《阮步兵集》。

鍾　毓	鍾　會
字稚叔	字士季
潁川長社人（河南許州長葛縣治西）	潁川長社人（河南許州長葛縣治西）
約生於漢獻帝中葉（207A.D.左右），卒於魏陳留王景元四年（263A.D.），年約五十七。	生於黃初六年（225A.D.），卒於魏陳留王景元五年（264A.D.），年四十。
出身名公之家。父繇，位至太傅。弟會，位至司徒。	出身名公之家。父繇，位至太傅。兄毓，位至車騎將軍。父兄皆能《易》，母亦雅好《易》、《老》，且以《孝經》、《論語》、《詩》、《易》、《左傳》、《國語》、《周禮》、《禮記》、《成侯易記》等教之，故能成其博學。
機捷談笑，有父風，精《易》義。《隋志》著錄有《鍾毓集》五卷，《錄》一卷，今亡。	少敏惠夙成，及壯，有才數技藝而博學，精練名理。固以軍政天才顯赫一世，談才亦不亞於王弼。《隋志》著錄有〈周易盡神論〉、〈易無互體論〉及《老子道德論注》等書。
年十四，為散騎侍郎。太和初，遷黃門侍郎。正始中，為散騎常侍侍中、魏郡太守。曹爽誅後，入為御史中丞、侍中廷尉。正元中，還為尚書，又遷青州刺史，加後將軍，都督徐州軍事假節轉都督荊州。卒後追贈車騎將軍。	正始中，為祕書郎，遷尚書中書侍郎。高貴鄉公即位，賜爵關內侯。司馬昭為大將軍，遷黃門侍郎，封東武亭侯，旋遷司隸校尉。景元三年冬，為鎮西將軍假節，都督關中諸軍事，奉令率十餘萬眾伐蜀。平蜀後，遷司徒，進爵縣侯，增邑萬戶，乃謀造反，被殺。
1. 與管輅論《易》，且難輅《易》二十餘事。 2. 與高貴鄉公、荀顗、袁亮等共辯「夏少康、漢高祖優劣」。	1. 與荀顗論「《易》無互體」。 2. 與傅嘏、李豐、王廣論「才性四本」，而主「才性同」。 3. 與時人論「《史》、《漢》人物，如「夏少康、漢高祖優劣」。
1. 《三國志‧魏書》卷十三〈鍾繇傳〉附〈毓傳〉。 2. 《全三國文》卷二十四。	1. 《三國志‧魏書》卷二十八本傳，並注引《傅子》。又卷四〈高貴鄉公紀〉注引《魏氏春秋》。 2. 《全三國文》卷二十五。

姓名	荀 顗	向 秀
字號	字景倩	字子期
籍貫	潁川潁陰人（河南省一帶）	河內懷人
生卒年	約生於漢獻帝建安初葉（202A.D.），卒於晉武帝泰始十年（274A.D.），年約七十三。身歷漢、魏、晉三朝。	生卒年不詳，與嵇康、呂安同時，約是魏末晉初人。其卒當在晉武帝泰始八年（272A.D.）任愷被廢以後。
家世或姻戚	出身儒門名公世家。爲荀彧之第六子，荀粲之兄。	爲後漢侍中向栩五代孫。
才行與著作	性至孝，博學洽聞，精湛《禮》學，理思周密，爲當時政壇與論壇要角。 司馬昭平蜀後，奉命定「禮儀樂事」。今《十三經》注本之《論語集解》亦爲顗與何晏等所共撰。	清悟有遠識，少爲山濤所知，雅好《老》、《莊》文學。弱冠著有〈儒道論〉，後又注《莊子》，發明奇趣，振起玄風。且亦曾注《易》，已佚。
仕宦經歷	仕魏爲中郎，拜散騎侍郎，遷侍中。齊王芳時，拜騎都尉，賜爵關內侯。高貴鄉公時，進爵萬歲亭侯，拜僕射，領吏部。陳留王時，遷司空，進爵鄉侯，後封臨淮侯。晉受禪，進爵爲公，拜司徒，尋加侍中，遷太尉，行太子太傅。	歷任散騎侍郎、黃門侍郎、散騎常侍。
談辯情形	1. 難鍾會「《易》無互體」。 2. 與扶風王司馬駿辯「仁孝孰先」。 3. 與魏齊王芳及諸群臣齊聚太極東堂，共論「夏少康與漢高祖優劣」。	1. 雅好《老》、《莊》，作《莊子隱解》二十卷，發明奇趣，振起玄風。（郭象《莊子注》，蓋據向注而發揮者。） 2. 與嵇康論「養生」，辭難往復，蓋欲發康之高致。
資料根據	1. 《三國志·魏書》卷十〈荀彧傳〉注引《晉陽秋》。 2. 《晉書》卷三十九本傳。 3. 《全三國文》卷二十五。 4. 《全晉文》卷三十一。	1. 《晉書》卷四十九本傳卷四十五〈任愷傳〉。 2. 《全晉文》卷七十二。 3. 《世說新語·言語》篇第十八條注引〈秀別傳〉。又〈文學篇〉十七條並注引〈秀別傳〉。

庾　峻	阮　咸
字山甫	字仲容
潁川鄢陵人	陳留尉氏人
生年不詳。卒年在晉武帝泰始九年（273A.D.）。	生卒年不詳，約與阮籍同時而略後。《晉書》本傳云其「以壽終」，且歷武帝朝。
祖乘，漢司徒。伯嶷，魏太僕。父道，養志不仕。	祖瑀，魏丞相掾，建安七子之一。 叔籍，以任達、能文、解音稱。 父熙，武都太守。
少好學，有才思，時重《莊》、《老》而輕經史，峻懼雅道陵遲，乃潛心儒術。	妙解音律，善彈琵琶。任達不拘，如追姑之婢，與豬共飲酒事，世皆責怪之。終以好酒病卒。
歷郡公曹，舉計掾，州辟從事。太常鄭袤舉為博士，遷祕書丞侍御史。晉武踐祚，賜爵關中侯，遷司空長史，轉祕書監御史中丞，拜侍中，加諫議大夫常侍。	歷任散騎侍郎，並曾左遷為始平太守。
1. 與高貴鄉公論《尚書・堯典》諸疑。 2. 與何劭論《詩經》「風雅正變之義」。	1. 曾與荀勗共論「音律」。
1. 《三國志・魏書》卷四〈高貴鄉公紀〉。 2. 《晉書》卷五十〈庾峻傳〉。	1. 《晉書》卷四十九本傳。 2. 《全晉文》卷七十二。 3. 《世說新語》〈術解〉、〈賞譽〉、〈任誕〉等篇。

姓名	扶風王司馬駿	山　濤
字號	字子臧	字巨源
籍貫	河內溫縣人	河內懷人
生卒年	生於魏明帝青龍元年（233A.D.）〔或云生於黃初四年（223A.D.）〕，卒於西晉武帝太康三年（282A.D.），年五十〔或云年六十〕。	生於漢獻帝建安十年（205A.D.），卒於晉武帝太康四年（283A.D.），年七十九。
家世或姻戚	晉宣帝司馬懿之第七子。	祖本，爲郡孝廉；父曜，爲宛句令。其家乃寒門小族。濤早孤居貧。 與晉宣穆后有中表親。故濤五十歲後之出仕，恐與此一姻戚有關。
才行與著作	幼聰惠，年五、六歲能書疏。諷誦經籍，見者奇之。及長，清貞守道，宗室中最爲儁望。事母有孝行，理政亦善撫御，有威恩，眾咸愛敬之。	少有器量，介然不群，性好《老》、《莊》。雖居榮貴，而貞愼儉約，無嬪媵。祿賜俸秩，往往以散之親故，是晉初忠臣。
仕宦經歷	魏景初中，封平陽亭侯。齊王芳立，爲散騎常侍侍講，進爵鄉侯。武帝踐祚，進封汝陰王，都督豫、揚、雍、涼等州軍事。又爲鎮西大將軍。太康初，進拜驃騎將軍，開府持節都督如故。	年四十，爲河內從事，四十三，辭官去。年五十，再度出仕，歷任趙國相、尚書吏部郎、大將軍從事中郎、行軍司馬、相國左長史，封新沓子。晉武受禪，爲大鴻臚、冀州刺史、太子少傅、散騎常侍、尚書僕射、侍中、領吏部。 太康初，又遷右僕射，加光祿大夫侍中，並進爲司徒。
談辯情形	1. 與荀顗辯「仁孝孰先論」。 2. 與劉寶、郭沖等共論「諸葛亮功過」。	1. 咸寧三年，晉武帝講武於宣武場，山濤與盧欽共論「用兵之本」。
資料根據	1. 《晉書》卷三十八本傳。 2. 《三國志》卷三十五〈蜀書·諸葛亮傳〉注引《蜀記》。	1. 《晉書》卷四十三〈山濤傳〉。 2. 《全晉文》卷三十四。 3. 《世說新語·識鑒》篇第四條並注引〈竹林七賢傳〉及〈名士傳〉。

王　湛	王　濟
字處沖	字武子
太原晉陽人	太原晉陽人
生於魏齊王芳嘉平元年（249A.D.），卒於西晉惠帝元康五年（295A.D.），年四十七。	生於魏齊王芳嘉平年間（252A.D.略前），卒於晉惠帝元康七年略前（293A.D.前），年四十六。較其父渾爲早卒。
父昶，魏司空；兄渾，晉司徒侍中。	祖昶，魏司空。父渾，晉司徒、侍中。 和嶠、裴楷是其姊夫。濟本人又尙晉武帝之姊常山公主。
少有識度，床頭每置《周易》。	少有逸才，風姿英爽，好弓馬，精博弈，伎藝過人；且能清言，善《易》及《老》、《莊》；文詞俊茂，並一時之秀。然性峻厲，外弘雅而內忌刻，好以言傷物，且豪侈、玉食、麗服，生活奢侈。
歷秦王文學太子洗馬、尙書郎、太子中庶子，出爲汝南內史。	二十歲起家，拜中書郎，以母憂去官。後又起爲驍騎將軍，累遷侍中。
與其姪王濟談《易》，湛剖析玄理，微妙有奇趣，皆濟所未聞。	1. 上巳洛禊，與張華、裴頠、王戎等論「《史》、《漢》人物」及「前言往行」等。 2. 爲侍中郎，每侍見晉武帝，未嘗不諮論人物及萬機得失。濟善於清言，修飾辭令，諷議將順，帝朝臣莫能尙焉，亦親貴之。
《晉書》卷七十五〈王湛傳〉。	1. 《晉書》卷四十二〈王濟傳〉，又卷四十三〈王戎傳〉。 2. 《三國志‧魏書》卷二十八〈鍾會傳〉注引何劭〈王弼傳〉。

姓名	歐陽建	裴頠
字號	字堅石	字逸民
籍貫	勃海重合人	河東聞喜人（山西絳州聞喜縣治）
生卒年	生年不詳。趙王倫篡位時被誅（300A.D.），年三十餘。	生於晉武帝秦始三年（267A.D.），卒於惠帝永康元年（300A.D.），年三十四。
家世或姻戚	為石崇外甥。世為冀方右族。	父秀，祖潛，曾祖茂，皆位至尚書令。叔父徽，冀州刺史，為正始談士。 賈充為頠之從母兄。王戎為其岳丈。
才行與著作	雅有理思，才藻美贍，擅名北州。	雅有識量，履行高潔，為當朝名士。贍於論難，著〈崇有〉、〈貴無〉二論以矯虛誕之弊。又著〈辨才論〉，未成而遇害。
仕宦經歷	辟公府，歷山陽令、尚書郎、馮翊太守。	歷位太子中庶子、散騎常侍、國子祭酒、侍中、尚書等。元康末為尚書左僕射。趙王倫以其望重而害之。
談辯情形	1. 有「言盡意論」。	1. 著〈崇有〉、〈貴無〉二論以矯時風，王衍之徒攻難交至，並莫能屈。 2. 嘗與王衍、張華、王戎、裴邈等清言，時人謂為「言談之林藪」。 3. 王導過江前，曾數與頠及阮瞻談道。
資料根據	1. 《晉書》卷三十三本傳。 2. 《全晉文》卷一百九。 3. 《文選・臨終詩》注引王隱《晉書》。 4. 《世說新語・文學》篇第三十一條劉注引其「言盡意論」。	1. 《晉書》卷三十五〈裴秀傳〉附〈頠傳〉。 2. 《三國志・魏書》卷二十三注引《文章敘錄》及荀綽《冀州記》。 3. 《世說新語・言語》篇第二十三條注引《冀州記》。 4. 《世說新語・雅量》篇第十一條注引《晉諸公贊》。

潘　京	阮　脩
字世長	字宣子
武陵漢壽人	陳留尉氏人
生卒年不詳，但約與樂廣同時而稍晚（？～304A.D.）。年五十。	約生於魏末晉初（260A.D.左右），西晉末避亂南行，爲賊所害（卒約於300A.D.）。
	爲阮籍之從子。
機辯善談，樂廣與戴昌、戴若思皆贊其辯才。	性簡任淡泊，不脩人事，不好與俗人交，而喜酣飲逍遙。好《易》、《老》，善清言。《隋志》著錄有《集》二卷，《錄》一卷。《晉書》本傳錄有〈大鵬贊〉一文。
弱冠，郡辟主簿，後舉秀才，到洛。 又歷巴丘、邵陵、泉陵三令。	王敦爲鴻臚卿時，舉爲太傅行參軍，太子洗馬。
1. 與樂廣談，廣深嘆之曰：「君天才過人，若加以學，必爲一代談宗。」京遂勤學不倦。 2. 與刺史辯「忠孝可否兩全論」。	1. 與王衍論《易》。 2. 與人論「鬼神有無」。
1. 《晉書》卷九十〈良吏・潘京傳〉。	1. 《晉書》卷四十九〈阮籍傳〉附〈脩傳〉。 2. 《全晉文》卷七十二。

姓名	樂　廣	王　戎
字號	字彥輔	字濬冲
籍貫	南陽淯陽人	琅邪臨沂人
生卒年	生於魏齊王芳正始年間（約 247A.D.略前）。因長沙王乂遘難，而憂卒於西晉惠帝永興元年（305A.D.），年近六十。	生於魏明帝青龍二年（234A.D.），卒於西晉惠帝永興二年（305A.D.），年七十二。
家世或姻戚	父方，參魏征西將軍夏侯玄軍事，早卒。廣孤貧，僑居山陽，寒素爲業。後王戎因聞夏侯玄曾賞之，乃舉爲秀才，又薦於賈充，以是出人頭地。成都王穎是其女壻，王戎是其岳丈。	祖雄，幽州刺史；父渾，涼州刺史，貞陵亭侯。王敦爲其族弟，王衍、王澄爲其從弟。裴頠是其女壻。
才行與著作	性冲約，有遠識，與物無競，尤善談論，每以約言析理厭人心。與王衍並爲西晉談士之首。	七歲有神童之目。以善發談端並有人倫識鑒著稱。然性嗇儉好利，以譎詐多端。短小任率，不修威儀。以晉室方亂，乃與時浮沉。
仕宦經歷	東安王繇爲僕射時，遷右僕射，領吏部，代王戎爲尚書。	名位清貴，自二十四歲爲吏部郎。至晉惠帝時，已爲尚書令，又拜司徒。
談辯情形	1. 與裴楷、王衍、衞瓘等談，皆以簡約折人。 2. 與衞玠論「夢想因之別」。 3. 與客談「旨不至論」。 4. 與潘京談而嘆京才。 5. 其論人，每先稱其所長，則所短不言而自見。	1. 上巳洛禊，與王濟、張華、裴頠等清談。王濟稱其「談子房、季札之間，超然玄著」。 2. 曾與阮瞻論「自然與名教之異同」。
資料根據	1. 《晉書》卷四十三本傳。 2. 《世說新語》〈德行〉、〈言語〉、〈文學〉、〈賞譽〉諸篇並劉注。	1. 《晉書》卷四十三〈王戎傳〉。 2. 《世說新語》〈德行〉、〈容止〉、〈簡傲〉、〈任誕〉、〈排調〉、〈儉奢〉、〈賞譽〉等篇並劉注。

阮　瞻	王　衍
字千里	字夷甫
陳留尉氏人	琅邪臨沂人
約生於西晉武帝太康中（281A.D.左右），卒於懷帝永嘉中（310A.D.），年三十。與王衍、王戎約同時。	生於魏齊王芳甘露元年（256A.D.），卒於西晉懷帝永嘉五年（311A.D.），年五十六。
曾祖瑀，魏丞相掾。祖熙，武都太守；叔祖籍，散騎常侍；父咸，散騎侍郎，皆能文尚樂之達士。	祖雄，幽州刺史；父父平北將軍。王戎是其從兄，王澄是其胞弟。其妻郭氏爲賈后之親。其女爲愍懷太子妃。
性清虛寡欲，自得於懷。讀書不甚研求而默識其要。遇理而辯，辭不足而旨有餘。善彈琴，有《集》二卷。	初好縱橫之術，後則口不論世事，雅詠玄虛，唯談《老》、《莊》而已。因妙善玄言，與樂廣並爲西晉談宗，世稱「口中雌黃」。效之者眾，乃蔚爲西晉浮誕之風。
初辟司徒王戎府掾。東海王越鎮許昌，以爲記事參軍。永嘉中，爲太子舍人。	泰始中，尚書盧欽舉爲遼東太守，不就。後爲太子舍人，遷尚書郎，出補元城令，入爲中庶子，黃門侍郎。惠帝時歷北軍中侯中領軍、尚書令、拜河南尹，轉尚書，又爲中書令。成都王穎以中軍師累遷尚書僕射，領吏部，復爲尚書令、司空、司徒，遷太尉。爲石勒所殺。
1. 與王戎論「自然與名教之異同」。 2. 與一客論「鬼神有無」。	1. 妙善玄言，傾慕何晏、王弼之玄談。故雖累居顯職，但竟日以論《莊》、《老》爲事。 2. 與阮脩談《易》。 3. 與裴頠辯「崇有」、「貴無」。
1. 《晉書》卷四十九本傳。 2. 《全晉文》卷七十二。	1. 《晉書》卷四十三〈王衍傳〉，卷四十九〈阮脩傳〉。 2. 《文選》〈晉紀總論〉注引王隱《晉書》，〈王文憲集序〉注引《漢晉春秋》。 3. 《全晉文》卷十八。 4. 《世說新語》〈文學〉、〈德行〉、〈言語〉、〈容止〉、〈賞譽〉、〈識鑒〉、〈傷逝〉等篇並劉注。

姓名	衞 玠	裴 遐
字號	字叔寶，又稱衞虎	字叔道
籍貫	河東安邑人	河東聞喜人
生卒年	生於西晉太康七年（286A.D.），卒於懷帝永嘉六年（312A.D.），年二十七。	生卒年不詳，約與郭象（？～312）同時。
家世或姻戚	祖瓘，晉司空、太保。父恆，長水校尉。父祖並以書法顯。又衞玠爲樂廣之壻、王濟之甥。	爲裴徽之孫，裴綽之子，裴楷之姪，裴頠之從弟，王衍之女壻。
才行與著作	年五歲，風神秀異，世稱玉人。及長，好言玄理，善《易》、《老》，時人比之王輔嗣。風流雅著，不見喜慍之色，爲當時名士第一。	性虛和，善言玄理。
仕宦經歷	爲太傅西閣祭酒，又拜太子洗馬。	曾辟司空掾、散騎郎。
談辯情形	1. 衞玠善玄言，每一出語，聞者無不咨嘆，以爲入微。王澄有高名，每聞玠言，輒嘆息絕倒。 2. 過江後，與謝鯤相見欣然，言論終日。 3. 與樂廣論「夢、想、因之別」。 4. 王敦與言，咨嗟不已，比之於魏王輔嗣。	1. 善言玄理，音辭清暢，冷然若琴瑟。時人比之於王導。 2. 曾與郭象談論，一坐嗟服。
資料根據	1. 《晉書》卷三十六本傳。 2. 《世說新語》〈文學〉篇第十四條，並〈言語〉、〈賞譽〉篇注引〈玠別傳〉。	1. 《晉書》卷三十五〈裴綽傳〉。 2. 《世說新語‧文學》篇十九條注引〈晉諸公贊〉。

郭　　象	顧　　榮
字子玄	字彥先
河南人	吳國吳人
生年不詳，卒約晉懷帝永嘉末（312A.D.左右）。	生於魏陳留王之前（260A.D.略前），卒於晉懷帝永嘉六年（312A.D.），年約五十三。
不詳	其先爲越王句踐之支庶，封於顧邑，故姓顧，爲南土著姓。祖雍，吳丞相；父穆，宜都太守。
少有才理，好《老》、《莊》、能清言。注《莊子》，或云竊向秀義，或云未然。《隋志》著錄其書有《論語體略》、《論語隱》、《莊子注》、《莊子音》、《郭象集》等。今唯存《莊子注》。	亂世當職，恆縱酒酣暢，彈琴詠懷，以恭遜自勉，吳平之後，曾與陸機兄弟入洛，號爲「三俊」。
辟司徒掾、稍至黃門侍郎，東海王越引爲太傅主簿，甚見親委。	仕吳爲黃門侍郎，太子輔義都尉。入晉拜郎中，歷尚書郎，太子中舍人廷尉正。趙王倫篡位，遷大將軍長史。倫敗、齊王冏召爲大司馬主簿，轉中書侍郎，封嘉興伯，轉太子中庶子。長沙王乂召爲驃騎長史，轉成都王穎丞相從事中郎，入兼侍中。惠帝西遷避亂還吳，陳敏據江東，以爲右將軍、丹陽內史。尋起兵攻敏，事平，復還吳。懷帝徵侍中，不就。元帝爲安東將軍，以爲軍司馬，加散騎常侍。
1. 少有才理，好《老》、《莊》，能清言，時人以爲王弼之亞。王衍、孫綽亦賞其口若懸河。 2. 嘗與裴遐言玄理。	1. 與紀瞻論「易太極」。
1. 《晉書》卷五十〈郭象傳〉、〈庾凱傳〉，卷三十五〈裴綽傳〉附〈遐傳〉。 2. 《世說新語‧文學》篇第十七條。 3. 《全晉文》卷七十五。 4. 郭象《莊子注》。	1. 《晉書》卷六十八〈顧榮本傳〉及〈紀瞻傳〉。 2. 《世說新語‧德行》篇第二十五條並劉注引〈文士傳〉。 3. 《全晉文》卷九十五。

姓名	王　承	王　澄
字號	字安期	字平子
籍貫	太原晉陽人	琅邪臨沂人
生卒年	為王湛之子，約晚湛（249～295A.D.）二十年（269～314A.D.），年四十六。	約生於西晉武帝泰始十年（274A.D.），東晉元帝初年（約317A.D.）為王敦所殺，年四十四。
家世或姻戚	祖昶，魏司空；父湛，晉尚書郎。	祖雄，幽州刺史；父乂，平北將軍。王衍是其兄，王戎是其從兄。裴綽是其岳父。
才行與著作	清虛寡欲，無所修尚。為政清靜，不為細察，眾所親愛。	生而警悟，少有高名。為荊州刺史時，日夜縱酒，不親庶事。雖京師不保，亦不在懷。
仕宦經歷	永寧初為驃騎將軍，值天下將亂，乃避難南下，為司空從事中郎，東海王越記室參軍、東海太守等職。	少歷顯位。惠帝末，因兄王衍之薦，為荊州刺史。元帝初，徵為軍諮祭酒。
談辯情形	1. 言理辯物，但明其旨要，而不飾文辭，有識者服其約而能通。	1. 善品題人物。 2. 王衍薦為荊州刺史，曾問以方略，澄辭義鋒出，算略無方，一坐嗟服。 3. 每與衛玠言，輒嘆息絕倒。
資料根據	1. 《晉書》卷七十五〈王湛傳〉附〈承傳〉。	《晉書》卷四十三〈王戎傳〉附〈澄傳〉；又卷三十六〈衛瓘傳〉附〈玠傳〉。

胡毋輔之	謝　鯤
字彥國	字幼輿
泰山奉高人	陳國夏陽人
生於西晉武帝泰始六年（270A.D.），卒於東晉元帝初年（約318A.D.），年四十九。	生於西晉武帝咸寧中（278A.D.左右），卒於東晉元帝、明帝之際（320A.D.左右），年四十三。
高祖班，漢執金吾。父原，練習兵馬，山濤稱其才堪邊任。舉爲太尉長史，終河南令。	祖纘，典農中郎將。父衡，以儒術顯，仕至國子祭酒。
性嗜酒，仕縱不拘小節，爲安樂太守時，晝夜飲酒，不視郡事。爲八達之一。其行甚爲時人及後人所譏。	少知名，通簡有高識。好《老》、《易》，能歌，善鼓琴，爲八達之一，不修威儀。
曾歷繁昌令、尙書郎、司徒左長史、建武將軍、安樂太守。東海王越引爲從事中郎、振威將軍、陳留太守、右司馬、本州大中正。越薨、避亂南渡，元帝以爲安東將軍諮議祭酒，遷揚武將軍、湘州刺史。	東海王越辟爲掾，轉參軍事。左將軍王敦引爲長史，後敦有不臣之迹，鯤乃優遊寄遇，亦時進正言。卒後追贈太常。
1. 善清言，任放，王澄評其「吐佳言如屑，霏霏不絕，誠後進領袖。」 2. 胡毋輔之與荀邃邀光逸上車，與談良久。	1. 王澄在王敦座，見謝鯤談話無倦，惟歎謝長史可與言。 2. 衞玠過江，與謝鯤相見欣然，言論終日。
1. 《晉書》卷四十九本傳。	1. 《晉書》卷四十九本傳。

姓名	祖　納	葛　洪
字號	字士言	字稚川
籍貫	范陽遒人	丹陽句容人（或曰琅邪人）
生卒年	生卒年不詳，約東、西晉之際人（～320～）。	約生於魏齊王芳正始年間（246A.D.左右），約卒於東晉成帝咸和年初（326A.D.左右），年八十一。
家世或姻戚	為北州舊姓。父武，晉王掾、上谷太守。	祖系，吳大鴻臚。父悌，晉邵陵太守。
才行與著作	最有操行，能清言，文義可觀。性至孝，少孤貧，常自炊爨以養母。	為人木訥、寡欲，不好榮利，無所愛翫，家貧苦學，究覽群籍，尤好神仙之法。著《抱朴子》、〈碑、誄、詩、賦、移檄章表〉，並〈神仙〉、〈良吏〉、〈隱逸〉、〈集異〉等傳。
仕宦經歷	王敦辟為從事中郎。遷太子中庶子。歷官多所駁正，有補於時。元帝作相，引為軍諮祭酒。	太安中為將兵都尉，遷伏波將軍，平石冰亂。元帝為丞相時，辟為掾。成帝咸和初，王導召補州主簿，轉司徒掾，遷諮議參軍。干寶薦之，選為散騎常侍，領大著作。洪固不就，以年老欲鍊丹以祈遐壽，乃止羅浮山鍊丹著述。
談辯情形	1. 與梅陶、王隱共論「鄉里月旦之優劣」。 2. 與梅陶、鍾雅辯「漢文帝除肉刑，當為英雄乎？」	1. 與虞喜等人論「宣夜與渾天、蓋天說之優劣異同」。 2. 與時人駁辯「文學理論」。
資料根據	1. 《晉書》卷六十二〈祖逖傳〉附〈納傳〉。 2. 《太平御覽》六百四十八。	1. 《晉書》卷七十二本傳。 2. 葛洪《抱朴子》。 3. 《晉書·天文志上》。

王 敦	紀 瞻
字處仲	字思遠，或曰士達
琅邪臨沂人	丹陽秣陵人，吳平，徙家歷陽郡
生於西晉武帝泰始二年（266A.D.），卒於東晉明帝太寧二年（324A.D.），年五十九。	約生於魏齊王芳嘉平末（253A.D.左右），卒於東晉明帝太寧二年（324A.D.），年七十二。
爲太保王祥弟覽之孫。爲司徒王導之堂弟。因尚武帝女襄城公主，故爲武帝之女壻。	祖亮，吳尚書令；父陟，光祿大夫。
性簡脫矯屬，有鑒裁，亦有軍武天才。	性靜默，少交遊，好讀書，以方直知名。與陸機論政，盡倡儒義。凡所著述詩、賦、書、表數十篇，兼解音律，殆盡其妙。
初拜駙馬都尉、太子舍人。復遷爲散騎常侍、青州刺史、中書監、揚州刺史、廣武將軍、江州刺史、征南大將軍等職。南渡後爲侍中大將軍，以功大自居，乃自爲丞相江州牧、揚州牧等。遂謀叛逆晉室，但未遂而病卒。餘黨爲明帝所平。	永康初，辟東閣祭酒，鄢陵公國相。太安中，召拜尚書郎，共討陳敏。元帝爲安東將軍時，引爲軍諮祭酒，轉鎭東長史。後封都鄉侯，加揚威將軍，尋遷丞相軍諮祭酒。勸元帝進位後，拜侍中、尚書、領軍將軍並進爲驃騎將軍、常侍如故。
1. 學通《左氏》，尤好清談。王戎異之，武帝引爲談客。 2. 武帝嘗召時賢共言「技藝之事」，人人皆有所說。惟敦都無所關，乃擊鼓一曲，舉坐嘆其雄爽（是採莊生「不言」之旨）。	1. 惠帝太安中，與顧榮共論「《易》太極」。
1. 《晉書》卷六〈明帝紀〉；卷九十八〈王敦本傳〉。	1. 《晉書》卷六十八本傳。 2. 《全晉文》卷一百十三。

姓名	晉明帝司馬紹	阮　裕
字號	字道畿	字思曠
籍貫	河內溫縣人	陳留尉氏人
生卒年	生於西晉元康九年（299A.D.），卒於東晉太寧三年（325A.D.），年二十七。	生卒年不詳。據測，約生於晉武帝朝（275A.D.左右），卒於晉成帝朝（335A.D.左右），年六十一。
家世或姻戚	爲晉元帝長子。	祖略，齊境太守；父顗，淮南史。爲阮瞻之從弟。
才行與著作	欽賢愛客，善撫將士，有文才武略，既雅善文辭，能清言玄理；又兼習武藝，聰明有機斷。《隋志》載有《晉明帝集》五卷，《錄》一卷。	雖不博學，而論難甚精。宏達蕭然，常內足於懷，好飲酒。
仕宦經歷	建興初，拜東中郎將，鎮廣陵。元帝爲晉王，立爲晉太子。及即位，立爲皇太子。以永昌元年閏十二月嗣位，改元太寧，在位共三年。	弱冠辟太宰掾，王敦曾以之爲主簿。帝咸和初，除尙書郎，去職。王導引爲從事中郎，不就。郗鑒請爲長史、侍中等，亦皆不就，有肥遯之志。在東山久，復徵爲散騎常侍，領國子祭酒。
談辯情形	1. 年數歲，即見談才，其父（元帝）曾二度問以「日與長安孰遠」，皆對答機妙。 2. 嘗論「聖人眞假」之意，王導等並不能屈。	1. 與謝萬談「才性四本」。 2. 與謝安道「白馬論」。
資料根據	1. 《晉書》卷六〈明帝紹本紀〉。	1. 《晉書》卷四十九〈阮籍傳〉附〈裕傳〉。 2. 《世說新語‧文學》篇第二十四條並注引《中興書》。

王　導	張　憑
字茂弘	字長宗（或作嗣宗）
琅邪臨沂人	吳郡人
生於晉武帝咸寧二年（276A.D.），卒於晉成帝咸康五年（339A.D.），年六十四。	生卒年不詳，約與劉惔（312～347A.D.）同時。
祖覽，光祿大夫。父裁，鎮軍司馬。王敦是其從弟。	祖鎮，蒼梧太守，封興道縣侯。
識量清遠，公忠體國，輔東晉元、明、成三朝。興學校、立史官、攬人心，世稱「江左夷吾」。為東晉初葉政界及談界領袖。	年數歲，即為祖所知，及長，有志氣，為鄉閭所稱，舉孝廉，負其才。有《集》五卷，《論語釋》一卷皆亡。
元帝朝，為驃騎大將軍、侍中、司空。帝時，為太傅、丞相。	官至吏部郎，御史中丞。
1. 晉室東遷前，數與裴頠、阮千里諸賢在洛水邊共談道。 2. 過江後，曾邀集庾亮、桓溫、謝尚、王濛、王述等共談析理。然其所論，蓋以「聲無哀樂」、「言盡意」、「養生」三理為主。 3. 曾與周顗、刁協論議「復內刑」事。	1. 劉惔與王濛清言有所不通，憑於末座判之，言旨深遠，足暢彼我之懷。以是劉惔薦之於簡文，簡文亦嘆為「勃窣為理窟」，乃出為太常博士。
1. 《晉書》卷六十五本傳。 2. 《世說新語》〈文學〉篇第二十一、二十二條；〈企羨〉第二條；又〈言語〉、〈政事〉篇等。	1. 《晉書》卷七十五本傳。 2. 《世說新語‧文學》篇第五十三條。 3. 《北堂書鈔》卷六十七引《郭子》。

姓名	許 詢	劉 惔
字號	字玄度	字眞長
籍貫	高陽人	沛國相人（或作沛國蕭人）
生卒年	與孫綽、劉惔同時，生卒年不詳，《世說新語・言語》篇注引《續晉陽秋》云其「早卒」。	東西晉之際人士，據考約生於西晉懷帝永嘉六年（312A.D.左右），約卒於東晉穆帝永和三年（347A.D.左右），年三十六。
家世或姻戚	高祖允，爲魏中領軍。	祖宏，光祿勳。父耽，晉陵太守。 劉惔幼與母任氏寓居京口，曾一度家貧至織履爲生。 後尙明帝女廬陵公主。
才行與著作	總角秀惠，眾稱神童，長而風情簡述，善恬淡之辭。《隋志》著錄有《集》二卷，已佚。	少貧而晏如，性簡貴，爲政清整，門無雜賓。雅善言理，尤好《老》、《莊》，爲當時一流談家。
仕宦經歷	司徒掾辟，不就。	累遷丹陽令。
談辯情形	1. 與孫綽共在白樓亭商略先往名達。 2. 與晉簡文帝辯「忠孝可否兩全」。 3. 與支遁、謝安、王濛共道《莊子・漁父》義。	1. 晉簡文帝初作相時，惔與王濛並爲談客，時孫盛論「《易》象妙於見形」，殷浩等不能屈，唯惔屈之。 2. 與殷浩論「何以善人少惡人多之故」。 3. 與謝尙共論「中朝（西晉）人物優劣」。
資料根據	1. 《世說新語・言語》篇第六十九條注引《續晉陽秋》。又〈賞譽篇〉第九二、一一一、一一九條，〈輕詆篇〉第十八條。	1. 《晉書》卷七十五本傳；卷九十八〈桓溫傳〉；卷三十五〈衞玠傳〉。 2. 《全晉文》卷一百三十一。 3. 《世說新語》〈德行〉、〈言語〉、〈文學〉、〈品藻〉等篇。

孫　綽	庾　亮
字興公	字元規
太原中都人	潁川鄢陵人
生卒年不詳，但較王導、庾亮爲晚卒。年五十八。	生於西晉武帝太康十年（289A.D.），卒於東晉成帝咸康六年（340A.D.），年五十二。
祖楚，馮翊太守。父纂兄統，任誕不拘，性好山水。孫盛爲其徒弟。	父琛，會稽太守，追贈驃騎將軍。妹爲明穆皇后。
性通率誕縱，且好譏調，少慕《老》、《莊》之道，游放山水十餘年。博學善屬文，爲一時文宗。凡當時名公如桓溫、王導、庾亮之薨，必須綽爲碑文，然後刊石。所爲碑誄賦文，今皆散見《類聚》、《文選》或《世說新語》注中。	善姿容，善談論，性好《莊》、《老》。《隋志》著錄有〈雜鄉射〉等議、《君子無所爭》二書。
徐著作郎，出爲庾亮征西參軍，補章安令，徵拜太學博士，遷尚書郎，出爲殷浩建威長史。浩敗、王羲之引爲右軍長史，轉永嘉太守，遷散騎常侍，領著作郎，拜衛尉卿。	元帝爲鎮東將軍，辟爲西曹掾，隋府轉丞相參軍，封都亭侯。及即位，拜中書郎，領著作，累遷給事中、黃門侍郎、散騎常侍，遷中領軍。明帝即位，以爲中書監，王敦內逼，加右衛將軍，假節都督東征諸軍事，以功封永昌縣公，轉護軍將軍。 成帝即位，加給事中，徙中書令，蘇峻反，假節都督征討諸軍事。峻平，出爲平西將軍假節豫州刺史、領宣城內史、鎮蕪湖。尋代陶侃都督江荊豫益梁雍六州諸軍事，領江荊豫三州刺史，進號征西將軍，開府儀同三司。鎮武昌，徵爲司徒，領揚州刺史，錄尚書事，固辭不拜，尋卒。
1. 與謝萬論「八賢出處之道」。 2. 與晉簡文論「諸賢之才」。	1. 王敦在蕪湖，成帝使亮詣敦籌事，與敦談論，敦不覺改席而前，歎其賢於裴頠遠矣。 2. 蘇峻祖約造反時，亮奔溫嶠，共推陶侃爲盟主，亮與陶侃談冥終日。 3. 陶侃卒後，亮鎮武昌時，與殷浩、王胡之、王羲之等共登南樓談詠。 4. 曾與康法暢清言。
1. 《晉書》卷五十六〈孫楚傳〉附〈綽傳〉。 2. 《全晉文》卷六十二。	1. 《晉書》卷七十三〈庾亮傳〉；卷九十三〈外戚・庾琛〉傳；卷三十二〈后妃下・明穆庾皇后傳〉；卷八十八〈孝友・庾袞傳〉。 2. 《世說新語・容止》篇二十四條。 3. 《全晉文》卷三十六～三十七。

姓名	康僧淵（僧）	康法暢（僧）
字號		
籍貫	本西域人，而生長於長安。	
生卒年	渡江前後之僧人，與王導、庾亮約同時。	渡江前後之僧人，與王導、庾亮約同時。
家世或姻戚	本西域人，但生長於長安，故貌雖梵人，而語實中國。	
才行與著作	清約自處，容止詳正。	有才思，善清談，著〈人物始義論〉。
仕宦經歷		
談辯情形	1. 善談《老》、《莊》，尤精佛理，爲渡江前後能言之僧人。 2. 殷浩曾問佛經深遠之理，卻辯俗書性情之義，自畫至曛，浩不能屈。	1. 善爲往復，常執麈尾行，每值名賓，輒清談盡日。 2. 庾亮曾與之談，而譏之曰：「麈尾何常在？」
資料根據	1. 《高僧傳》卷四本傳。	1. 《高僧傳》卷四本傳。

王 濛	殷 浩
字仲祖，小字阿奴	字深源或作淵源
太原晉陽人	陳郡長平人
生於西晉懷帝永嘉三年（309A.D.），卒於東晉穆帝永和三年（347A.D.），年三十九。	約生於西晉懷帝永嘉五年（311A.D.），卒於東晉穆帝永和十二年（356A.D.），年約四十六。
曾祖黯，歷位尚書。祖佑，北軍中侯。父訥，新淦令。	父羨，為豫章太守，光祿勳。叔融，為太常卿。
少時放縱不拘，晚節始克己勵行，有風流美譽，虛己應物，恕而後行，莫不敬愛焉。喜慍不形於色，以清約見稱。《隋志》著錄有《論語義》一卷，《集》五卷。	識度清遠，弱冠有美名，尤善玄言。與叔父殷融俱好《老》、《易》。融與浩口談則辭屈，著篇則融勝，浩由是為風流談論者所宗。
王導辟為掾，後出補長山令，復為司徒左西屬，不就，徙中書郎。及簡文帝輔政，益貴幸之，與劉惔號為入室之賓，轉司徒左長史。	本不出仕，至庾冰兄弟及何充卒後，簡文帝在藩，褚裒薦之，始出為建武將軍、揚州刺史。及石季龍死，乃為中軍將軍，假節都督揚、豫、徐、兗、青五州軍事，受命以中原為己任。北伐敗後，被黜放，口無怨言，談詠不輟，但終日書空作「咄咄怪事」四字。
1. 與張馮、劉惔清言。 2. 與支遁、許詢、謝安共論《莊子·漁父》。 3. 與孫綽同好玄味。 4. 參與王導所招集之談座，與庾亮、桓溫、謝尚、王述等共談。	1. 庾亮鎮武昌時，殷浩與王胡之、王羲之等共登南樓理詠。 2. 與其叔殷融俱好《老》、《易》，口談多以浩勝，故為風流談論者所宗。簡文、王濛等皆評其足附時談，並有局陳。 3. 曾與客共論「夢」。 4. 與孫盛、劉惔等共辯「《易》象妙於見形論」。 5. 與王彪之辯「日蝕宜否廢朝」。 6. 與康僧淵談佛經深遠之理，卻辯俗書性情之義，自晝至曛，不能屈之。
1. 《晉書》卷九十三〈外戚·王濛傳〉。卷七十五〈張憑傳〉。 2. 《世說新語·賞譽》篇一三三條，〈傷逝篇〉第十條注。〈文學篇〉第二十二條。〈輕詆篇〉第二十二條並劉注。 3. 《全晉文》卷二十九。	1. 《晉書》卷七十七〈殷浩傳〉；卷四十二〈孫盛傳〉。 2. 《世說新語·容止》篇第二十四，〈賞譽篇〉第一一三、八一、八二、九三、九九、一○○等條。 3. 《晉書》卷十九〈禮志〉。 4. 《高僧傳》卷四〈康僧淵傳〉。 5. 《全晉文》卷一百二十九。

姓名	殷 融	王羲之
字號	字洪遠	字逸少
籍貫	陳郡長平人	琅邪臨沂人
生卒年	東晉初年人，生卒年不詳。	生於晉懷帝元年（307A.D.），卒於哀帝興寧三年（365A.D.），年五十九。
家世或姻戚	殷浩爲其姪。	祖正，尚書郎；父曠，淮南太守。王羲之乃娶車騎將軍，郗鑒之女。
才行與著作	飲酒善舞，終日嘯咏，未嘗以世務自嬰。有《集》十卷。	清貴有鑒識，幼訥於言，及長辯瞻，以骨鯁稱。尤善隸書與行草，書法爲古今冠。性好鵝，雅尚服食養性，去官後更與東土人士盡山水之娛，又與許邁共修服食，其後世事張氏五斗米道。
仕宦經歷	咸和初，爲庾亮都督府司馬。後爲丹陽尹，遷尚書。穆帝時拜太常卿吏部尚書。	起家祕書郎，征西將色。庾亮臨薨，薦爲寧遠將軍、江州刺史。後又爲右軍將軍、會稽內史。東晉穆帝永和十一年（355A.D.）去官，此後蓋以遊山修食自樂。
談辯情形	1. 每與兄子殷浩談，有時而屈。退而著論，融更居長。 2. 著〈象不盡意論〉、〈大賢須易論〉，理義精微，談者稱焉。	1. 與支遁五辯《莊子・道遙遊》義。 2. 與庾亮、殷浩、王胡之等共登南樓理詠。 3. 與劉惔、許詢慨談時事。
資料根據	1. 《世說新語・文學》篇第七十四條，並注引《中興書》。 2. 《全晉文》卷一百二十九。	1. 《晉書》卷八十本傳。 2. 《世說新語》〈文學〉篇第三十二條，〈容止〉篇第二十四條。

支遁（僧）	謝　萬
本姓關氏，又稱支道林、林公、支公、林法師、林道人等。	字萬石
陳留人（或云河東林慮人）	陳郡夏陽人，寓居會稽上虞
生於西晉懷帝永嘉八年（314A.D.），卒於東晉廢帝太和元年四月（366A.D.），年五十三。	約生於東晉成帝咸和八年（328A.D.），約卒於廢帝太和四年（369A.D.），年四十二。
家世事佛，支遁早歲隱居餘杭學佛，年二十五出家。	父裒，太常卿。兄安。位至太傅，尚書僕射。太原王述，爲其岳丈。
幼有神理，聰明秀徹，雅尚《莊》、《老》，尤精佛理。每至開講，善標宗會，而遺其章句，爲當時影響最大之僧人。並以清談著稱，一時風流貴勝，無不崇敬。	才器雋秀，工言論，善屬文。《隋志》著錄有《周易·繫辭注》二卷，集解《孝經》一卷，並亡。
	弱冠辟司徒掾，遷右西屬，不就。簡文帝作相時，召爲撫軍從事中郎，遷豫州刺史，領淮南太守、監司豫冀并四州軍事假節。桓溫北伐時，爲西中郎將。洛陽不克，廢爲庶人，後又復以散騎常侍。
1. 曾先後與馮太常、劉系之、王羲之等談《莊子》「逍遙義」。 2. 與許詢、謝安、王濛共論《莊子·漁父》義。 3. 與北來道人論《小品》。 4. 與于法開爭「即色空義」。	1. 與孫綽辯「八賢出處之道論」。 2. 簡文帝作相時，聞其名，召與之見，共談移日。 3. 爲阮裕敘「才性四本」。
1. 《高僧傳》卷四〈支遁傳〉，又〈于法開傳〉。 2. 《世說新語》〈文學〉篇第三十、四十五等條及〈賞譽〉篇。	1. 《晉書》卷七十九〈謝安傳〉附〈萬傳〉。 　《晉書》卷四十九〈阮籍傳〉附〈放傳〉。 2. 《全晉文》卷八十三。

姓名	王　述	孫　盛
字號	字懷祖	字安國
籍貫	太原晉陽人	太原中都人
生卒年	約生於西晉惠帝永興二年（305A.D.），卒於東晉廢帝太和五年（370A.D.），年六十六。	與殷浩（311～356），庾亮（289～340）同時，但較桓溫（312～373）為早卒。故可設其生約在300A.D.（惠帝永康元年）左右，其卒則在371A.D.（簡文帝咸安二年）左右，年七十二。
家世或姻戚	為王渾之弟，王湛之孫。	祖楚，為馮翊太守。父恂，穎川太守。因其父在郡遇賊被害。故盛十歲即避難渡江，少孤貧。其二子潛、放，亦甚有辯才。
才行與著作	少孤、安貧守約，不求聞達，性沉靜簡貴，莅政清肅，終日無事。然應辯恬如，善於發言。《隋志》著錄有《集》八卷，已亡。	性方嚴有軌憲，然為長沙太守時，以家貧，亦頗營資貨。又，博學強識，善言名理，于時殷浩擅名一時，與抗者唯盛一人而已。篤學不倦，著作良多，有《魏氏春秋》、《晉陽秋》，並詩、賦、論、難等，見《隋志》著錄。
仕宦經歷	少襲父爵，三十尚未知名，王導以門第辟為中兵屬。後又歷驃騎將軍、宛陵令、臨海太守、建威將軍、會稽內史、征虜將軍、揚州刺史、并冀幽平四州大中正刺史、散騎常侍、尚書令、將軍等職。	起家著作郎，後出補瀏陽令。陶侃、庾亮、庾翼、桓溫等皆舉為參軍。隨桓溫伐蜀，並入關平洛後，以功進封吳昌縣侯，出補長沙太守。又累遷祕書監、散騎常侍。
談辯情形	1. 性沉靜，每坐客馳辯，異端競起，而述處之恬如。 2. 嘗見王導，述每發言，一座莫不讚美。 3. 參與王導所招集之談座，與庾亮、桓溫、謝尚、王濛等共辯。	1. 孫盛博學名理，嘗詢殷浩，激談至廢寢忘食。 2. 參與會稽王司馬昱（後為簡文帝）之談座。其論「《易》象妙於見形」，為一時能言者如殷浩之徒所不能難，至劉惔至，方屈之。 3. 與褚裒論「南北學風之異」。 4. 著〈老子疑問反訊〉。
資料根據	1. 《晉書》卷七十五〈王湛傳〉附〈述傳〉。 2. 《世說新語‧文學》篇第二十二條並劉注引〈述別傳〉。 3. 《全晉文》卷二十九。	1. 《晉書》卷八十二本傳。 2. 《三國志‧魏書》卷十四注引《孫氏譜》。 3. 《全晉文》卷六十三。

韓　伯	晉簡文帝司馬昱
字康伯	字道萬
潁川長社人	河內溫縣人
生卒年不詳，爲簡文帝時人，年四十九。	生於東晉元帝大興三年（320A.D.），卒於晉簡文帝咸安二年（372A.D.），年五十三。
出身寒素小姓，少貧窶。母爲殷浩之姊。	晉元帝之少子。
爲人耿直。清和有思理，留心文藝，發言遣辭，往往有情致。著有《周易・繫辭傳注》二卷。	幼而岐嶷，爲元帝所愛。及長清虛寡欲，尤善玄言而無濟世大略。故謝安稱之，爲惠帝之流，唯清談差勝耳。《隋志・道家類》有《簡文談疏》六卷，《太平廣記》續〈談助〉四均引之。
簡文帝居藩，引爲談客。自司徒左西屬，轉撫軍掾中書郎、散騎常侍、豫章太守、侍中。卒授太常。	咸和元年（320A.D.）元帝封爲會稽王，拜散騎常侍。至永和元年（345A.D.），進位爲撫軍大將軍，八年爲司徒。太和元年（366A.D.）進位丞相，錄尙書事。咸安元年（370A.D.）即皇帝位，在位僅二年。
1. 韓伯清和有思理，晉簡文帝居藩時，引爲談客。 2. 王坦之著〈公謙論〉，袁宏作論難之，而韓伯再爲之辨，作〈辨謙論〉倡公謙之諦，反時風之虛僞。 3. 與伏滔、習鑿齒論辯「青楚人物優劣」。	1. 簡文帝特善玄言，經常召集名士高僧清談理詠，一時談風極盛。 2. 與許詢辯「忠孝可否兩全論」。
1. 《晉書》七十五〈韓伯傳〉。 2. 《世說新語》〈賞譽〉篇第九十條及〈德行〉〈文學〉諸篇。 3. 《全晉文》卷一百三十二。	1. 《晉書》卷九〈太宗簡文帝昱紀〉。 2. 《世說新語》〈輕詆〉篇第十八條，〈文學〉篇第三十八、四十、五十一等條。

姓名	桓　溫	伏　滔
字號	字元子	字玄度
籍貫	沛國龍亢人	平昌安丘人
生卒年	生於晉懷帝永嘉六年（312A.D.），卒於東晉孝武帝寧康元年（373A.D.），年六十二。	約爲簡文、孝武時人，大致與韓伯、桓溫等人同時。
家世或姻戚	父彝，宣城太守，爲韓晃所害時，溫年十五。後尚明帝女南康官公主。	出身寒門，家世不詳。
才行與著作	少有豪邁氣，爲溫嶠所知，劉惔亦善之。後歷位至大司馬，曾二度北伐，擬復失土，功勳顯赫，爲一時武才。	有才學，少知名，善掌國史。
仕宦經歷	初拜駙馬都尉、琅邪太守、徐州刺史、荊州刺史、都督荊梁四州諸軍事等。永和二年（346A.D.）伐蜀成功，位至征西大將軍。乃出軍北伐至合肥，唯中央召入而止。太和四年（369A.D.）又再北伐，惜軍糧不濟而敗。時都超進廢帝之計，溫乃廢廢帝而立簡文，威勢甚顯，謝安亦遙拜之。簡文崩，受詔輔孝武，不久即卒。	州舉秀才，辟別駕，不就。大司馬桓溫引爲參軍、除永世令。太元中（376～）拜著作郎，掌國史，領本州大中正。遷游擊將軍，著作如故，卒官。
談辯情形	1. 與人辯「忠孝可否兩全論」。 2. 聽講《禮記》，時有入心處。 3. 講《易》，日說一卦。 4. 好論「人物優劣短長」。	1. 與習鑿齒、王坦之等論「青楚人物優劣」。
資料根據	1. 《晉書》卷九十八本傳。 2. 《世說新語》〈文學〉及〈識鑒〉等篇。	1. 《晉書》卷九十二〈文苑本傳〉。 2. 《世說新語・言語》篇第七十二條並劉注。

習鑿齒	謝　安
字彥威	字安石
襄陽人	陳郡夏陽人，寓居會稽上虞
生年不詳，據考當在成帝咸和初（327A.D.左右），卒於孝武帝太元七年（382A.D.），年約五十餘。	生於東晉元帝大興三年（320A.D.），卒於東晉孝武帝太元十年（385A.D.），年六十六。
宗族富盛，世爲鄉豪。	父裒，太常卿。謝萬是其弟，劉惔是其妻兄。
少有志趣，博學洽聞，以文筆著稱，善尺牘論議。著《漢晉春秋》五十四卷，斥桓溫覬覦晉室之心。爲當時一流史才。	性遲緩恬淡，喜怒不形於色。雅好山水言詠，善談玄理。且善行書，又好音樂。與王羲之、孫綽、李充、許詢、支遁等共相友昵，出則漁弋山水，入則言詠屬文。
桓溫爲荊州刺史時，辟爲從事，轉西曹主簿，又累遷別駕。每處機要，莅事有績。後因言忤桓溫旨，左遷爲曹戶參軍，又出爲榮陽太守。及襄陽陷苻堅，鑿齒以疾還鄉，朝廷欲徵典國史，會卒，不果。	年四十餘始有仕進意。桓溫請爲司馬侍中、吏部尚書、中護軍。桓溫薨（373A.D.），乃爲尚書僕射、領吏部、加後將軍及中書令；又領揚州刺史、驃騎將軍侍中，都督揚、豫、徐、兗、青等十五州諸軍事，拜衛將軍開府儀同三司，封建昌縣公。
1. 與伏滔、王坦之論「青楚人物優劣」。 2. 與人論「周瑜、魯肅、諸葛亮優劣」。	1. 弱冠詣王濛，清言良久；與王導談，導亦深器之。 2. 與王羲之評「談風與國患之關係」。 3. 與王羲之、孫綽、李充、許詢、支遁等言詠遊宴。 4. 與支遁、許詢、王濛共論《莊子・漁父》義。 5. 與阮裕道「白馬論」。
1. 《晉書》卷八十二本傳。 2. 《世說新語・言語》篇第七十二條，並劉注。 3. 《高僧傳》卷五〈釋道安傳〉。 4. 《全晉文》卷一百三十四。 5. 《太平御覽》卷四百四十七。	1. 《晉書》卷七十九本傳。 2. 《世說新語・文學》篇第二十四條等。 3. 《全晉文》卷八十三。

姓名	釋道安（僧）	王坦之
字號	原姓衛氏	字文度
籍貫	常山扶柳人	太原晉陽人
生卒年	生於西晉愍帝建興二年（314A.D.），卒於東晉孝武太元十年（385A.D.），年七十二。	東晉成帝咸和五年（330A.D.）生，孝武帝寧康三年（375A.D.）卒，年四十六。
家世或姻戚	家世英儒，然早失覆蔭，為外兄孔氏所養成。十二出家後拜佛圖澄為師。	曾祖湛，祖承，父述，皆能剖析玄理，均一代談士。坦之為范寧之妹夫。
才行與著作	年七歲，讀書再覽能誦。一生篤好《般若》，志在宣揚佛法，翻譯和注釋佛典甚多，撰有《經錄》等。	雅貴有識量，風格峻整，忠公慷概，臨終猶憂國事。著〈廢莊論〉、〈公廉論〉、〈沙門不得為高士論〉等，評時俗虛玄之風。
仕宦經歷		簡文帝為撫軍將軍時，辟為掾，累遷參軍從事中郎，後又拜侍中。桓溫薨，乃與謝安共輔幼主。孝武即位，遷中書令，領丹陽尹，尋授都督徐、兗、青三州諸軍事，北中郎將，徐、兗二州刺史，鎮廣陵。卒，追贈尚書僕射，安北將軍。
談辯情形	1. 事佛圖澄為師，澄講，安每覆述，眾難鋒起，並為挫銳解紛，未嘗廢闕。 2. 與釋僧光共辯「逍遙遊」。	1. 與袁宏、韓伯辯「公謙論」。 2. 與沙門竺法師共論「幽明報應之有無」。
資料根據	1. 《高僧傳》卷五本傳及〈僧光傳〉。 2. 《太平御覽》卷六百五十五引〈道安傳〉。 3. 《世說新語‧雅量》篇第三十二條注引〈安和上傳〉。	1. 《晉書》卷七十五本傳，又〈韓伯傳〉。 2. 《高僧傳》卷四〈竺法師傳〉。 3. 《全晉文》卷二十九。

殷仲堪	桓　玄
亦稱殷荊州	字敬道，小名靈寶。
陳郡長平人	陳郡長平人
生年不詳。卒於東晉安帝隆安三年（399A.D.）爲桓玄追兵逼令自殺。	生於東晉廢帝太和四年（369A.D.），卒於安帝元興三年（404A.D.），年三十六。
祖融，太常吏部尙書。父師，驃騎諮議參軍，晉陵太守。	爲大司馬桓溫之孽子，溫甚愛之，臨終，命以爲嗣，襲爵南郡公。
能清言，善屬文，喜讀《道德論》，其談理與韓康伯齊名。躬學醫術，究其精妙。奉天師道甚篤。	形貌瑰奇，風神疏朗，博綜藝術，善屬文，常自負其才，以雄豪自處。《隋志》著錄有《周易・繫辭注》二卷及《文集》二十卷。
謝玄鎭京口時，爲參軍、尙書郎長史。晉・孝武帝時都督荊、益、寧三州軍事，任振威將軍、荊州刺史。	年二十三，拜太子洗馬。太元末（396A.D.）出補義興太守。隆安初（397A.D.），督交、廣二州，建威將軍、平越中郎將。隆安中，平殷仲堪、沈佺期，都督荊、司、雍、秦、梁、益、寧、江八州及揚、豫二郡，復領荊、江州刺史。元興初（402A.D.），平司馬元顯，乃入建康，假召加己總百揆，侍中、都督中外諸軍事、丞相，錄尙書事。元興二年（403A.D.），廢帝自立於南京。元興三年（404A.D.）劉裕起兵討之，敗死。其所立之僞政府亦亡。
1. 仲堪能清言，善屬文，每云「三日不讀《道德論》，便覺舌本間強」，其談理與韓康伯齊名，士咸愛慕之。 2. 與釋慧遠辯「易體論」。 3. 與羊孚共道《莊子・齊物論》之旨。 4. 與桓玄書難「四皓來儀、隱顯之道」，玄屈之。	1. 隆安初，常與殷荊州等終日談論不輟。 2. 與王謐、桓謙、釋慧遠等論「沙門應否敬王者」。 3. 主「復肉刑」，蔡廓、孔琳反之。
1. 《晉書》卷八十四本傳。 2. 《世說新語・文學》篇第六十一至六十三條。 3. 《全晉文》卷一百二十九。	1. 《晉書》卷九十九本傳。 2. 《弘明集》卷十二。 3. 《全晉文》卷一百十九。 4. 《世說新語・文學》篇第一〇二、一〇三、一〇四條並注引《晉安帝紀》及《玄別傳》、《誄敘》等。

姓名	釋慧遠（僧）
字號	原姓賈氏。亦稱遠公、遠法師。
籍貫	雁門樓煩人
生卒年	生於東晉成帝咸和九年（334A.D.），卒於安帝義熙十二年（416A.D.），年八十八。
家世或姻戚	年二十一，出家師事釋道安。 自東晉孝武帝太元四年（379A.D.）起，即隱居廬山三十餘年，培養佛門弟子無數。
才行與著作	性度宏偉，風鑒朗拔。弱而好書，珪璋秀發，博綜六藝，尤善《莊》、《老》。善屬文及談論，所著論、序、銘、贊、詩、書，集爲十卷五十餘篇。
仕宦經歷	
談辯情形	1. 年二十四，講說「實相義」，客難之，乃引《莊子》義爲連類以解之。 2. 與殷仲堪論「《易》體要」，移景不倦。 3. 與桓玄互難「沙門應否敬王者」。 4. 與時人論「果報有無」。 5. 難釋道恆「心無」義。 6. 與人辯「形神生滅」。
資料根據	1. 《高僧傳》卷六本傳；又卷五〈竺法汰傳〉。 2. 《弘明集》卷五、十一。

魏晉談士生卒年代先後一覽表

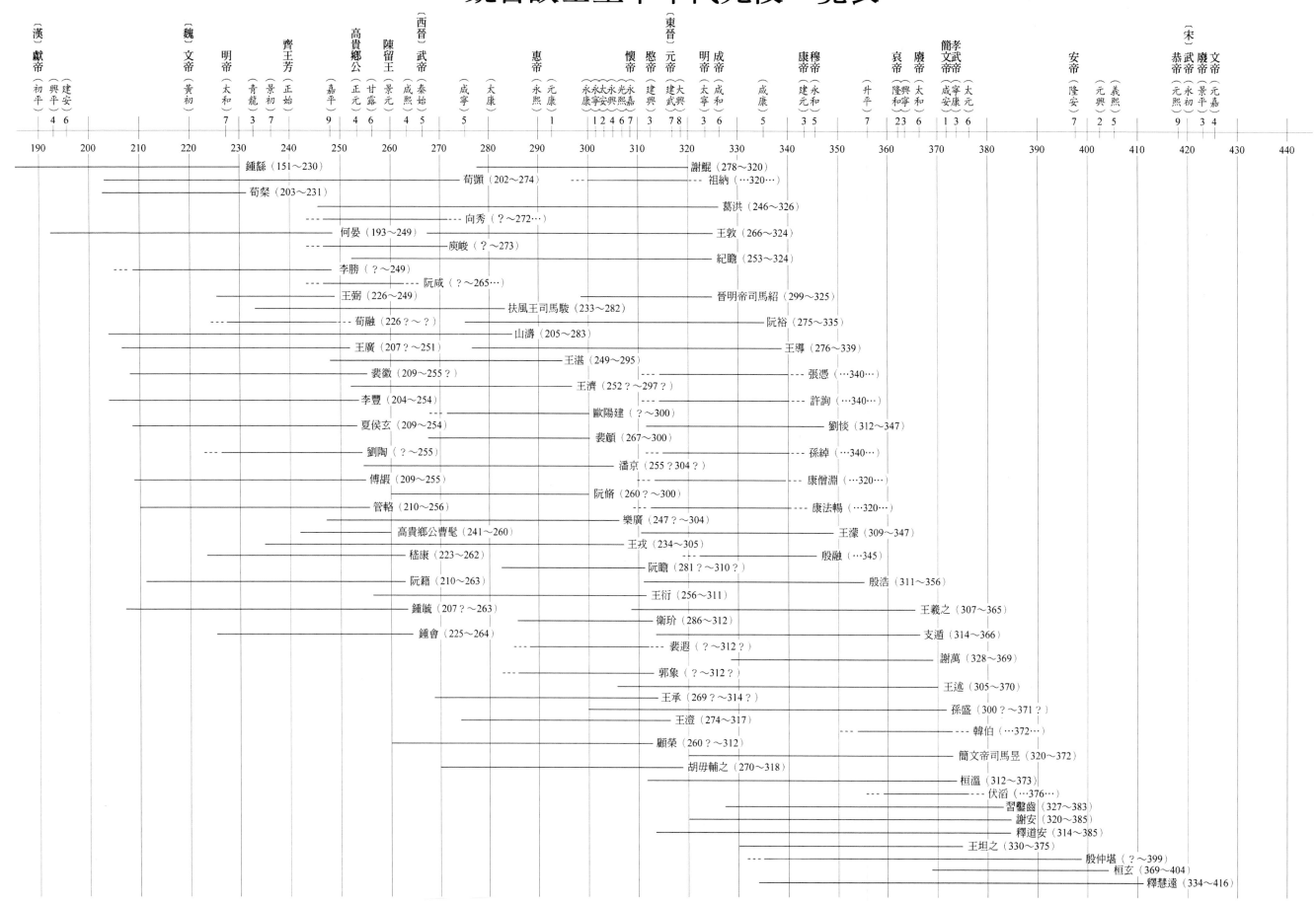

附錄：主要參考書目

（一）

1. △《周易注》，魏・王弼，藝文印書館《十三經注疏》本。

2. △《周易略例》，魏・王弼，新興書局程榮校刻《漢魏叢書》本。

3. △《周易繫辭傳注》，晉・韓康伯，藝文印書館《十三經注疏》本。

4. △《周易集解》，唐・李鼎祚輯，學生書局《學津討原》本。

5. 《易圖說》，宋・吳仁傑，大通書局《通志堂經解》本。

6. 《周易補疏》，清・焦循，藝文印書館《皇清經解》本。

7. 《易學象數論》，清・黃宗羲，隆言出版社影印《黎洲遺著彙刊》。

8. 《毛詩正義》，漢・毛亨傳，鄭玄箋，唐・孔穎達正義，藝文印書館《十三經注疏》本。

9. 《尚書正義》，漢・孔安國傳，唐・孔穎達等正義，藝文印書館《十三經注疏》本。

10. 《周禮注疏》，漢・鄭玄注，唐・賈公彥疏，藝文印書館《十三經注疏》本。

11. 《儀禮注疏》，漢・鄭玄注，唐・賈公彥疏，藝文印書館《十三經注疏》本。

12. △《禮記正義》，漢・鄭玄注，唐・孔穎達等正義，藝文印書館《十三經注疏》本。

13. △《五禮通考》，清・秦蕙田，新興書局。

14. 《春秋左傳正義》，晉・杜預注，唐・孔穎達等正義，藝文印書館《十三經注疏》本。

15. △《論語注疏》，魏・何晏注，宋・邢昺疏，藝文印書館《十三經注疏》本。

16. △《孝經注疏》，唐玄宗注，宋・邢昺疏，藝文印書館《十三經注疏》本。

17. △《經典釋文》，唐・陸德明，藝文印書館《四庫善本叢書》。

18. 《經學歷史》，清・皮錫瑞，藝文印書館。

（二）

1. 《史記會注考證》，漢・司馬遷撰，日・瀧川資言會注考證，藝文印書館。

2. 《漢書補注》，漢・班固撰，唐・顏師古注，清・王先謙補注，藝文印書館。

3. △《後漢書集解》，劉宋・范曄撰，唐・李賢注，清・王先謙集解，藝文印書館。

4. 《後漢紀》，晉・袁宏，中華書局《四部叢刊》。

5. △《三國志集解》，晉・陳壽撰，劉宋・裴松之注，盧弼集解，藝文印書館。

6. △《晉書斠注》，唐・房玄齡撰，清・吳士鑑、劉承幹同注，藝文印書館。

7. 《宋書》，梁・沈約，藝文印書館。

8. 《南齊書》，梁・蕭子顯，藝文印書館。

9. 《梁書》，唐・姚思廉，藝文印書館。

10. 《陳書》，唐・姚思廉，藝文印書館。

11. 《魏書》，齊・魏收，藝文印書館。

12. 《北齊書》，隋・李百藥，藝文印書館。

13. 《周書》，唐・令狐德棻等，藝文印書館。

14. △《隋書》，唐・長孫無忌等，藝文印書館。

15. 《南史》，唐・李延壽，藝文印書館。

16. 《北史》，唐・李延壽，藝文印書館。

17. 《唐書》，宋・歐陽修等，藝文印書館。

18. 《資治通鑑今注》，宋・司馬光撰，李宗侗、夏德儀等校註，中華叢書編審委員會，藝文印書館。

19. 《史通》，唐・劉知幾，世界書局。

20. △《通典》，唐・杜佑，新興書局。

21. △《通志》，宋・鄭樵，新興書局。

22. △《文獻通考》，元・馬端臨，新興書局。

23. 《崇文總目》，宋・王堯臣等，商務印書館《國學基本叢書》。

24. 　《郡齋讀書志》，宋・晁公武，商務印書館《國學基本叢書》。

25. △《經義考》，清・朱彝尊，中華書局《四部備要》。

26. 　《四庫全書總目提要》，清・紀昀，藝文印書館。

27. 　《偽書通考》，張心澂，宏業書局。

28. 　《二十二史考異》，清・錢大昕，商務印書館。

29. △《廿二史箚記》，清・趙翼，商務印書館。

30. 　《十七史商榷》，清・王鳴盛，世界書局。

（三）

1. △《老子注》，魏・王弼，藝文印書館，嚴靈峰編《老子集成初編》。

2. △《老子微旨例略》，魏・王弼，藝文印書館，嚴靈峰編《老子集成初編》。

3. △《莊子集釋》，晉・郭象注、清・郭慶藩集釋，世界書局。

4. 　《淮南子》，漢・劉安輯、高誘注，世界書局。

5. △《論衡》，漢・王充，世界書局。

6. △《人物志》，魏・劉邵，中華書局。

7. △《列子集釋》，晉・張湛注，楊伯峻集釋，明倫出版社。

8. △《抱朴子》，晉・葛洪，世界書局。

9. △《世說新語校箋》，劉宋・劉義慶撰，梁・劉孝標注，楊勇校箋，明倫出版社。

10. 　《顏氏家訓彙注》，北齊・顏之推撰，周法高彙注，《中研院史語所專刊》之四十一。

11. △《肇論》，姚秦・僧肇，中華書局《大藏經》卷四十五。

12. △《高僧傳》，梁・釋慧皎，廣文書局。

13. △《弘明集》，梁・釋僧佑，中華書局。

14. △《廣弘明集》，唐・釋道宣，中華書局。

15. 　《北堂書鈔》，唐・虞世南，文海出版社。

16. △《藝文類聚》，唐・歐陽詢等，藝文印書館。

17. △《太平御覽》，宋・李昉，商務印書館。

18. 　《玉海》，宋・王應麟，世界書局。

19. 　《淵鑑類函》，清聖祖敕撰，新興書局。

20. △《漢魏叢書》，明・程榮校刻，新興書局。

21. △《玉函山房輯佚書》，清・馬國翰輯，文海出版社。

22. △《漢魏遺書鈔》，清・王謨，藝文印書館。

23. 《日知錄》，清·顧炎武，明倫出版社。

24. 《詁經精舍文集》，清·阮元選訂，商務印書館。

（四）

1. △《嵇康集》（附佚文），魏·嵇康著，魯迅輯校，北平文學古籍刊行社。

2. △《支遁集》，晉·支遁，清光緒十二年《徐氏叢書》本。

3. △《昭明文選》，梁·蕭統，藝文印書館。

4. △《文心雕龍》，梁·劉勰，世界書局。

5. 《文心雕龍校釋》，劉永濟校釋，正中書局。

6. 《詩品》，梁·鍾嶸，世界書局。

7. △《全後漢文》，清·嚴可均輯，世界書局。

8. △《全三國文》，清·嚴可均輯，世界書局。

9. △《全晉文》，清·嚴可均輯，世界書局。

10. 《全宋文》，清·嚴可均輯，世界書局。

（五）

1. 《先秦漢魏易例詳述》，屈萬里（翼鵬），學生書局。

2. 《談易》，戴君仁（靜山），開明書局。

3. 《兩漢易學史》，高懷民，中國學術著作獎助委員會。

4. 《漢魏七家易學之研究》，徐芹庭，成文出版社。

5. 《魏晉南北朝易學書考佚》，黃慶萱，幼獅文化事業公司。

6. 《王弼及其易學》，林麗真，《台大文史叢刊》之四十七。

7. 《陳寅恪先生論文集》，陳寅恪，九思出版社。

8. 《魏晉南北朝史論叢》，唐長孺，三聯書局。

9. 《魏晉南北朝史論叢續編》，唐長孺，三聯書局。

10 《魏晉玄學論稿》，湯用彤（錫予），廬山出版社。

11. 《漢魏兩晉南北朝佛教史》，湯用彤（錫予），商務印書館。

12. 《中國中古文學史講義》，劉師培，大新書局《劉申叔先生遺書》。

13. 《兩晉南北朝史》，呂思勉，開明書局。

14. 《莊老通辨》，錢穆，三民書局。

15 《梅園論學續集》，戴君仁（靜山），藝文印書館。

16. 《才性與玄理》，牟宗三，九龍人生出版社。

17. 《佛性與般若》，牟宗三，學生書局。

18. 《新原道》，馮友蘭，明倫出版社。

19. 《中古文學史論》，王瑤，長安出版社。

20. 《魏晉清談思想初論》，賀昌群，九思出版社。

21. 《魏晉思想論》，劉大杰，中華書局。

22. 《魏晉清談述論》，周紹賢，商務印書館。

23. 《魏晉的自然主義》，容肇祖，商務印書館。

24. 《魏晉思想與談風》，何啓民，中國學術著作獎助委員會。

25. 《竹林七賢研究》，何啓民，中國學術著作獎助委員會。

26. 《魏晉南北朝士族政治之研究》，毛漢光，中國學術著作獎助委員會。

27. 《中國佛教思想史》，李世傑，台灣佛教月刊社。

28. 〈魏晉的清談〉，范壽康，《武漢大學文史季刊》五卷二期。

29. 〈老莊與道教——道教起源之研究〉，吳康，《大陸雜誌》七卷四期。

30. 〈荊州學派對三國學術之關係〉，王韶生，《崇基學報》四卷一期。

31. 〈漢魏之際士之新自覺與新思想〉，余英時，《新亞學報》四卷一期。

32. 〈論魏晉名士之政治生涯〉，馮承基，《國立編譯館館刊》二卷二期。

33. 〈論文化蛻變兼述我國歷史上第一次文化大革新〉，沈剛伯，《中山學術文化集刊》第一集。

34. 〈略論魏晉南北朝學術文化與當時門第之關係〉，錢穆，《新亞學報》五卷二期。

35. 〈從中正評品與官職之關係論魏晉南朝之社會架構〉，毛漢光，《中央研究院歷史語言研究所集刊》四十六卷四期。

36. 〈魏晉清談及其玄理究要〉，林顯庭撰，王熙元指導，東海大學中國文學研究所 1974 年碩士論文。

（案：書名上標「△」符號者，特爲本文資料之主要出處，謹此附識。）